Karl R. Popper

Alles Leben ist Problemlösen

SERIE PIPER

Zu diesem Buch

Karl Popper zählte zu den schöpferischsten Denkern in unserem Jahrhundert, er war der einflußreichste Philosoph unserer Zeit. In diesem Buch, das er kurz vor seinem Tod im September 1994 noch abschließen konnte, spricht Popper die großen Themen, die sein Lebenswerk beherrschen, an: Fragen der Erkenntnis, die Rolle und die Beschränktheit der Wissenschaft, das Leib-Seele-Problem, der Frieden, die Freiheit, der Sinn der Geschichte, die Verantwortung der Intellektuellen, die Demokratie, die offene Gesellschaft und ihre Feinde. Erneut besticht Popper durch die Klarheit seines Denkens und die Verständlichkeit seiner Sprache.

Sir Karl R. Popper, geboren am 28. Juli 1902 in Wien, gestorben am 17. September 1994 bei London, war Professor an der Universität London, Mitglied der Royal Society und zahlreicher wissenschaftlicher Akademien. 1965 wurde er von Königin Elisabeth II. geadelt. Mitglied des Ordens Pour le Mérite, zahlreiche Ehrendoktorate. Im Piper Verlag erschienen u. a.: »Das Ich und sein Gehirn« (mit John C. Eccles, 1982), »Auf der Suche nach einer besseren Welt« (1984), »Die Zukunft ist offen« (mit Konrad Lorenz, 1985).

Karl R. Popper

Alles Leben ist Problemlösen

Über Erkenntnis, Geschichte und Politik

Piper München Zürich

Von Karl R. Popper liegen in der Serie Piper vor:
Auf der Suche nach einer besseren Welt (699)
Das Ich und sein Gehirn (mit john C. Eccles, 1096)
Alles Leben ist Problemlösen (2300)

Taschenbuchsonderausgabe
September 2002

Umschlag/Bildredaktion: Büro Hamburg
Isabel Bünermann, Julia Martinez, Charlotte Wippermann
Foto Umschlagvorderseite: Karl Blossfeldt Archiv/Ann und Jürgen Wilde, Zülpich/VG Bild-Kunst, Bonn 2002 (oben) und Tullio Pericoli (unten)
Gesamtherstellung: Clausen & Bosse, Leck
Printed in Germany ISBN 3-492-23624-3

www.piper.de

Inhalt

Vorwort

Die vorliegende Sammlung von Aufsätzen und Reden kann als eine Fortsetzung meines Buches *Auf der Suche nach einer besseren Welt* angesehen werden, das gleichfalls bei Piper in München erschienen ist. Beide Bücher enthalten Beiträge, die stark naturwissenschaftlich orientiert sind, und andere, die historisch oder politisch orientiert sind. Der Titel dieses Buches, *Alles Leben ist Problemlösen*, ist auch der Titel seines 12. Kapitels – eines Kapitels, das die kurze, aber sachlich wichtige »Zusammenfassung als Vorwort« stark beeinflußt hat, die ich jenem früheren Sammelband vorangestellt habe.

Ich habe mich bemüht, auch dem Vorwort zum gegenwärtigen Sammelband mehr Gewicht zu geben, als Vorworte gewöhnlich haben.

Die Auswahl der Kapitel ist das gemeinsame Werk von meiner Assistentin, Mrs. Melitta Mew, und von Dr. Klaus Stadler vom Piper Verlag. Ich bin beiden zu größtem Dank verpflichtet.

I

»Fragen der Naturerkenntnis« heißt der erste Teil des gegenwärtigen Buches. Es ist hauptsächlich die Biologie, an die ich hier denke, und der unfaßbare Reichtum der Formen des Lebens.

Je tiefer wir in eines der vielen Gebiete der Biologie eindringen – von welcher Seite auch immer –, um so unfaßbarer erweist sich der Formenreichtum der biologischen Strukturen auf jeder Ebene und um so wunderbarer ihr harmonisches Zusammenspiel.

Das letzte Kapitel des ersten Teils ist Johannes Kepler gewidmet, dem großen Sucher nach den Harmonien im physischen Schöpfungswerk Gottes und dem großen Finder der drei Keplerschen Gesetze, die die Bewegungen der Planeten in höchst abstrakter, aber auch höchst harmonischer Weise bestimmen. Unter den drei Geistesriesen – den Zeitgenossen Galilei und Kepler und ihrem Nachfolger Newton –, die zusammen (und mit anderen) unsere Naturwissenschaft geschaffen haben, ist Kepler vielleicht der größte. Sicher ist er die anziehendste, offenste und bescheidenste Persönlichkeit. Alle drei waren leidenschaftliche Sucher und unermüdliche Arbeiter; alle drei leisteten schwerste Arbeit, oft für lange Zeit enttäuschende Arbeit, aber sie wurden reich belohnt durch das große Glück des Entdeckers, der die Welt in einem neuen Licht sieht: anders, schöner, harmonischer und auch besser als irgendein Mensch vor ihm – und der dann weiß, daß seine schwere Arbeit von Glück gesegnet war, von fast unverdientem Glück, denn es hätte ja so leicht ganz anders kommen können.

Kepler allein, unter diesen drei Größten, hat alles nicht nur durchgemacht, sondern auch mit Fleiß und Offenheit niedergeschrieben. Und er verstand auch wie kein anderer, daß es ursprünglich die griechischen Denker der Vorzeit waren, von Thales bis Aristoteles, Aristarchus und Ptolemäus, die ihre kühnsten Ideen an Keplers Vorbild, Kopernikus, vermacht hatten.

Seine große Bescheidenheit half Kepler – mehr als den anderen beiden – immer wieder, sich seiner Fehler bewußt zu werden und aus seinen Fehlern zu lernen; Fehlern, die nur mit den größten Schwierigkeiten zu überwinden waren. Jeder der drei Geistesriesen war, in seiner besonderen Weise, tief in einem Aberglauben befangen. (»Aberglaube« ist ein Wort, das wir nur mit größter Vorsicht verwenden dürfen: mit dem Wissen, wie wenig wir wissen und wie sicher es ist, daß wir selbst, ohne es zu wissen, in verschiedenen Formen des Aberglaubens befangen sind.) Galilei war zutiefst befangen im Glauben an eine natürliche Kreisbewegung – genau dem Glauben, den Kepler nach langen Kämpfen in sich und in der Astronomie besiegte. Newton schrieb ein großes Buch über die traditionelle (hauptsächlich biblische) Geschichte der Menschheit, die er nach ganz offensichtlich vom Aberglauben geleiteten Prinzipien in ihren Jahreszahlen korrigierte. Und Kepler war nicht nur ein Astronom, sondern auch ein Astrolog – er wurde deshalb von Galilei abgelehnt, und ebenso von vielen anderen.

Aber die Astrologie – Keplers Aberglaube – wurde von ihm selbst in ihren dogmatischen Formen bekämpft: Er war ein selbstkritischer Astrolog. Er lehrte, daß das Schicksal, vorweggenommen in den Sternen, nicht unüberwindlich ist, sondern durch unseren sittlichen Willen überwunden werden kann. Eine wichtige Konzession an die Kritiker der Astrologie. Vielleicht war er von jenen drei Großen in seinem Aberglauben am wenigsten dogmatisch.

II

Der zweite Teil dieses Buches heißt »Gedanken über Geschichte und Politik«. Er besteht aus Gelegenheitsarbeiten. Er produziert keine Ratschläge oder Rezepte – am wenigsten unfehlbare –, aber er vertritt eine Einstellung der Verantwortlichkeit.

Selbstverständlich bin ich für Demokratie – aber nicht im Sinne der meisten ihrer Vertreter. Winston Churchill sagte: »Die Demokratie ist die schlechteste Regierungsform, mit der alleinigen Ausnahme aller anderen Regierungsformen.« Wir haben nichts besseres als Mehrheitsbeschlüsse. Eine Mehrheitsregierung ist *verantwortlich*, eine Koalitionsregierung schon viel weniger und eine Minderheitsregierung noch weniger.

»Demokratie« im Sinne von »Volksherrschaft« hat es so gut wie nie gegeben, und wenn es sie gab, war sie eine unverantwortliche Diktatur der Willkür. Eine Regierung kann und soll dem Volk verantwortlich sein. Eine Volksherrschaft kann das nicht und ist unverantwortlich.

Ich bin also für eine *demokratisch gewählte konstitutionelle Regierung*: etwas ganz anderes als eine Volksherrschaft. Und für eine verantwortliche Regierung: verantwortlich in erster Linie gegenüber ihren Wählern; aber auch, und vielleicht noch mehr, moralisch verantwortlich gegenüber der Menschheit.

Nie gab es so viele und so furchtbare Waffen in so vielen unverantwortlichen Händen. Tausendmal mehr als nach den beiden Weltkriegen. Daß es so ist und daß unsere führenden Politiker es hinnehmen, dafür sind sie uns gegenüber verantwortlich. Dafür müssen wir sie alle anklagen.

Die meisten unserer führenden Politiker würden es ja gerne ändern. Aber sie haben die durch das Wettrüsten der Bandenführer sich dauernd verschlechternde Weltsituation schon von ihren Vorgängern übernommen; und sie scheinen sich – wenn auch ungern – damit abgefunden zu haben. Auch scheint eine Intervention zu riskant und zu schwierig zu sein. So redet man darüber so wenig wie möglich.

Nach den Kriegen redete man: über Abrüstung. Die westlichen Demokratien haben ziemlich weitgehend abgerüstet. Sie allein. Es war die große Idee des Völkerbundes und später, nach dem Zweiten Weltkrieg, der Vereinten Nationen, daß diese durch ihre moralische und militärische Übermacht verpflichtet seien, den Frieden zu sichern, bis die anderen ihre Pflicht erkannt und erlernt haben.

Niemand kann bezweifeln, daß wir im Begriff sind, uns aus dieser Position zurückzuziehen. Den Wählern erklären wir dies nicht, wir fürchten uns davor, Opfer zu bringen. Wir lassen uns lieber auf keine Abenteuer ein: Wir nennen »Abenteuer«, was unsere Pflicht ist.

III

Wenn ich versuche, unsere europäische und amerikanische Geschichte zu betrachten, so komme ich zu einem Ergebnis, das ähnlich lautet wie eine schon manchmal von mir zitierte Zusammenfassung des englischen Historikers H. A. L. Fisher: »Auf den Seiten der Geschichte ist die Tatsache des Fortschritts klar und deutlich geschrieben. Aber der Fortschritt ist kein Naturgesetz. Das, was von einer Generation errungen wurde, kann von der nächsten wieder verloren werden.«

Jedem der drei Sätze, die Fisher hier ausspricht, kann und muß ich zustimmen. Aber worin besteht der »Fortschritt«, von dem er spricht und von dem er mit Recht sagt, daß die Geschichte uns von ihm berichtet, aber auch, daß er unverläßlich ist, und verloren gehen kann?

Die Antwort auf diese Frage ist ebenso klar wie bedeutsam: Der Fortschritt, den Fisher meint und den wir alle meinen, ist ein ethischer, ein moralischer Fortschritt. Er ist auf den Frieden auf Erden hin gerichtet, den schon das Neue Testament versprach: darauf, daß in den Staaten – und zwar im Inneren und in den Außenbeziehungen – Gewalttaten jeder Art verschwinden. Es ist der Fortschritt hin zu einer zivilisierten menschlichen Gesellschaft, der Fortschritt hin zum Rechtsstaat, und zum Bund aller Rechtsstaaten mit dem Ziel, den Frieden aufrechtzuerhalten.

Das ist – nach Kant – unsere moralische Aufgabe: die Aufgabe, der alle Menschen guten Willens verpflichtet sind; das Ziel, das wir der Geschichte setzen müssen. Es ist, seit den Kernwaffen, ein *notwendiges* Ziel.

Das Ziel ist also nicht nur aussichtsreich (denn gegenwärtig sind die zivilisierten Staaten auch die mächtigeren), es ist notwendig. Die Existenz von Kernwaffen macht es zu einem notwendigen Ziel für alle, die bereit sind, für ein Fortbestehen der Menschheit und der Zivilisation einzutreten. Denn die Alternative ist Vernichtung.

Die Zielsetzung stammt ursprünglich aus der Augustinischen Zeit des Römischen Reiches und aus dem Neuen Testament: *Et in terra pax hominibus bonae voluntatis* – Und Friede auf Erden für alle Menschen guten Willens (was aber auch so übersetzt werden könnte: »Und Friede auf Erden, zu erringen von allen Menschen guten Willens«).

Aus dem Verbrechen des Ersten Weltkrieges, das zum Kellog-Pakt führte, und aus dem Verbrechen des Zweiten Weltkrieges, das zu den Vereinten Nationen führte, entstand eine hinreichend starke politische Bewegung aller Menschen guten Willens.

Aber »was von einer Generation errungen wurde, kann von der nächsten wieder verloren werden«, sagt Fisher.

Es wurde verloren. Wir müssen es wiedergewinnen. Wir müssen uns auf unsere Pflicht besinnen. Und wir müssen unsere Politiker daran erinnern, daß ihre Verantwortung nicht mit ihrem Tod aufhört (oder mit ihrem Rücktritt).

Kenley, 12. Juli 1994 *K. R. P.*

I. Fragen der Naturerkenntnis

1. Wissenschaftslehre in entwicklungstheoretischer und in logischer Sicht

Die Grundthese, die ich Ihnen in diesem Vortrag unterbreiten möchte, kann folgendermaßen formuliert werden:

Die Naturwissenschaften sowie die Sozialwissenschaften gehen immer von *Problemen* aus; davon, daß etwas unsere *Verwunderung* erregt, wie die griechischen Philosophen sagten. Zur Lösung dieser Probleme verwenden die Wissenschaften grundsätzlich dieselbe Methode, die der gesunde Menschenverstand verwendet: die Methode von *Versuch und Irrtum*. Genauer ausgedrückt: Es ist die Methode, *versuchsweise* Lösungen unseres Problems aufzustellen und dann die falschen Lösungen als irrtümlich zu eliminieren. Diese Methode setzt voraus, daß wir mit einer Vielzahl von *versuchsweisen* Lösungen arbeiten. Eine Lösung nach der anderen wird ausprobiert und eliminiert.

Im Grunde scheint dieses Verfahren das einzige logisch mögliche zu sein. Es ist auch das Verfahren, das ein niederer Organismus und sogar die einzellige Amöbe verwendet, wenn sie versucht, ein Problem zu lösen. In diesem Fall sprechen wir von Probierbewegungen, durch die der Organismus versucht, ein lästiges Problem loszuwerden. Höhere Organismen können durch Versuch und Irrtum *lernen*, wie ein bestimmtes Problem zu lösen ist. Wir können sagen, daß auch sie Probierbewegungen machen – geistige Probierbewegun-

---

Rundfunkvortrag für den NDR, 7. März 1972.

gen; und das Lernen besteht, im wesentlichen, darin, daß eine Probierbewegung nach der anderen ausprobiert wird, bis sich eine findet, die das Problem löst. Die erfolgreiche Lösung des Tieres können wir mit einer *Erwartung* und daher mit einer *Hypothese* oder einer *Theorie* vergleichen; denn das Verhalten des Tieres zeigt uns, daß es erwartet (wenn auch vielleicht unbewußt oder dispositionell), daß in einem ähnlichen Fall dieselben Probierbewegungen dieses Problem wieder lösen werden.

Wir können sagen, daß das Verhalten von Tieren und auch von Pflanzen zeigt, daß Organismen auf Regelmäßigkeiten oder Gesetzmäßigkeiten eingestellt sind. Sie *erwarten* Regelmäßigkeiten oder Gesetzmäßigkeiten in ihrer Umgebung, und die meisten dieser Erwartungen sind, vermute ich, genetisch bedingt, das heißt, angeboren.

Ein *Problem* entsteht für das Tier, wenn eine Erwartung fehlschlägt. Das führt dann zu den Probierbewegungen und daher zu den Versuchen, die fehlgeschlagene Erwartung durch eine neue zu ersetzen.

Wenn ein höherer Organismus zu oft in seinen Erwartungen getäuscht wird, so bricht er zusammen. Er kann das Problem nicht lösen; er geht zugrunde.

Ich möchte das, was ich bisher über das Lernen durch Versuch und Irrtum gesagt habe, in einem dreistufigen Schema zusammenfassen. Das Schema besteht aus den folgenden drei Stufen:

1. *das Problem;*
2. *die Lösungsversuche;*
3. *die Elimination.*

Die erste Stufe unseres Schemas ist also *das Problem.* Das Problem entsteht, wenn irgendeine Störung eintritt; eine Störung entweder von angeborenen Erwartungen oder von Erwartungen, die durch Versuche und Irrtum entdeckt oder erlernt wurden.

Die zweite Stufe unseres Schemas sind *die Lösungsversuche*, also die Versuche, *das Problem zu lösen*.

Die dritte Stufe unseres Schemas ist *die Elimination* oder die Ausmerzung der erfolglosen Lösungsversuche.

Für dieses dreistufige Schema ist es wesentlich, daß es pluralistisch ist: Die erste Stufe, das Problem, kann im Singular auftreten, nicht aber die zweite Stufe, die ich »Lösungsversuche« im Plural genannt habe. Schon im Tierversuch sprechen wir von Probierbewegungen; und das Wort »Probierbewegungen« ist ein Plural. Es hätte wenig Sinn, eine vereinzelte Bewegung eine Probierbewegung zu nennen.

Stufe 2, die Lösungsversuche, sind also Probierbewegungen und daher in der Mehrzahl; sie werden in der dritten Stufe unseres Schemas dem *Eliminationsverfahren* unterworfen.

Stufe 3, die *Elimination*, ist *negativ*: Die Elimination ist im wesentlichen eine Elimination von *Irrtümern*. Wenn ein erfolgloser oder irrtümlicher Lösungsversuch eliminiert wird, so steht das Problem ungelöst da und gibt Anlaß zu neuen Lösungsversuchen.

Was geschieht aber, wenn ein Lösungsversuch schließlich erfolgreich ist? Es geschieht zweierlei: Erstens wird der erfolgreiche Lösungsversuch *erlernt*; das geschieht bei Tieren im allgemeinen so, daß – wenn ein ähnliches Problem wieder auftaucht – die früheren Probierbewegungen, einschließlich der erfolglosen, in der ursprünglichen Reihenfolge kurz und andeutungsweise wiederholt werden; sie werden bis zum erfolgreichen Lösungsversuch durchlaufen.

Das Lernen besteht darin, daß die erfolglosen oder eliminierten Lösungsversuche mehr und mehr zum Niveau von Andeutungen herabsinken, so daß schließlich der erfolgreiche Lösungsversuch fast allein auftritt. Das ist also das Eliminationsverfahren, das wesentlich auf einem Pluralismus der Lösungsversuche aufbaut.

Wir können sagen, daß der Organismus auf diese Weise eine

neue *Erwartung* erlernt hat. Wir können sein Verhalten so beschreiben, daß wir sagen: Er erwartet, daß das Problem durch die Probierbewegungen, und zwar schließlich durch die letzte, durch die nicht mehr eliminierte Probierbewegung, gelöst wird.

Der Ausbildung dieser Erwartung des Organismus entspricht auf dem wissenschaftstheoretischen Niveau, wie wir bald sehen werden, die Bildung von Hypothesen oder Theorien. Bevor ich aber zur Besprechung der wissenschaftlichen Theorienbildung übergehe, möchte ich noch auf eine andere biologische Anwendung meines *dreistufigen Schemas* aufmerksam machen. Mein *dreistufiges Schema*,

1. das Problem;
2. Lösungsversuche;
3. Elimination,

kann auch als Schema der Darwinistischen Entwicklungstheorie aufgefaßt werden. Es ist nicht nur auf die Entwicklung des einzelnen Organismus anwendbar, sondern auch auf die *Entstehung der Arten*. Eine Veränderung der Umweltbedingungen oder auch der inneren Struktur des Organismus erzeugt, unserem dreistufigen Schema gemäß, ein *Problem*. Es ist ein *Problem der Anpassung* für die *Art*, die Spezies; das heißt, die Art kann nur dann weiterbestehen, wenn sie das Problem durch eine Änderung ihrer genetischen Struktur löst. Wie geschieht das, nach der Auffassung des Darwinismus? Unser genetischer Apparat ist so gebaut, daß immer wieder Änderungen oder Mutationen in der genetischen Struktur auftreten. Der Darwinismus nimmt an, daß diese Mutationen im Sinne unseres dreistufigen Schemas als Punkt 2, als *Lösungsversuche*, fungieren. Die meisten Mutationen sind fatal: Sie sind tödlich für den Träger der Mutation, für den Organismus, in dem sie auftreten. Damit aber werden sie *eliminiert*, gemäß Punkt 3 unseres Schemas. In unserem dreistufigen Schema müssen wir also wieder auf den wesentlichen Pluralismus der zweiten Stufe, der *Lösungsversuche*, hinweisen. Gäbe es nicht *sehr viele* Mutationen, so kämen sie als Lösungsversuche gar nicht in Frage. Wir müssen annehmen, daß eine hinreichend große *Mutabilität* für das Funktionieren unseres genetischen Apparates wesentlich ist.

Nun kann ich mich endlich meinem Hauptthema, der Wissenschaftslehre oder Wissenschaftslogik, zuwenden.

Meine erste These ist hier, daß die Wissenschaft ein biologisches Phänomen ist. Die Wissenschaft ist aus der vorwissenschaftlichen Erkenntnis entstanden, sie ist eine höchst merkwürdige Weiterbildung der Erkenntnisweise des gesunden Menschenverstandes, die ihrerseits wieder als eine Weiterbildung der tierischen Erkenntnis aufgefaßt werden kann.

Meine zweite These ist, daß unser dreistufiges Schema auch *auf die Wissenschaft* anwendbar ist.

Daß die Wissenschaften, wie schon die griechischen Philosophen sahen, vom *Problem*, von der *Verwunderung* über etwas ausgehen, das an sich etwas Alltägliches sein kann, aber für den wissenschaftlichen Denker eben zur Verwunderung, zum Problem wird, das habe ich schon am Anfang angedeutet. Meine These ist, daß jede wissenschaftliche Entwicklung nur so zu verstehen ist, daß ihr Ausgangspunkt ein *Problem* ist, oder eine *Problemsituation*, das heißt, das Auftauchen eines Problems in einer bestimmten Situation unseres Gesamtwissens.

Dieser Punkt ist von größter Bedeutung. Die ältere Wissenschaftstheorie lehrte – und sie lehrt es noch immer –, daß der Ausgangspunkt der Wissenschaft unsere Sinneswahrnehmung oder die sinnliche Beobachtung ist. Das klingt zunächst durchaus vernünftig und überzeugend, ist aber grundfalsch. Man kann das leicht durch die folgende These zeigen: *ohne Problem keine Beobachtung*. Wenn ich Sie auffordere: »Bitte, beobachten Sie!«, so sollten Sie mich, dem Sprachgebrauch gemäß, fragen: »Ja, aber was? *Was* soll ich beobachten?« Mit anderen Worten, Sie bitten mich, Ihnen ein *Problem* anzugeben, das durch Ihre Beobachtung gelöst werden kann; und wenn ich Ihnen kein *Problem* angebe, sondern nur ein *Objekt*, so ist das zwar schon etwas besser, aber keineswegs befriedigend. Wenn ich Ihnen zum Beispiel sage: »Bitte, beobachten Sie Ihre Uhr«, so werden Sie noch immer nicht wissen, was ich eigentlich beobachtet haben will. Wenn ich Ihnen aber ein ganz triviales *Problem* stelle, dann wird die Sache anders. Sie werden sich vielleicht für das Problem nicht interessieren, aber Sie werden wenigstens wissen, was Sie durch Ihre Wahrnehmung oder Beobachtung feststellen sollen. (Als Beispiel könnten Sie das Problem nehmen, ob der Mond im Zunehmen oder Abnehmen ist; oder in welcher Stadt das Buch, das Sie gegenwärtig lesen, gedruckt wurde.)

Wie kam die ältere Wissenschaftstheorie zu der falschen Idee, daß wir in der Wissenschaft von Sinneswahrnehmungen oder von Beobachtungen ausgehen, statt von Problemen?

Die ältere Wissenschaftstheorie war in diesem Punkt von der Erkenntnistheorie des gesunden Menschenverstandes abhängig. Dieser sagt uns nämlich, daß unser Wissen über die Außenwelt durchweg von unseren Sinneseindrücken abhängt.

Ich bin im allgemeinen ein großer Verehrer des gesunden Menschenverstandes; ich behaupte sogar, daß, wenn wir nur ein wenig kritisch sind, der gesunde Menschenverstand der wertvollste und verläßlichste Ratgeber in allen möglichen Problemsituationen ist. Aber er ist *nicht immer verläßlich*; und wenn es zu wissenschaftstheoretischen oder erkenntnistheoretischen Fragen kommt, dann ist es von der größten Wichtigkeit, ihm wirklich kritisch gegenüberzustehen.

So ist es selbstverständlich richtig, daß unsere Sinnesorgane uns über unsere Umwelt informieren und daß wir sie zu diesem Zweck dringend brauchen. Aber daraus dürfen wir nicht die Schlußfolgerung ziehen, daß unsere Erkenntnis mit der Sinneswahrnehmung beginnt. Im Gegenteil, unsere Sinne sind, entwicklungstheoretisch gesehen, Werkzeuge, die sich ausgebildet haben, um bestimmte biologische *Probleme* zu lösen. So haben sich die tierischen und menschlichen *Augen* anscheinend ausgebildet, um Lebewesen, die ihren Standort ändern und sich bewegen können, vor gefährlichen Zusammenstößen mit harten Körpern, an denen sie sich verletzen könnten, rechtzeitig zu warnen. Entwicklungstheoretisch gesehen sind unsere Sinnesorgane das Resultat von Problemen und Lösungsversuchen, genau wie unsere Mikroskope oder unsere Ferngläser. Und das zeigt, daß das Problem, biologisch gesehen, *vor* der Beobachtung oder Sinneswahrnehmung kommt: Beobachtungen oder Sinneswahrnehmungen sind wichtige Hilfsmittel unserer *Lösungsversuche* und spielen ihre Hauptrolle in der *Elimination*. Mein dreistufiges Schema ist also in folgender Weise auf die Wissenschaftslogik oder Methodologie anwendbar:

1. Der Ausgangspunkt ist immer ein *Problem* oder eine Problemsituation.

2. Dann folgen *Lösungsversuche*. Diese bestehen immer aus Theorien, und diese Theorien sind, da sie *Versuche* sind, sehr häufig irrig: Sie sind und bleiben immer Hypothesen oder Vermutungen.

3. Auch in der Wissenschaft lernen wir durch die *Elimination* unserer Irrtümer, durch die *Elimination* unserer falschen Theorien.

Unser dreistufiges Schema,

1. Problem;
2. Lösungsversuche;
3. Elimination,

ist also anwendbar auf eine Beschreibung der Wissenschaft. Damit kommen wir zu unserer zentralen Frage:

Worin liegt das Besondere der menschlichen Wissenschaft? Was ist der entscheidende Unterschied zwischen einer Amöbe und einem großen Wissenschaftler wie Newton oder Einstein?

Die Antwort auf diese Frage ist: Das Besondere der Wissenschaft liegt in der bewußten Anwendung der *kritischen Methode*; in der 3. Stufe unseres Schemas, der Elimination unserer Irrtümer, gehen wir bewußt kritisch vor.

Es ist die kritische Methode allein, die das außerordentlich schnelle Wachstum der wissenschaftlichen Form des Wissens, den außerordentlichen wissenschaftlichen Fortschritt, erklärt.

Alle vorwissenschaftliche Erkenntnis, ob tierisch oder menschlich, ist *dogmatisch*; und mit der Erfindung der nichtdogmatischen Methode, das heißt, der kritischen Methode, beginnt die Wissenschaft.

Die Erfindung der kritischen Methode setzt jedenfalls eine deskriptive menschliche *Sprache* voraus und eine Sprache, in der man kritische *Argumente* entwickeln kann. Möglicherweise setzt die kritische Methode sogar eine Schrift voraus. Denn die kritische Methode besteht im wesentlichen darin, daß unsere Lösungsversuche, unsere Theorien und unsere Hypothesen, uns, sprachlich formuliert, objektiv *vorgelegt* werden können, so daß sie zu *Objekten einer bewußt kritischen Untersuchung* gemacht werden können.

Es ist sehr wichtig, sich darüber klar zu werden, was für ein ungeheurer Unterschied besteht zwischen einem bloß subjektiv oder privat gedachten oder für wahr gehaltenen Gedanken, einem dispositionellen psychologischen Gebilde, und *demselben* Gedanken, der sprachlich (oder vielleicht sogar schriftlich) formuliert ist und somit der öffentlichen Diskussion unterbreitet werden kann.

Meine These ist, daß es ein ungemein wichtiger Schritt ist, ein Schritt über einen Abgrund sozusagen, der von meinem unausgesprochenen Gedanken: »Heute wird es regnen« zu demselben, aber ausgesprochenen Satz »Heute wird es regnen« führt. Zunächst erscheint dieser Schritt, die Aussprache eines Gedankens, gar kein so großer Schritt zu sein. Aber die sprachliche Formulierung bedeutet, daß etwas, was vorher Teil meiner Persönlichkeit, meiner Erwartungen und vielleicht Befürchtungen war, nunmehr objektiv vorliegt und damit der allgemeinen kritischen Diskussion zugänglich wird. Aber auch für mich selbst ist der Unterschied ungeheuer. Der ausgesprochene Satz, zum Beispiel die ausgesprochene Voraussage, wird durch die sprachliche Formulierung von meiner Person losgelöst. Sie wird damit unabhängig von meinen Stimmungen, Hoffnungen und Befürchtungen. Sie ist *objektiviert*: Sie kann von anderen, aber auch von mir selbst *versuchsweise* bejaht, aber auch *versuchsweise* verneint werden; die Gründe für und wider können abgewogen und diskutiert werden; und es kann zu einer Parteibildung für und wider die Voraussage kommen.

Wir kommen hier zu einer wichtigen Unterscheidung zwischen zwei Bedeutungen des Wortes »*Wissen*« – *Wissen im subjektiven und im objektiven Sinn*. Gewöhnlich wird Wissen als ein subjektiver oder geistiger Zustand betrachtet. Man geht aus von der Verbalform »ich weiß« und erklärt das Wissen als eine bestimmte Art des Glaubens, nämlich als eine Art des Glaubens, die auf *zureichenden Gründen* beruht. Die subjektive Interpretation des Wortes »Wissen« hat die ältere Wissenschaftstheorie zu stark beeinflußt, denn sie ist völlig unbrauchbar für eine Theorie der Wissenschaft, da die Wissenschaft aus objektiven, sprachlich formulierten Sätzen, aus Hypothesen und aus Problemen besteht und nicht aus subjektiven Erwartungen oder subjektiven Überzeugungen.

Die Wissenschaft ist ein Produkt des menschlichen Geistes, aber dieses Produkt ist ebenso objektiv wie eine Kathedrale. Wenn man sagt, daß ein Satz ein sprachlich ausgedrückter Gedanke ist, so ist das zwar richtig, aber es bringt diese Objektivität des Satzes nicht scharf genug heraus. Das hängt mit einer Zweideutigkeit des Wortes »Gedanke« zusammen. Wie insbesondere die Philosophen Bernhard Bolzano und nach ihm Gottlob Frege betont haben, muß man den *subjektiven Denkvorgang* vom *objektiven Inhalt* oder vom *logischen* oder *informativen Gehalt* eines Gedankens unterscheiden. Wenn ich sage: »Die Gedanken von Mohammed sind sehr verschieden von denen Buddhas«, dann spreche ich nicht über die Denkvorgänge zweier Männer, sondern über den logischen Gehalt zweier Lehren oder Theorien.

Denkvorgänge können in kausalen Beziehungen stehen. Wenn ich sage: »Spinozas Lehre war von der Lehre von Descartes *beeinflußt*«, dann beschreibe ich eine kausale Beziehung zwischen zwei Männern und stelle etwas über Spinozas Denkvorgänge fest.

Aber wenn ich sage: »Dennoch steht Spinozas Lehre in einigen wichtigen Punkten mit der Lehre von Descartes im Widerspruch«, dann spreche ich über den objektiven logischen Gehalt der beiden Lehren und nicht über Denkvorgänge. Der logische Gehalt von Sätzen ist es, auf den ich vor allem anderen abziele, wenn ich den Charakter der Objektivität der menschlichen Sprache betone. Und wenn ich vorher sagte, daß nur der ausgesprochene Gedanke zum Objekt der Kritik gemacht werden kann, dann meinte ich, daß nicht der psychologische Vorgang des Denkens, sondern nur der logische Gehalt eines Satzes kritisch diskutiert werden kann.

Ich möchte Sie jetzt noch einmal an mein dreistufiges Schema erinnern:

1. *Problem;*
2. *Lösungsversuche;*
3. *Elimination,*

und an meine Bemerkung, daß dieses Schema des Erwerbs von neuem Wissen von der Amöbe bis zu Einstein anwendbar ist.

Worin besteht der Unterschied? Diese Frage ist für die Theorie der Wissenschaft entscheidend.

Der entscheidende Unterschied besteht in Stufe 3, in der *Elimination* der Lösungsversuche.

In der vorwissenschaftlichen Entwicklung des Wissens ist die *Elimination* etwas, das mit uns geschieht: Es ist die Umwelt, die unsere Lösungsversuche eliminiert; wir sind an der

Elimination nicht aktiv, sondern nur passiv beteiligt: Wir *erleiden* die Elimination, und wenn sie zu oft unsere Lösungsversuche zerstört oder wenn sie einen Lösungsversuch zerstört, der vorher erfolgreich war, so zerstört sie damit nicht nur den Lösungsversuch, sondern uns selbst, das heißt, den Träger der Lösungsversuche. Das ist klar im Falle der Darwinschen Auslese.

Das entscheidend Neue der wissenschaftlichen Methode und der wissenschaftlichen Einstellung liegt nun darin, daß wir in der Wissenschaft aktiv an der Elimination interessiert und beteiligt sind. Die Lösungsversuche sind objektiviert; wir sind nicht mehr mit unseren Lösungsversuchen identifiziert. Ob wir uns des dreistufigen Schemas mehr oder weniger bewußt sind oder auch gar nicht, das Neue in der wissenschaftlichen Einstellung besteht darin, daß wir aktiv versuchen, unsere Lösungsversuche zu eliminieren. Wir unterwerfen unsere Lösungsversuche der Kritik, und diese Kritik arbeitet mit allen Mitteln, die wir zur Verfügung haben und die wir herstellen können. Zum Beispiel: Anstatt zu warten, bis unsere Umwelt einen Lösungsversuch, eine Theorie, widerlegt, versuchen wir, die Umwelt so zu ändern, daß sie für unseren Lösungsversuch *möglichst ungünstig* wird. In dieser Weise stellen wir unsere Theorien auf die Probe; und zwar versuchen wir sie auf die schwerste Probe zu stellen. Wir tun alles, um unsere Theorie zu eliminieren, denn wir wollen selbst die Theorien herausfinden, die *falsch* sind.

Die Frage: Worin liegt der entscheidende Unterschied zwischen der Amöbe und Einstein, kann also wie folgt beantwortet werden:

Die Amöbe flieht vor der Falsifikation: Ihre Erwartung ist ein Teil von ihr, und vorwissenschaftliche Träger von Erwartungen oder Hypothesen werden oft durch die Widerlegung der Hypothese vernichtet. Einstein dagegen hat seine Hypothese objektiviert. Die Hypothese ist etwas außerhalb von ihm;

und der Wissenschaftler kann seine Hypothese durch seine Kritik vernichten, ohne selbst mit ihr zugrunde zu gehen. In der Wissenschaft lassen wir unsere Hypothesen für uns sterben.

Damit bin ich bei meiner Hypothese angelangt, jener Theorie, die von so vielen Anhängern der traditionellen Wissenschaftstheorie als paradox verschrien wurde. Meine Hauptthese ist: Was die wissenschaftliche Einstellung und die wissenschaftliche Methode von der vorwissenschaftlichen Einstellung unterscheidet, das ist die Methode der *Falsifikationsversuche*. Jeder Lösungsversuch, jede Theorie, wird so streng, wie es uns nur möglich ist, überprüft. Aber eine strenge Prüfung ist immer ein Versuch, die *Schwächen* des Prüflings herauszufinden. So ist auch unsere Überprüfung der Theorien ein Versuch, ihre Schwächen aufzudecken. Die Überprüfung einer Theorie ist also ein Versuch, die Theorie zu widerlegen oder zu *falsifizieren*.

Das bedeutet natürlich nicht, daß ein Forscher, dem es gelingt, seine eigene Theorie zu falsifizieren, sich immer darüber freuen wird. Die Theorie wurde ja von ihm als ein *Lösungsversuch* aufgestellt, und das bedeutet, daß die Theorie auch harten Prüfungen standhalten werde. Viele Wissenschaftler, die einen hoffnungsvollen Lösungsversuch falsifizieren, werden persönlich schwer enttäuscht sein.

Das Ziel, die Theorie zu falsifizieren, wird oft kein persönliches Ziel des Wissenschaftlers sein, und oft genug wird auch ein echter Wissenschaftler versuchen, eine Theorie, auf die er große Hoffnungen setzte, gegen einen Falsifikationsversuch zu verteidigen.

Das ist vom Standpunkt der Wissenschaftstheorie durchaus begrüßenswert; denn wie könnten wir sonst *echte* Falsifikationen von *scheinbaren* Falsifikationen unterscheiden? Wir brauchen in der Wissenschaft eine Art von Parteibildung für und gegen jede Theorie, die einer ernsthaften Prüfung unterworfen wird; denn wir brauchen eine rationale wissenschaftliche *Diskussion*. Und nicht immer wird die Diskussion zu einer klaren Entscheidung führen.

Die wesentliche und neue Einstellung, die die Wissenschaft zu dem macht, was sie ist, ist aber jedenfalls die *kritische* Einstellung, und die wird erreicht, vor allem anderen, durch die objektive, öffentliche, sprachliche Formulierung ihrer Theorien. Das führt dann gewöhnlich zur Parteinahme und damit zur kritischen Diskussion. Oft ist die Diskussion durch viele Jahre hindurch unentschieden, wie die berühmte Diskussion zwischen Albert Einstein und Niels Bohr. Jedenfalls haben wir keine Garantie, daß sich jede wissenschaftliche Diskussion entscheiden läßt. Es gibt keine Garantie für den wissenschaftlichen Fortschritt.

Meine Hauptthese ist also, daß das Neue, das die Wissenschaft und die wissenschaftliche Methode von der Vorwissenschaft und der vorwissenschaftlichen Einstellung unterscheidet, die bewußt kritische Einstellung zu den Lösungsversuchen ist; es ist also die aktive Teilnahme an der Elimination, die aktiven Eliminationsversuche, die Versuche, zu kritisieren, das heißt, zu falsifizieren.

Die umgekehrten Versuche, eine Theorie vor der Falsifikation zu retten, haben auch ihre methodologische Funktion, wie wir gesehen haben. Aber es ist meine These, daß eine solche dogmatische Einstellung im wesentlichen für das *vor*wissenschaftliche Denken charakteristisch ist, während die kritische Einstellung, der bewußte Falsifikationsversuch, zur *Wissenschaft* führt und die *wissenschaftliche Methode* beherrscht.

Trotz der methodologischen Funktion, die die wissenschaftliche Parteibildung zweifellos hat, ist es meiner Ansicht nach wichtig, daß der einzelne Forscher sich klar werden muß über die grundlegende Bedeutung der Falsifikationsversuche und auch der manchmal geglückten Falsifikation. Denn die wissenschaftliche Methode ist nicht *kumulativ*, wie es zum Beispiel Bacon von Verulam oder Sir James Jeans lehrte, sondern wesentlich *revolutionär*. Der wissenschaftliche Fortschritt besteht im wesentlichen darin, daß Theorien durch andere Theorien überholt und ersetzt werden. Diese neuen Theorien müssen imstande sein, alle jene Probleme, die die alten Theorien gelöst haben, wenigstens ebensogut zu lösen. So löst die Einsteinsche Theorie das Problem der Planetenbewegung und überhaupt der Makromechanik ebenso gut und *vielleicht sogar besser* als die Newtonsche Theorie. Aber die revolutionäre Theorie geht von neuen Annahmen aus, und sie geht, in ihren Folgerungen, wesentlich über die alte Theorie hinaus, zu der sie auch in einem direkten Widerspruch steht. Dieser Widerspruch erlaubt es, Experimente auszudenken, die zwischen der alten und der neuen Theorie entscheiden können; aber nur in dem Sinn, daß sie wenigstens eine der beiden Theorien falsifizieren können: Die Experimente können zwar die Superiorität der sie überlebenden Theorie erweisen, aber nicht ihre Wahrheit; und die überlebende Theorie kann ihrerseits bald wieder überholt werden.

Wenn ein Forscher diese Situation begriffen hat, wird er auch seiner von ihm selbst geschaffenen Lieblingstheorie kritisch gegenüberstehen. Er wird es vorziehen, sie selbst zu überprüfen und eventuell zu falsifizieren, als das seinen Kritikern zu überlassen.

Ein Beispiel, auf das ich stolz bin, ist mein alter Freund, der Gehirnphysiologe und Nobelpreisträger Sir John Eccles. John Eccles traf ich zum ersten Mal an der Universität von Otago (Dunedin, Neuseeland), wo ich eine Vortragsreihe hielt. Er beschäftigte sich seit Jahren schon experimentell mit dem Problem, wie der Nervenreiz über die Synapse von einer Nervenzelle auf die andere übertragen wird, also mit der Frage der »synaptischen Transmission«. Eine vor allem in Cambridge wirkende Schule um Sir Henry Dale nahm an, daß Moleküle einer chemischen »Transmitter-Substanz« die Synapse (die die Nervenzellen trennt) überqueren und so den Reiz von einer Zelle auf die andere übertragen. Eccles' Experimente hatten allerdings gezeigt, daß die Zeitdauer der Übertragung außerordentlich kurz war – seiner Meinung nach zu kurz für die Transmitter-Substanz –, und er entwickelte deshalb in allen Einzelheiten die Theorie einer rein elektrischen Übertragung sowohl für die Transmission der Nervenerregung wie auch für die Transmission der Hemmungen.

Aber ich darf wohl Eccles selbst sprechen lassen*: »Bis 1945 hatte ich folgende konventionelle Ideen über wissenschaftliche Forschung: Erstens, daß Hypothesen aus dem sorgfältigen und methodischen Sammeln von experimentellen Daten erwachsen. Das ist die induktive Idee über die Wissenschaft, die auf Bacon und Mill zurückgeht. Die meisten Wissenschaftler und Philosophen glauben immer noch, daß dies die wissenschaftliche Methode sei. Zweitens, daß die Güte eines Wissenschaftlers nach der Zuverlässigkeit der von ihm entwickelten Hypothesen beurteilt wird, die zweifelsohne mit der Anhäufung neuer Daten erweitert werden müßten, die aber – so hoffte man – als feste und sichere Fundamente weiteren theoretischen Entwicklungen dienen würden. Ein Wissenschaftler zieht es vor, über seine experimentellen Daten zu sprechen und Hypothesen nur als Arbeitsgerüst zu betrachten. Schließlich – und das ist der wichtigste Punkt – ist es im höchsten Maße bedauerlich und ein Zeichen von Versagen, wenn ein Wissenschaftler für eine Hypothese eintritt, die durch neue Daten widerlegt wird, so daß sie schließlich ganz aufgegeben werden muß.

Das war mein Problem. Ich hatte lange eine Hypothese vertreten, bevor mir klar wurde, daß sie vermutlich verworfen

---

* Siehe sein Buch »Wahrheit und Wirklichkeit«, 1975, S. 143 ff.

werden müsse, und das deprimierte mich außerordentlich. Ich war in eine Kontroverse über Synapsen verwickelt gewesen und glaubte damals, daß die synaptische Übertragung zwischen Nervenzellen größtenteils elektrischer Natur sei. Ich gab zu, daß es eine späte langsame chemische Komponente gäbe, glaubte aber, daß die schnelle Übertragung über die Synapse auf elektrischem Wege vor sich gehe. Zu diesem Zeitpunkt lernte ich von Popper, daß es wissenschaftlich nichts Ehrenrühriges sei, wenn die eigenen Hypothesen als falsch erkannt werden. Das war die schönste Neuigkeit, die ich seit langem erfahren hatte. Ich wurde sogar von Popper dazu überredet, meine Hypopthesen über elektrisch bedingte exzitatorische und inhibitorische synaptische Übertragung so präzise und rigoros zu formulieren, daß sie zur Widerlegung herausforderten – und das geschah ein paar Jahre später – größtenteils durch meine Kollegen und mich selbst –, als wir 1951 anfingen, intrazelluläre Ableitungen von Motoneuronen zu machen. Dank der Popperschen Lehre konnte ich freudig den Tod meines Lieblingsgedankens hinnehmen, den ich fast 20 Jahre lang gehegt hatte, und war gleichzeitig in der Lage, soviel wie nur möglich zur ›chemischen Übertragungs-Geschichte‹ beizutragen, die wiederum der Lieblingsgedanke von Dale und Loewi war. Ich hatte endlich die große, befreiende Macht von Poppers Lehre über wissenschaftliche Methoden erfahren...

Hier zeigt sich eine eigenartige Reihenfolge. Es erwies sich, daß ich zu schnell bereit gewesen war, die elektrische Hypothese synaptischer Übertragung zu verwerfen. Die vielen Arten von Synapsen, die Gegenstand meiner Arbeiten gewesen waren, sind sicherlich chemischer Art, aber heute sind viele elektrische Synapsen bekannt, und mein Buch über die Synapsen (1964) enthält zwei Kapitel über elektrische Übertragung, sowohl inhibitorische als auch exzitatorische!«

Es ist bemerkenswert, daß sowohl Eccles als auch Dale mit ihren für die Hirnforschung bahnbrechenden Theorien unrecht hatten; denn beide glaubten, daß ihre Theorien für alle Synapsen gültig seien. Dales Theorie war gültig für die Synapsen, mit denen sich beide damals beschäftigten; aber sie war ebensowenig allgemeingültig wie die Theorie von Eccles. Die Anhänger von Dale jedoch scheinen dies nie eingesehen zu haben; sie waren sich ihres Sieges über Eccles zu sicher, um sich darüber klar zu werden, daß beide Parteien der gleichen (angeblichen) Sünde schuldig waren, nämlich einer »voreiligen Verallgemeinerung, ohne erst alle die relevanten Daten abzuwarten« (was aber niemals durchführbar ist).

An einer anderen Stelle, in seiner Nobelpreis-Biographie, schreibt Eccles:

»Ich kann mich jetzt sogar über die Falsifikation einer Lieblingstheorie freuen, denn eine solche Falsifikation ist ein wissenschaftlicher Erfolg.«

Dieser letzte Punkt ist überaus wichtig: Wir lernen immer eine ganze Menge durch eine Falsifikation. Wir lernen nicht nur, *daß* eine Theorie falsch ist, sondern wir lernen, *warum* sie falsch ist. Und vor allem anderen gewinnen wir ein *neues und schärfer gefaßtes Problem*; und ein neues Problem ist, wie wir ja schon wissen, der echte Ausgangspunkt einer neuen wissenschaftlichen Entwicklung.

Sie werden sich vielleicht gewundert haben, warum ich mein dreistufiges Schema so oft erwähnt habe. Ich habe das zum Teil darum getan, um Sie auf ein sehr ähnliches, aber vierstufiges Schema vorzubereiten; ein Schema, das für die Wissenschaft und die Dynamik der wissenschaftlichen Entwicklung charakteristisch ist. Das vierstufige Schema kann aus unserem dreistufigen Schema – also Problem, Lösungsversuche, Elimination – dadurch gewonnen werden, daß wir die erste Stufe als »das ältere Problem« bezeichnen und als vierte Stufe »die neuen Probleme« hinzufügen. Wenn wir weiter noch die »Lösungsversuche« durch »versuchsweise Theorien« ersetzen und die »Elimination« durch »Eliminationsversuche durch kritische Diskussion«, so kommen wir zu jenem vierstufigen Schema, das für die Wissenschaftstheorie charakteristisch ist. Es sieht also folgendermaßen aus:

1. *Das ältere Problem;*
2. *versuchsweise Theorienbildungen;*
3. *Eliminationsversuche* durch kritische Diskussion, einschließlich experimenteller Prüfung;
4. *die neuen Probleme*, die aus der kritischen Diskussion unserer Theorien entspringen.

Mein vierstufiges Schema erlaubt es, eine ganze Reihe von wissenschaftstheoretischen Bemerkungen zu machen.

Zum Problem. Die vorwissenschaftlichen und die wissenschaftlichen primären Probleme sind praktischer Natur, aber sie werden bald, durch den vierstufigen Zyklus, wenigstens teilweise von theoretischen Problemen ersetzt. Das heißt, die meisten der neuen Probleme entstehen aus der *Kritik der Theorien*: Sie sind inner-theoretisch. Das gilt schon für die Probleme in Hesiods Kosmogonie und noch mehr für die Probleme der vorsokratischen griechischen Philosophen; und es gilt für die meisten Probleme der modernen Naturwissenschaften: Die Probleme sind selbst Produkte der Theorien und der Schwierigkeiten, die die kritische Diskussion in den Theorien aufdeckt. Diese theoretischen Probleme sind, ganz wesentlich, Fragen nach *Erklärungen*, nach erklärenden Theorien: Die versuchsweisen Antworten, die die Theorien liefern, sind eben *Erklärungsversuche.*

Zu den praktischen Problemen kann man auch die Probleme rechnen, etwas vorauszusagen. Aber vom *intellektuellen* Standpunkt der *reinen Wissenschaft* gehören die Voraussagen zur Stufe 3, das heißt, zur *kritischen* Diskussion, zur *Prüfung.* Sie sind intellektuell interessant, weil sie uns erlauben, unsere Theorien, die Erklärungsversuche darstellen, an der Wirklichkeit und in der Praxis auf ihren Wahrheitsanspruch hin zu überprüfen.

Wir können von unserem vierstufigen Schema weiter ablesen, daß wir in der Wissenschaft von einem *Zyklus* von alten Problemen ausgehen und mit neuen Problemen aufhören, die ihrerseits wieder als Ausgangspunkt eines neuen *Zyklus* fungieren. Wegen des zyklischen oder periodischen Charakters unseres Schemas können wir auf *jeder* der vier Stufen beginnen. Wir können mit *Theorien* beginnen, also auf der 2. Stufe unseres Schemas. Das heißt, wir können sagen, daß der Wissenschaftler von einer *älteren Theorie* ausgeht und durch deren kritische Diskussion und Elimination zu Problemen gelangt, die er dann durch *neuere Theorien* zu lösen versucht. Das ist, eben wegen des zyklischen Charakters, eine durchaus haltbare Interpretation.

Für sie spricht auch, daß wir die *Aufstellung von befriedigenden Theorien* als die *Zielsetzung* der Wissenschaft bezeichnen können. Andererseits führt aber die Frage, unter welchen Umständen eine Theorie als *befriedigend* zu bezeichnen ist, direkt auf das *Problem als Ausgangspunkt* zurück. Denn offenbar ist die erste Forderung, die wir an die Theorie stellen, daß sie erklärungsbedürftige Probleme *löst*, indem sie die Schwierigkeiten erklärt, aus denen das Problem besteht.

Schließlich können wir auch als unseren Ausgangspunkt die Elimination oder Ausmerzung der bisherigen Theorien wählen. Denn man kann wohl sagen, daß die Wissenschaft ihren Ausgangspunkt immer vom Zusammenbruch einer Theorie nimmt; dieser Zusammenbruch, die Elimination, führt dann zum Problem, die eliminierte Theorie durch eine bessere Theorie zu ersetzen.

Ich persönlich bevorzuge das *Problem* als Ausgangspunkt, aber ich bin mir darüber klar, daß der *zyklische Charakter des Schemas* es möglich macht, jede der Stufen als Ausgangspunkt einer neuen Entwicklung anzusehen.

Wesentlich für das neue vierstufige Schema ist sein dynamischer Charakter: Jede der Stufen enthält sozusagen eine innere, logische Motivation, zur nächsten Stufe weiterzugehen. Die Wissenschaft, wie sie in dieser Wissenschaftslogik erscheint, ist im wesentlichen eine im *Wachsen* begriffene Erscheinung; sie ist wesentlich *dynamisch*, ist niemals etwas *Fertiges*: Es gibt keinen Punkt, an dem sie endgültig ihr Ziel findet.

Warum ich das *Problem* als Ausgangspunkt bevorzuge, hat auch noch den folgenden Grund. Die *Distanz* zwischen einem *älteren Problem* und seinen Abkömmlingen, den *neueren Problemen*, scheint mir den wissenschaftlichen Fortschritt viel eindrucksvoller zu charakterisieren als zum Beispiel die Distanz zwischen den älteren Theorien und der nächsten Generation von neuen Theorien, die die älteren ersetzen.

Nehmen wir als Beispiel die Newtonsche und die Einsteinsche Gravitationstheorie. Die Distanz zwischen den beiden Theorien ist groß; aber es ist möglich, die Newtonsche Theorie in die Einsteinsche Sprache, den Formalismus des sogenannten Tensor-Kalküls, zu übersetzen; und wenn man das tut, wie das zum Beispiel Professor Peter Havas getan hat, dann findet man, daß der Unterschied zwischen den beiden Theorien lediglich in der endlichen Ausbreitungsgeschwindigkeit der Gravitation, also in der endlichen Lichtgeschwindigkeit *c*, besteht. Das heißt, daß es Havas gelungen ist, die Einsteinsche Theorie so zu formulieren, daß durch die Ersetzung der *endlichen* Ausbreitungsgeschwindigkeit *c* durch eine *unendliche* Geschwindigkeit die Einsteinsche Theorie in die Newtonsche übergeht.

Es wäre aber ganz irreführend, daraus zu schließen, daß der ganze Fortschritt der Theorie in der endlichen Ausbreitungsgeschwindigkeit der Gravitation liegt.

Ich behaupte, daß man den Fortschritt und den dynamischen Charakter der Entwicklung viel deutlicher sieht, wenn man *die Probleme* vergleicht, die die Kritiker der Newtonschen Theorie, zum Beispiel Ernst Mach, aufgedeckt haben, mit *jenen Problemen*, die durch die Kritiker der Einsteinschen Theorie, vor allem durch Einstein selbst, aufgedeckt wurden.

Wenn man also die älteren und die neueren Probleme vergleicht, dann sieht man die große Distanz, den großen Fortschritt. Im wesentlichen ist nur eines der alten Probleme übriggeblieben, das sogenannte Machsche Prinzip. Das ist die Forderung, daß wir die *Trägheit* der schweren Massen als eine Wirkung der fernen Massen des Weltalls begreifen sollen. Einstein war sehr enttäuscht, daß seine Theorie das nicht voll leistete. Zwar lieferte seine Gravitationstheorie die Trägheit als Resultat der Gravitation; aber wenn wir in der Einsteinschen Gravitationstheorie die Massen verschwinden lassen, dann geht die Theorie in die spezielle Relativitätstheorie über, und die Trägheit bleibt auch ohne erzeugende Massen bestehen.

Einstein selbst sah in diesem Punkt einen der empfindlichsten Mängel seiner Theorie; und das Problem, das Machsche Prinzip in die Gravitationstheorie einzubauen, hat alle Forscher auf diesem Gebiet seit einem halben Jahrhundert beschäftigt.

Aus solchen Gründen scheint es mir also besser, unser vierstufiges Schema mit dem *Problem* anzufangen. Aber jedenfalls zeigt das Schema, worin das Neue der dynamischen Wissenschaftsentwicklung gegenüber den *vor*wissenschaftlichen Entwicklungen besteht: in unserer aktiven Beteiligung am Eliminationsverfahren durch die Erfindung der Sprache, der Schrift und der kritischen Diskussion. Meine Hauptthese ist, daß durch die Erfindung der kritischen Diskussion die Wissenschaft erzeugt wurde.

Eine wichtige Folgerung aus meiner Hauptthese bezieht sich auf die Frage: Wie unterscheiden sich die erfahrungswissenschaftlichen Theorien von anderen Theorien? Dieses Problem ist, seinerseits, kein *erfahrungs*wissenschaftliches Problem, sondern ein wissenschafts*theoretisches* Problem; es ist ein Problem, das zur Wissenschaftslogik oder zur Philosophie der Wissenschaft gehört. Die Antwort auf dieses Problem, die aus meiner Hauptthese abgeleitet werden kann, ist die folgende:

Eine erfahrungswissenschaftliche Theorie unterscheidet sich von anderen Theorien dadurch, daß sie an möglichen Erfahrungen scheitern kann; das heißt, daß Erfahrungen möglich sind und beschrieben werden können, die die Theorie falsifizieren würden, wenn wir wirklich solche Erfahrungen machen würden.

Ich habe das Problem, die erfahrungswissenschaftlichen Theorien von anderen Theorien abzugrenzen, als »Abgrenzungsproblem« bezeichnet und meine vorgeschlagene Lösung als »Abgrenzungskriterium«.

Mein Vorschlag für die Lösung des Abgrenzungsproblems ist also das folgende Abgrenzungskriterium: Eine Theorie gehört zur empirischen Wissenschaft dann und nur dann, wenn sie mit möglichen Erfahrungen in Widerspruch steht, also im Prinzip durch Erfahrung falsifizierbar ist.

Ich habe dieses Abgrenzungskriterium als »Falsifizierbarkeitskriterium« bezeichnet.

Das Falsifizierbarkeitskriterium läßt sich mit vielen Theorien illustrieren. So ist zum Beispiel die Theorie, daß Impfung gegen Blattern schützt, falsifizierbar: Wenn jemand, der richtig geimpft wurde, trotzdem Blattern bekommt, so ist die Theorie falsifiziert.

Das Beispiel kann auch dazu verwendet werden, zu zeigen, daß das Falsifizierbarkeitskriterium seine eigenen Probleme hat. Wenn unter den Millionen von geimpften Menschen *einer* Blattern bekommen sollte, so werden wir kaum unsere Theorie als falsifiziert ansehen. Wir werden eher annehmen, daß etwas mit der Impfung oder mit dem Impfstoff nicht in Ordnung war. Und im Prinzip ist ein solcher Ausweg immer möglich: Wenn wir mit einer Falsifikation konfrontiert sind, so können wir uns immer irgendwie herausreden; wir können eine Hilfshypothese einführen und die Falsifikation zurückweisen. Wir können unsere Theorien gegen alle möglichen Falsifikationen »*immunisieren*« (um einen Ausdruck von Professor Hans Albert zu gebrauchen).

Die Anwendung des Falsifizierbarkeitskriteriums ist also nicht immer leicht. Dennoch hat das Falsifizierbarkeitskriterium seinen Wert. Auf die Theorie der Impfung gegen Blattern ist es anwendbar, wenn auch die Anwendung vielleicht nicht immer ganz so einfach ist: Wenn der Prozentsatz aller Menschen, die geimpft wurden und dennoch Blattern bekamen, ungefähr derselbe ist wie der Prozentsatz der ungeimpften, die Blattern bekommen (oder vielleicht sogar größer), dann werden alle Wissenschaftler die Theorie des Impfschutzes aufgeben.

Vergleichen wir diesen Fall mit dem Fall einer Theorie, die meiner Meinung nach nicht falsifizierbar ist; zum Beispiel mit Freuds Theorie der Psychoanalyse. Diese Theorie könnte offenbar im Prinzip nur dann überprüft werden, wenn wir ein Verhalten von Menschen beschreiben könnten, das mit der Theorie in Widerspruch steht. Es gibt solche falsifizierbare Theorien des Verhaltens; zum Beispiel die Theorie, daß ein Mann, der durch ein langes Leben hindurch sich immer als ehrlich erwiesen hat, nicht plötzlich, unter gesicherten finanziellen Umständen, auf seine alten Tage zum Dieb wird.

Diese Theorie ist sicher falsifizierbar, und ich vermute, daß hier und da auch tatsächlich falsifizierende Fälle vorkommen, so daß die Theorie in der vorgelegten Formulierung einfach *falsch* ist.

Aber im Gegensatz zu dieser Theorie scheint es kein denkbares Verhalten von Menschen zu geben, das die Psychoanalyse widerlegen könnte. Wenn ein Mann einem anderen das Leben rettet, unter Einsatz seines eigenen Lebens, oder wenn er, im Gegenteil, das Leben eines alten Freundes bedroht – was immer wir uns auch an ausgefallenem menschlichen Verhalten ausdenken können, es wird nicht zur Psychoanalyse im Widerspruch stehen. Die Psychoanalyse kann im Prinzip jedes noch so ausgefallene menschliche Verhalten erklären. Sie ist also nicht empirisch falsifizierbar, sie ist nicht überprüfbar.

Damit will ich nicht sagen, daß Freud nicht vieles richtig gesehen hätte. Aber ich behaupte, daß seine Theorie keinen empirisch-wissenschaftlichen Charakter hat: Sie ist eben nicht nachprüfbar.

Im Gegensatz dazu stehen Theorien wie unser Beispiel von der Impfung, aber vor allem physikalische, chemische und biologische Theorien.

Wir haben seit Einsteins Gravitationstheorie Gründe zur Annahme, daß Newtons Mechanik falsch ist, obwohl sie eine ausgezeichnete Annäherung darstellt. Jedenfalls ist aber sowohl Newtons wie auch Einsteins Theorie falsifizierbar, obwohl es natürlich immer möglich ist, sich durch eine Immunisierungsstrategie aus einer Falsifikation herauszureden. Während Freuds Psychoanalyse zu keinem denkbaren menschlichen Verhalten in Widerspruch steht, so steht das Verhalten eines Tisches beim »Tischrücken« zu Newtons Theorie in Widerspruch. Wenn die volle Tasse Tee auf meinem Tisch auf einmal zu tanzen begänne und sich drehte und wendete, so wäre das eine Falsifikation von Newtons Theorie; besonders dann, wenn trotz allen Drehens und Wendens der Tee nicht verschüttet wird. Man kann sagen, daß die Mechanik zu einer Unzahl von denkbaren Verhaltensweisen von physischen Körpern im Widerspruch steht – ganz im Gegensatz zur Psychoanalyse, die zu keinem denkbaren menschlichen Verhalten im Widerspruch steht.

Einsteins Gravitationstheorie würde durch fast jede denkbare Verletzung der Newtonschen Mechanik mitbetroffen werden, eben weil die Newtonsche Mechanik eine so gute Annäherung an die Einsteinsche darstellt. Aber darüber hinaus hat Einstein noch ausdrücklich nach Fällen gesucht, die, wenn sie beobachtet werden, *seine* Theorie widerlegen würden, aber nicht Newtons.

So hat Einstein zum Beispiel geschrieben, daß er, wenn die von ihm errechnete Rotverschiebung im Spektrum des Siriustrabanten und anderer weißer Zwerge nicht gefunden werden sollte, seine Theorie als widerlegt aufgeben würde.

Es ist übrigens interessant, daß Einstein selbst seiner eigenen Gravitationstheorie äußerst kritisch gegenüberstand. Obwohl keines der Prüfungsexperimente (die alle von ihm selbst vorgeschlagen wurden) ungünstig für seine Theorie ausging, so hielt er sie aus theoretischen Gründen für nicht voll befriedigend. Er war sich völlig klar darüber, daß seine Theorie, wie alle naturwissenschaftlichen Theorien, den Charakter eines *vorläufigen Lösungsversuches* hatte, also einen *hypothetischen* Charakter. Aber was er behauptete, ging mehr auf Einzelheiten ein. Er gab *Gründe* an, warum seine eigene Theorie als lückenhaft anzusehen wäre und als unbefriedigend vom Standpunkt seines eigenen Forschungsprogrammes; und er gab eine Reihe von Forderungen an, die eine befriedigende Theorie erfüllen müsse.

Was er aber für seine ursprüngliche Gravitationstheorie beanspruchte, war, daß sie eine *bessere Annäherung* an die zu suchende Theorie darstellte als die Newtonsche Gravitationstheorie und daher auch *eine bessere Annäherung an die Wahrheit.*

Die Idee der *Annäherung an die Wahrheit* ist meiner Meinung nach eine der wichtigsten Ideen der Wissenschaftstheorie. Das hängt damit zusammen, daß die kritische Diskussion von konkurrierenden Theorien, wie wir gesehen haben, für die Wissenschaftstheorie so wichtig ist. Aber eine kritische Diskussion wird von gewissen Werten reguliert. Sie braucht ein regulatives Prinzip oder, in Kantischer Terminologie, eine regulative Idee.

Unter den regulativen Ideen, die die kritische Diskussion von konkurrierenden Theorien beherrschen, sind drei Ideen von größter Bedeutung: Erstens die Idee der *Wahrheit*; zweitens die Idee des logischen und empirischen *Gehaltes* einer Theorie;

und drittens die Idee des *Wahrheitsgehaltes* einer Theorie und der *Annäherung an die Wahrheit*.

Daß die Idee der *Wahrheit* die kritische Diskussion beherrscht, sieht man daran, daß wir die Theorie kritisch diskutieren in der Hoffnung, die *falschen* Theorien zu eliminieren. Das zeigt, daß wir von der Idee des Suchens nach *wahren* Theorien geleitet werden.

Die zweite regulative Idee, die Idee des *Gehaltes* einer Theorie, leitet uns an, nach Theorien mit großem informativem Gehalt zu suchen. Tautologien oder triviale arithmetische Sätze wie 12 mal 12 ist 144 sind gehaltsleer: Sie lösen keine empirisch-wissenschaftlichen Probleme. Schwierige Probleme können nur von Theorien mit großem logischem und empirischem Gehalt gelöst werden.

Was man als die *Kühnheit* einer Theorie bezeichnen kann, das ist die Größe ihres Gehaltes: Je mehr wir mit einer Theorie behaupten, um so größer ist das Risiko, daß die Theorie *falsch* ist. So suchen wir zwar die Wahrheit, aber wir sind nur an kühnen, riskanten Wahrheiten interessiert. Beispiele von kühnen Theorien, die einen großen logischen Gehalt haben, sind wieder die Newtonsche oder die Einsteinsche Gravitationstheorie oder die Quantentheorie der Atome oder die Theorie der chiffrierten genetischen Information, die das Problem der Vererbung teilweise löst.

Solch kühne Theorien haben, wie gesagt, einen großen Gehalt; und zwar einen großen logischen und einen großen empirischen Gehalt.

Diese beiden Gehaltsbegriffe können folgendermaßen erklärt werden: Der logische Gehalt einer Theorie ist ihre *Folgerungsmasse*, das heißt, die Menge oder Klasse aller Sätze, die aus der betreffenden Theorie *logisch abgeleitet* werden können. Je größer die Folgerungsmenge, desto mehr.

Vielleicht noch interessanter ist die Idee des *empirischen Gehaltes* einer Theorie. Um diese Idee zu verstehen, gehen wir *davon aus, daß ein empirisches* Naturgesetz oder eine *empirische* Theorie gewisse beobachtbare Vorgänge *verbietet*. (Die Theorie »Alle Raben sind schwarz« verbietet die Existenz von weißen Raben; und die Beobachtung eines weißen Raben widerlegt die Theorie.) So haben wir ja gesehen, daß die Freudsche Psychoanalyse eben *keine* beobachtbaren Vorgänge verbietet. Ihr logischer Gehalt ist sicher groß; aber ihr empirischer Gehalt ist Null.

Man kann also den empirischen Gehalt einer Theorie als die Menge oder Klasse der von der Theorie verbotenen empirischen Sätze bezeichnen; das heißt aber, als die Menge oder Klasse der empirischen Sätze, die zu der Theorie im Widerspruch stehen.

Um eine sehr einfache Illustration zu verwenden: Die Theorie, daß es *keine weißen Raben gibt*, steht zum Satz »Hier ist ein weißer Rabe« im Widerspruch. Sie *verbietet* sozusagen die Existenz von weißen Raben. Die Theorie, daß *alle Raben schwarz sind*, hat einen weit größeren empirischen Gehalt. Sie verbietet nicht nur weiße Raben, sondern auch blaue, grüne und rote Raben: Die Klasse der verbotenen Sätze ist weit größer.

Einen empirischen Satz oder einen Beobachtungssatz, der mit einer Theorie in Widerspruch steht, kann man als eine *Falsifikationsmöglichkeit* der betreffenden Theorie bezeichnen oder als einen *potentiellen Falsifikator* der Theorie: Wenn eine Falsifikationsmöglichkeit wirklich beobachtet wird, dann ist die Theorie *empirisch falsifiziert*.

Der Satz »Hier ist ein weißer Rabe« ist also eine Falsifikationsmöglichkeit oder ein potentieller Falsifikator sowohl der gehaltsarmen Theorie, daß es keine weißen Raben gibt, wie auch der gehaltsreicheren Theorie, daß alle Raben schwarz sind.

Der Satz: »Am 10. Februar 1972 wurde im Zoologischen Garten von Hamburg ein grüner Rabe eingeliefert« ist eine Falsifikationsmöglichkeit oder ein potentieller Falsifikator der Theorie, daß alle Raben schwarz sind, aber auch der Theorie, daß alle Raben rot oder blau sind. Wenn ein solcher Satz, ein solcher potentieller Falsifikator, auf Grund von Beobachtungen als wahr angenommen wird, so sind alle jene Theorien, zu deren Falsifikatoren er gehört, tatsächlich als falsifiziert zu betrachten. Das Interessante ist, daß die Theorie um so mehr besagt, je größer die Menge ihrer potentiellen Falsifikatoren ist. Sie besagt mehr und kann mehr Probleme erklären: Ihr *Erklärungspotential* oder ihre *potentielle Erklärungskraft* ist größer.

Wir können von diesem Standpunkt aus wieder Newtons mit Einsteins Gravitationstheorie vergleichen. Man findet dann, daß der empirische Gehalt und die potentielle Erklärungskraft von Einsteins Theorie viel größer sind als die von Newton. Denn sie behauptet viel mehr. Sie beschreibt nicht nur alle Bewegungsarten, die die Newtonsche Theorie beschreibt, insbesondere die Planetenbahnen, sondern sie beschreibt den Einfluß der Gravitation auf das Licht – ein Problemkreis, über den Newton weder in seiner Gravitationstheorie noch in seiner Optik etwas zu sagen hat. Einsteins Theorie ist also riskanter: Sie kann im Prinzip durch Beobachtungen falsifiziert werden, die die Newtonsche Theorie unberührt lassen. Daher ist der empirische Gehalt, die Menge der potentiellen Falsifikatoren, von Einsteins Theorie wesentlich größer als der empirische Gehalt von Newtons Theorie. Und schließlich ist die potentielle Erklärungskraft von Einsteins Theorie bei weitem größer: Falls wir zum Beispiel solche optischen Effekte wie die von Einstein vorausgesagte Rotverschiebung im Spektrum des Siriustrabanten als durch die Beobachtungen gesichert annehmen, dann sind diese optischen Effekte durch Einsteins Theorie auch *erklärt*.

Aber auch wenn die relevanten Beobachtungen noch nicht gemacht wurden, so können wir sagen, daß die Einsteinsche

Theorie der Theorie Newtons *potentiell* überlegen ist: Sie hat den größeren empirischen Gehalt und das größere Erklärungspotential. Das bedeutet, daß sie theoretisch interessanter ist. Aber Einsteins Theorie ist, gleichzeitig, viel *gefährdeter* als die Newtons. Sie ist Falsifikationen viel mehr ausgesetzt, weil eben die Menge ihrer potentiellen Falsifikatoren größer ist.

Sie ist daher auch noch viel strenger prüfbar als Newtons Theorie, die auch schon sehr streng prüfbar ist. Wenn sie diesen Prüfungen standhält, wenn sie sich in diesen Prüfungen bewährt, so können wir zwar nicht sagen, daß sie wahr ist, denn sie kann in späteren Prüfungen falsifiziert werden; aber wir können sagen, daß nicht nur ihr empirischer Gehalt, sondern auch ihr Wahrheitsgehalt größer ist als der von Newtons Theorie: Das heißt, daß die Menge der *wahren* Sätze, die aus ihr ableitbar ist, größer ist als die, die aus Newtons Theorie ableitbar ist. Und wir können dann weiter sagen, daß die Theorie Einsteins, im Lichte der kritischen Diskussion, die auch von den Ergebnissen der experimentellen Prüfung voll Gebrauch macht, als eine bessere *Annäherung an die Wahrheit* erscheint.

Die Idee der Annäherung an die Wahrheit setzt – wie übrigens auch die Idee der Wahrheit als regulatives Prinzip – eine *realistische Weltansicht* voraus. Sie setzt *nicht* voraus, daß die Wirklichkeit so ist, wie sie unsere wissenschaftlichen Theorien beschreiben; aber sie setzt voraus, daß es eine Wirklichkeit gibt und daß wir mit unseren Theorien, die unsere selbstgeschaffenen Ideen und daher immer Idealisierungen sind, näher und näher an eine adäquate Beschreibung der Wirklichkeit herankommen können, wenn wir die vierstufige Methode des Versuchs und Irrtums verwenden. Die Methode ist aber nicht genug. Wir müssen auch Glück haben; denn die Bedingungen, die wir auf unserer Erde finden und die das Leben und die Entwicklung der menschlichen Sprache, des menschlichen Bewußtseins und der menschlichen Wissenschaft ermöglichen, sind im Kosmos überaus selten, wenn der Kosmos auch nur entfernt dem ähnlich ist, wie er von der Wissenschaft beschrieben wird. Denn gemäß der Wissenschaft ist die Welt fast ganz leer von Materie und hauptsächlich nur von chaotischer Strahlung erfüllt; und an den wenigen Stellen, an denen sie *nicht* leer ist, ist sie von *chaotischer* Materie erfüllt, gewöhnlich viel zu heiß für Molekülbildung oder auch zu kalt für die Entwicklung von Lebewesen, wie wir sie kennen. Ob es auch sonst im Weltall Leben gibt oder nicht – das Leben ist jedenfalls kosmologisch gesehen ein ungemein seltenes, ganz außergewöhnliches Phänomen. Und in der Entwicklung des Lebens ist wieder die Entwicklung der kritischen und wissenschaftlichen Methode ungemein selten und daher, im Sinne der Wahrscheinlichkeitsrechnung, etwas fast unendlich Unwahrscheinliches. Das heißt, daß wir das große Los gezogen haben, als das Leben und die Wissenschaft entstanden.

Die *realistische Weltansicht* zusammen mit der Idee der Annäherung an die *Wahrheit* scheinen mir unentbehrlich für ein Verständnis der immer *idealisierenden* Wissenschaft zu sein. Überdies scheint mir die realistische Weltansicht die einzig humane zu sein: Sie allein erklärt, daß es andere Menschen gibt, die leben, leiden und sterben wie wir.

Die Wissenschaft ist ein Produktsystem menschlicher Ideen: Soweit hat der Idealismus recht. Aber diese Ideen können an der Wahrscheinlichkeit scheitern. Daher hat letzten Endes der Realismus recht.

Man hat vielleicht für einen Augenblick den Eindruck, daß ich mit diesen Bemerkungen über den Realismus und mit diesen Andeutungen über den Realismusstreit über mein Thema hinausgegangen bin. Das ist aber nicht der Fall. Der Realismusstreit ist, ganz im Gegenteil, in der Quantenmechanik höchst aktuell. Damit ist er eines der modernsten und offensten Probleme der heutigen Wissenschaftstheorie.

Ich stehe diesem Problem, wie wohl klar geworden ist, nicht als Unparteilicher gegenüber. Ich bin hier durch und durch parteilich, *für den Realismus*. Aber es gibt eine einflußreiche idealistische Schule in der Quantenmechanik. In der Tat, es gibt alle nur denkbaren idealistischen Schattierungen, und ein berühmter Quantenmechaniker hat sogar *solipsistische* Konsequenzen aus der Quantenmechanik gezogen; er behauptet, daß diese solipsistischen Konsequenzen aus der Quantenmechanik mit zwingender Notwendigkeit folgen.

Darauf kann ich nur antworten: Wenn das so ist, dann muß etwas falsch sein in der Quantenmechanik, wie bewunderungswürdig sie auch sein mag und wie ausgezeichnet sie als Annäherung an die Wahrheit ist. Die Quantenmechanik hat ungemein strengen Prüfungen standgehalten. Aber daraus können wir auf ihre Wahrheitsnähe nur dann schließen, wenn wir Realisten sind.

Der Kampf um den Realismus und Objektivismus in der Wissenschaftstheorie wird wohl noch längere Zeit andauern. Wir haben es hier mit einem offenen und aktuellen Problem zu tun. Gleichzeitig ist es ein Problem, durch das die Wissenschaftstheorie, wie man wohl gemerkt hat, gewissermaßen über sich hinausgeführt wird. Ich habe, so hoffe ich, hinreichend klar gemacht, was meine Stellung im Zusammenhang mit diesem grundlegenden Problem ist.

2. Wissenschaftliche Reduktion und die essentielle Unvollständigkeit der Wissenschaft

I

Die These, von der ich ausgehe, ist die folgende: Im Zusammenhang mit der sogenannten »Reduktion« gibt es für den Biologen im wesentlichen drei Fragen.

(1) Können wir die Biologie auf die Physik reduzieren beziehungsweise auf die Physik und die Chemie? Oder können wir hoffen, daß wir eines Tages imstande sein werden, sie ganz und gar auf die Physik (oder Physik und Chemie) zu reduzieren?

(2) Können wir jene subjektiven Bewußtseinserlebnisse, die wir oft Tieren zuschreiben, auf die Biologie reduzieren (oder zu reduzieren hoffen) und, falls Frage (1) mit ja beantwortet wird, weiter auf die Physik und die Chemie?

(3) Können wir das Selbstbewußtsein und die Kreativität des menschlichen Geistes auf tierische Erfahrung reduzieren oder zu reduzieren hoffen und damit, falls Fragen (1) und (2) mit ja beantwortet werden, auf die Physik und die Chemie?

Es ist klar, daß die Antworten auf diese drei Fragen zum Teil von der Deutung des Wortes »reduzieren« abhängen. Aber aus Gründen, die ich an anderer Stelle dargelegt habe[1], bin ich gegen die Methode der Bedeutungsanalyse und gegen den Versuch, ernsthafte Probleme durch Definitionen lösen zu wollen. Was ich statt dessen zu tun vorschlage, ist folgendes:

Zur Entstehung dieses Textes siehe die Anmerkungen auf S. 90.

Ich werde zunächst einige Beispiele erfolgreicher und erfolgloser Reduktionen in den verschiedenen Wissenschaften diskutieren, insbesondere die Reduktion der Chemie auf die Physik; und ich werde auf die Frage eingehen, was bei diesen Reduktionen übrigbleibt.

Im Verlaufe dieser Diskussion werde ich drei Thesen vertreten: *Erstens*, daß Wissenschaftler in dem Sinne Reduktionisten sein müssen, daß nichts einen ähnlich großen Erfolg in der Wissenschaft bedeutet wie eine erfolgreiche Reduktion (so wie zum Beispiel Newtons Reduktion – oder vielmehr Erklärung [2] – von Keplers und Galileis Gesetzen durch seine Gravitationstheorie und seine Korrektur dieser Gesetze (siehe meine Ausführungen [3]). Eine erfolgreiche Reduktion ist vielleicht die erfolgreichste Form aller wissenschaftlichen Erklärungen, die man sich vorstellen kann, da sie das leistet, was Meyerson [4] besonders hervorgehoben hat: die Identifikation des Unbekannten mit dem Bekannten. Im Gegensatz zu einer Reduktion jedoch macht eine Erklärung mit Hilfe einer neuen Theorie das Bekannte – das bekannte Problem – durch etwas Unbekanntes klar: eine neue Vermutung.[5]

Zweitens werde ich die These vertreten, daß Wissenschaftler, wie immer sie philosophisch zum Holismus eingestellt sein mögen, den Reduktionismus als *Methode* begrüßen müssen: Sie müssen entweder naive oder aber mehr oder weniger kritische Reduktionisten sein, wenn auch mehr oder weniger pessimistische kritische Reduktionisten, wie ich argumentieren werde, weil nämlich kaum eine bedeutendere Reduktion in der Wissenschaft jemals ganz erfolgreich war. Selbst noch die erfolgreichsten Reduktionsversuche lassen einen unaufgelösten Rest übrig.

Drittens werde ich die These vertreten, daß es keine guten Argumente zugunsten eines philosophischen *Reduktionismus* zu geben scheint, während es hingegen gute Argumente gegen den Essentialismus gibt, mit dem der philosophische Reduktionismus eng verwandt zu sein scheint. Ich werde freilich vorschlagen, daß wir aus methodologischen Gründen dennoch von Reduktionsversuchen nicht ablassen sollten. Der Grund dafür ist, daß wir selbst aus erfolglosen oder unvollständigen Reduktionsversuchen ungeheuer viel lernen können und daß Probleme, die auf diese Weise offen bleiben werden, zu den wertvollsten geistigen Besitztümern der Wissenschaft gehören: Ich meine, eine stärkere Betonung dessen, was man häufig als wissenschaftliche Mißerfolge betrachtet (mit anderen Worten: der großen offenen Probleme der Wissenschaft), kann sehr nützlich werden.

II

Abgesehen von Newtons Reduktion ist eine der ganz wenigen mir bekannten Reduktionen, die beinahe vollständig erfolgreich war, die Reduktion der rationalen Brüche auf geordnete Paare natürlicher Zahlen (d. h. auf Relationen oder Verhältnisse zwischen ihnen). Sie war eine Errungenschaft der Griechen, auch wenn man sagen könnte, daß sogar diese Reduktion einen *Rest* übrigließ, mit dem man sich erst im 20. Jahrhundert befaßt hat (mit der erfolgreichen Reduktion des geordneten Paares auf ein ungeordnetes Paar von ungeordneten Paaren durch Wiener und Kuratowski[6]; außerdem sollte man nicht übersehen, daß es sich um eine Reduktion auf *Mengen* von äquivalenten Paaren statt nur auf die Paare selbst handelt). Sie förderte das pythagoräische kosmologische Forschungsprogramm der Arithmetisierung, das jedoch mit dem Beweis der Existenz irrationaler Zahlen, etwa der Quadratwurzeln aus 2, 3 oder 5[7], zusammenbrach. Platon ersetzte dann das kosmologische Forschungsprogramm der Arithmetisierung durch eines der Geometrisierung, und dieses Programm wurde von Euklid bis zu Einstein erfolgreich weitergeführt. Gleichwohl wurde mit der Erfindung der Infinitesimalrechnung durch Newton und Leibniz (und dem Problem, die paradoxen Resultate auszuschließen, die ihre eigenen intuitiven Methoden nicht auszuschließen vermochten) eine neue Arithmetisierung notwendig – eine neue Reduktion auf die natürlichen Zahlen. Und trotz der höchst spektakulären Erfolge des 19. und frühen 20. Jahrhunderts können wir jetzt, wie ich glaube, sagen, daß diese Reduktion nicht völlig erfolgreich war.

Um nur einen unaufgelösten Rest zu erwähnen: Eine Reduktion auf eine Folge natürlicher Zahlen oder auf eine Menge im Sinne der modernen Mengenlehre ist nicht dasselbe (und nicht einmal etwas ähnliches) wie eine Reduktion auf eine Menge von äquivalenten geordneten Paaren natürlicher Zahlen. Solange die Idee einer Menge naiv und rein intuitiv gebraucht wurde (wie von Cantor), war dies vielleicht nicht offensichtlich. Aber die Paradoxa unendlicher Mengen (die von Bolzano, Cantor und Russell diskutiert worden sind) und die Notwendigkeit, die Mengenlehre zu axiomatisieren, haben, vorsichtig gesagt, gezeigt, daß die geleistete Reduktion nicht eine einfache Arithmetisierung war – eine Reduktion auf die natürlichen Zahlen –, sondern eine Reduktion auf die axiomatische Mengenlehre; und diese hat sich als ein hochkompliziertes und einigermaßen riskantes Unternehmen herausgestellt.

Um dieses Beispiel zusammenzufassen: Das Programm der Arithmetisierung, das heißt der Reduktion der Geometrie und der irrationalen Zahlen auf die natürlichen Zahlen, ist teilweise gescheitert. Aber die Zahl der unerwarteten Probleme und die Menge des unerwarteten Wissens, das dieses Scheitern mit sich gebracht hat, sind überwältigend. Dies, so werde ich behaupten, darf verallgemeinert werden: Selbst da, wo wir als Reduktionisten erfolglos sind, kann die Zahl der interessanten und unerwarteten Ergebnisse, die wir auf dem Weg zum Mißerfolg gewinnen, von allergrößtem Wert sein.

III

Ich habe kurz das Scheitern der versuchten Reduktion der irrationalen Zahlen auf die natürlichen Zahlen angedeutet und zugleich darauf hingewiesen, daß Reduktionsversuche ein Teil der Tätigkeiten wissenschaftlichen und mathematischen Erklärens, Vereinfachens und Verstehens sind.

Ich möchte nunmehr die Erfolge und Mißerfolge der Reduktionsversuche in der Physik etwas ausführlicher diskutieren, insbesondere die Teilerfolge der Reduktion der Makrophysik auf Mikrophysik und der Chemie sowohl auf Mikrophysik als auch auf Makrophysik.

IV

Als »letzte Erklärung« habe ich an anderer Stelle [8] den Versuch bezeichnet, Dinge unter Berufung auf etwas zu erklären oder zu reduzieren, das einer weiteren Erklärung weder bedürftig noch fähig ist, insbesondere ein »Wesen« oder eine »Substanz« (ousía).

Ein schlagendes Beispiel dafür ist die kartesische Reduktion der gesamten Physik unbelebter Körper auf die Idee einer *ausgedehnten Substanz*; eine Substanz (Materie) mit nur einer wesentlichen Eigenschaft: räumliche Ausdehnung.

Dieser Versuch, die gesamte Physik auf eine einzige anscheinend wesentliche Eigenschaft der Materie zu reduzieren, war insoweit außerordentlich erfolgreich, als er zu einem verständlichen Bild des physikalischen Universums führte. Das kartesische physikalische Universum war ein sich bewegendes Uhrwerk von »Wirbeln« (wie Descartes sie nannte), geschaltet miteinander wie Räder in einem Getriebe. In diesem Uhrwerk stößt jeder »Körper« beziehungsweise jeder »Teil der Materie« den ihm benachbarten Teil an und wird seinerseits von seinem Nachbarn auf der anderen Seite weitergestoßen. Allein Materie war in der physikalischen Welt zu finden, und der ganze Raum war von ihr ausgefüllt. Ja selbst der Raum war noch auf Materie reduziert, da es keinen leeren Raum gab, sondern nur die wesentliche räumliche Ausdehnung der Materie. Und es gab nur eine einzige rein physikalische Art der Verursachung: *Jede Verursachung war Stoß* oder Nahwirkung.

Diese Sichtweise der Welt wurde sogar von Newton als zufriedenstellend empfunden, obgleich er sich genötigt fühlte, mit seiner Gravitationstheorie eine neue Art von Verursachung einzuführen: die *Anziehungskraft* oder Fernwirkung.

Es war der nahezu unglaubliche Erklärungs- und Voraussageerfolg von Newtons Theorie, der das kartesische Reduktionsprogramm zu Fall brachte. Wie ich an anderer Stelle vermutet habe[9], versuchte Newton selber das kartesische Reduktionsprogramm durchzuführen, indem er die Gravitationsanziehung durch einen »Impuls« (Strahlungsdruck kombiniert mit einem Abschirmeffekt) eines kosmischen Teilchenbombardements erklärte (der Versuch wird gewöhnlich mit dem Namen von Le Sage in Verbindung gebracht). Aber ich vermutete auch, daß Newton sich des vernichtenden Einwandes gegen diese Theorie bewußt wurde. Zugegebenermaßen würde diese Theorie Anziehungskraft und Fernwirkung auf Stoß und Nahwirkung reduzieren; aber sie würde auch bedeuten, daß sich alle bewegenden Körper in einem resistenten Medium bewegen, das wie eine Bremse auf ihre Bewegung wirken würde (man denke an den stärkeren Stoß des Regens auf die Windschutzscheibe eines Autos im Vergleich zu dem auf die Heckscheibe) und Newtons Verwendung des Trägheitsgesetzes ungültig machen würde.

Der Versuch einer letzten Reduktion der Anziehungskraft auf den Stoß bricht somit zusammen trotz seiner intuitiven Attraktivität und obwohl Newton die seiner Ansicht nach absurde Auffassung selber verwarf, daß die Anziehungskraft als Fernwirkung eine wesentliche Eigenschaft der Materie sein könnte.

V

Soweit unser erstes (und sehr einfaches) Beispiel für eine vielversprechende wissenschaftliche Reduktion und ihr Scheitern, auch dafür, wieviel man aus dem Versuch einer Reduktion und der Entdeckung ihres Scheiterns lernen kann.

(Ich vermute, daß dieses Scheitern der unmittelbare Grund dafür war, daß Newton den Raum als das Sensorium Gottes beschrieb. Der Raum war sich der Verteilung aller Körper in ihm sozusagen »bewußt«, er war in gewissem Sinne allwissend. Er war auch allgegenwärtig, denn er übermittelte dieses Wissen mit unendlicher Geschwindigkeit an alle beteiligten Orte zu jedem beliebigen Zeitpunkt. Insofern war der Raum, der zumindest zwei charakteristische Eigenschaften des göttlichen Wesens besaß, selber ein Teil des göttlichen Wesens. Dies war, wie ich meine, ein weiterer Versuch Newtons, eine essentialistische letzte Erklärung zu geben.)

Man mag die kartesische Reduktion als Illustration meiner Bemerkung betrachten, daß wir aus methodologischen Gründen Reduktionen versuchen müssen. Aber sie deutet vielleicht auch den Grund an, weshalb ich sage, daß wir als Reduktionisten keineswegs übermäßig zuversichtlich sein dürfen, sondern, was den vollständigen Erfolg unserer Reduktionsversuche angeht, recht pessimistisch sein müssen.

VI

Es ist, glaube ich, klar, daß der kartesische Versuch, alles in der physikalischen Welt auf Ausdehnung und Stoß zu reduzieren (der, wenn ich mit meiner historischen Vermutung recht habe, auch Newtons Versuch war), in dem Augenblick zum Mißerfolg wurde, als er mit dem Erfolg von Newtons Gravitationstheorie konfrontiert wurde. Dieser Erfolg war so gewaltig, daß die Newtonianer, angefangen mit Roger Cotes, die Newtonsche Theorie selber als eine letzte Erklärung und damit die *Gravitationsanziehung* als eine wesentliche Eigenschaft der Materie zu betrachten begannen, Newtons eigenen gegenteiligen Ansichten zum Trotz. Newton hatte jedoch keinen Grund gesehen, warum nicht *Ausdehnung* (seiner Atome) und *Trägheit* wesentliche Eigenschaften der Masse sein sollten (vgl. meine Ausführungen [10]). Wir können demnach sagen, daß sich Newton der Unterscheidung zwischen träger und schwerer Masse, die später von Einstein hervorgehoben wurde, und des Problems, das durch ihre Proportionalität (oder Gleichheit) aufgeworfen wird, klar bewußt war – eines Problems, das infolge des Obskurantismus des essentialistischen Ansatzes in der Zeit zwischen Newton und Eötvös oder bis hin zu Einstein fast ganz aus den Augen verloren wurde.

Einsteins Spezielle Relativitätstheorie machte die essentialistische Identität von träger und schwerer Masse zunichte, und das ist der Grund, warum er sie mehr oder weniger *ad hoc* durch sein Äquivalenzprinzip zu erklären versuchte. Aber als (zuerst von Cornelius Lanczos) entdeckt wurde, daß Einsteins Gravitationsgleichungen von sich aus zu dem – vorher separat angenommenen – Prinzip führten, daß gravitierende Körper sich auf einer raumzeitlichen geodätischen Linie bewegen, war das Trägheitsprinzip tatsächlich auf die Gravitationsgleichungen reduziert und somit die träge Masse auf die schwere Masse. (Ich glaube, daß Einstein, obwohl er von der Wichtigkeit dieses Resultats stark beeindruckt war, nicht voll akzeptierte, daß es Machs zentrales Problem – die Erklärung der Trägheit – zufriedenstellender löste als das berühmte, aber keineswegs eindeutige »Machsche Prinzip«: das Prinzip, daß die Trägheit jedes einzelnen Körpers aus der kombinierten Wirkung aller anderen Körper des Universums herrührt. Zu Einsteins Enttäuschung war dieses Prinzip – zumindest in einigen seiner Interpretationen – unvereinbar mit der Allgemeinen Relativitätstheorie, die für einen Raum ohne alle Körper zur Speziellen Relativitätstheorie wird, in der das Trägheitsgesetz entgegen Machs Vorstellungen weiterhin gilt.)

Meines Erachtens haben wir es hier mit einem höchst zufriedenstellenden Beispiel einer erfolgreichen Reduktion zu tun: der Reduktion eines verallgemeinerten Trägheitsprinzips auf ein verallgemeinertes Gravitationsprinzip. Aber sie ist nur selten unter diesem Aspekt betrachtet worden; nicht einmal von Einstein, obwohl er in starkem Maße die Bedeutung eines Resultates empfand, das von einem rein mathematischen Gesichtspunkt aus als elegant, aber nicht besonders wichtig gelten konnte. Denn die Abhängigkeit oder Unabhängigkeit eines Axioms innerhalb eines Axiomensystems ist im allgemeinen nur von formalem Interesse. Warum sollte es deshalb von Bedeutung sein, ob das Gesetz der Bewegung auf einer geodätischen Linie als separates Axiom angenommen werden mußte oder aus der restlichen Gravitationstheorie abgeleitet werden konnte? Die Antwort darauf lautet, daß durch diese Ableitung die Identität von träger und schwerer Masse *erklärt* und die erstere auf die letztere reduziert wurde.

In diesem Sinne könnte man sagen, daß Newtons großes Problem der Fernwirkung (in der eigentümlichen Sprache des Essentialismus ausgedrückt) nicht so sehr durch die endliche Geschwindigkeit der Einsteinschen Gravitationswechselwirkung gelöst wurde als vielmehr durch die Reduktion der trägen Materie auf die schwere Materie.

VII

Newton und die Newtonianer wußten natürlich von der Existenz magnetischer und elektrischer Kräfte; und zumindest bis zum Beginn des 20. Jahrhunderts wurden Versuche unternommen, die elektromagnetische Theorie auf die Newtonsche Mechanik oder eine modifizierte Form davon zu reduzieren.

Das wesentliche Problem in dieser Entwicklung war die Reduktion von prima facie nicht-zentralen Kräften (Oersted-Kräften) auf zentrale Kräfte, die einzigen, die selbst noch in eine modifizierte Newtonsche Theorie zu passen schienen. Die herausragenden Namen in dieser Entwicklung waren Ampère und Weber.

Auch Maxwell begann zunächst mit dem Versuch, Faradays elektromagnetisches Kräftefeld (bzw. Kraftlinien) auf einen Newtonschen Mechanismus beziehungsweise ein Modell des Lichtäthers zu reduzieren. Doch er gab den Versuch auf (wenn auch nicht den Lichtäther als Träger des elektromagnetischen Feldes). Auch Helmholtz fühlte sich von einem Newtonschen und teilweise kartesischen Reduktionsprogramm angezogen, und als er seinem Schüler Heinrich Hertz vorschlug, an diesem Problem zu arbeiten, scheint er es in der Hoffnung getan zu haben, das Forschungsprogramm der Mechanik zu retten. Er akzeptierte jedoch Hertz' Bestätigung der Maxwellschen Gleichungen als Gegenbeweis. Nach Hertz und J. J. Thomson gewann das genau entgegengesetzte Forschungsprogramm an Attraktivität: das Programm einer Reduktion der Mechanik auf die elektromagnetische Theorie.

VIII

Die elektromagnetische Theorie der Materie, das heißt die Reduktion sowohl der Mechanik als auch der Chemie auf eine elektromagnetische Theorie des Atomismus, war erfolgreich in eindrucksvoller Weise von spätestens 1912, dem Jahr von Rutherfords Planetenmodell des Atoms, bis etwa 1932.

In der Tat war die Quantenmechanik (beziehungsweise die »neue Quantentheorie«, wie sie früher genannt wurde) zumindest bis 1935 einfach ein anderer Name für das, was damals als die endgültige Form der Reduktion der Mechanik auf die neue *elektromagnetische Theorie der Materie* galt.

Um sich zu vergegenwärtigen, welche Bedeutung dieser Reduktion von führenden Physikern noch kurz vor der Quantenmechanik beigemessen wurde, möchte ich Einstein zitieren, der schrieb[11]: »Da nach unseren heutigen Auffassungen... die Elementarteilchen... [das heißt Elektronen und Protonen] *nichts anderes* sind als Verdichtungen des elektromagnetischen Feldes, so kennt unser heutiges Weltbild zwei... Realitäten, nämlich Gravitationsäther und elektromagnetisches Feld oder – wie man sie auch nennen könnte – Raum und Materie.«

Man beachte das »nichts anderes«, das ich hervorgehoben habe, weil es für eine Reduktion im großen Stil charakteristisch ist. Tatsächlich hat Einstein gegen Ende seines Lebens versucht, die Gravitationsfelder und die elektromagnetischen Felder in einer einheitlichen Feldtheorie zu vereinigen, selbst nachdem seine Auffassung von 1920 überholt – oder vielmehr zusammengebrochen – war (insbesondere infolge der Entdeckung der Kernkräfte).

Eine im wesentlichen identische reduktionistische Auffassung wurde zu dieser Zeit (1932) von beinahe allen führenden Physikern akzeptiert: von Eddington und Dirac in England und, außer Einstein, von Bohr, de Broglie, Schrödinger, Heisenberg, Born und Pauli auf dem europäischen Kontinent. Eine besonders eindrucksvolle Darstellung dieser Auffassung hat Robert A. Millikan [12], damals am California Institute of Technology, gegeben:

»In der Tat ist es niemals zu einer schöneren Vereinfachung in der Geschichte der Naturwissenschaften gekommen als in der Reihe von Entdeckungen, die um 1914 ihren Höhepunkt erreichte und schließlich der Theorie zu praktisch universaler Annahme verhalf, daß die materielle Welt aus nur zwei fundamentalen Entitäten besteht, nämlich positiven und negativen Elektronen mit exakt gleicher Ladung, aber sehr unterschiedlich großer Masse, wobei das positive Elektron (heute gewöhnlich ›Proton‹ genannt) 1850mal schwerer ist als das negative (heute gewöhnlich ›Elektron‹ genannt).«

Dieser reduktionistische Passus wurde gerade zur rechten Zeit geschrieben: In demselben Jahr publizierte Chadwick [13] seine Entdeckung des Neutrons, und Anderson [14] entdeckte als erster das Positron. Einige der größten Physiker, beispielsweise Eddington [15], waren jedoch selbst noch nach Yukawas These von der Existenz des Mesons (wie es später genannt wurde) der Meinung, daß mit dem Aufkommen der Quantenmechanik die elektromagnetische Theorie der Materie in ihr Endstadium eingetreten sei und daß die gesamte Materie aus Elektronen und Protonen bestehe.

IX

In der Tat schien die Reduktion der Mechanik und der Chemie auf die elektromagnetische Theorie beinahe perfekt. Was Descartes und Newton als das den Raum erfüllende Wesen der Materie und als kartesischer Stoß erschienen war, war reduziert worden (wie es Leibniz vor langer Zeit gefordert hatte) auf *abstoßende Kräfte* – auf Kräfte, die von negativen Elektronen auf negative Elektronen ausgeübt werden. Die elektrische Neutralität der Materie wurde erklärt durch die gleiche Anzahl der positiven Protonen und der negativen Elektronen; und die Ionisierung der Materie durch den Elektronenverlust (oder Elektronenüberschuß) der äußeren Elektronenschale des Atoms.

Die Chemie ist durch Bohrs Quantentheorie des periodischen Systems der Elemente – eine Theorie, die durch die Anwendung von Paulis Ausschließungsprinzip auf ingeniöse Weise vervollkommnet wurde – zumindest scheinbar auf die Physik reduziert worden, und die Theorie der chemischen Zusammensetzung und der Natur kovalenter chemischer Bindungen wurde von Heitler und London [16] auf eine Theorie der (homöopolaren) Valenz reduziert, die ebenfalls vom Pauli-Prinzip Gebrauch machte.

Obwohl offenbar wurde, daß die Materie eher eine komplexe Struktur als eine unreduzierbare Substanz ist, hat es niemals zuvor eine solche Einheit im Universum der Physik oder ein solches Ausmaß an Reduktion gegeben.

Auch ist es seitdem nicht wieder erreicht worden.

Natürlich glauben wir noch immer an die Reduktion des kartesischen Stoßes auf elektromagnetische Kräfte; und auch Bohrs Theorie des periodischen Systems der Elemente besteht noch immer trotz beträchtlicher Veränderungen infolge der Einführung der Isotope. Aber alles übrige an dieser schönen Reduktion des Universums auf ein elektromagnetisches Universum mit zwei Teilchen als stabilen Bausteinen hat sich mittlerweile aufgelöst. Im Verlaufe dieses Auflösungsprozesses haben wir eine gewaltige Fülle neuer Fakten gelernt: Dies ist eine meiner Hauptthesen. Aber die Einfachheit der Reduktion ist dahin.

Dieser Prozeß, der mit der Entdeckung der Neutronen und Positronen begann, hat sich seitdem mit der Entdeckung neuer Elementarteilchen fortgesetzt. Aber die Teilchentheorie ist nicht einmal die Hauptschwierigkeit: Der eigentliche Zusammenbruch erfolgte durch die Entdeckung neuer Arten von Kräften, insbesondere der Kernkräfte mit extrem kurzer Reichweite, die nicht auf elektromagnetische und Gravitationskräfte reduzierbar sind. Gravitationskräfte haben in jenen Tagen die Physiker nicht übermäßig beunruhigt, da sie gerade durch die allgemeine Relativität wegerklärt worden waren und die Hoffnung bestand, den Dualismus von Gravitationskräften und elektromagnetischen Kräften in einer einheitlichen Feldtheorie aufzuheben. Nun aber haben wir es in der Physik mit mindestens vier sehr verschiedenen und noch immer unreduzierbaren Arten von Kräften zu tun: Gravitation, schwache Wechselwirkung, elektromagnetische Kräfte und Kernkräfte.

X

Damit war die kartesische Mechanik, von Descartes und Newton einst als die Basis betrachtet, auf die alles andere reduziert werden sollte, mit Erfolg auf den Elektromagnetismus reduziert und wird es noch heute. Wie steht es nun aber mit der anerkanntermaßen höchst eindrucksvollen Reduktion der Chemie auf die Quantenphysik?

Nehmen wir um des Arguments willen an, daß wir über eine voll zufriedenstellende Reduktion der chemischen Bindungen auf die Quantentheorie verfügen (sowohl der kovalenten oder Elektronenpaarbindungen als auch der nicht-kovalenten Ionenbindungen) trotz der bezeichnenden Bemerkung Paulings[17], des Autors des Buches *The Nature of the Chemical Bond*, daß er nicht »definieren« (oder auch nur präzise beschreiben) könne, worin die Natur der chemischen Bindung besteht. Nehmen wir weiterhin um des Arguments willen an, daß wir über eine voll zufriedenstellende Theorie der Kernkräfte und des periodischen Systems der Elemente und ihrer Isotope verfügen, insbesondere der Stabilität und Instabilität der schweren Kerne. Verfügen wir damit über eine völlig zufriedenstellende Reduktion der Chemie auf die Quantenmechanik?

Ich glaube nicht. Eine gänzlich neue Idee muß dazukommen, eine Idee, die mit der physikalischen Theorie nicht unmittelbar etwas zu tun hat: die Idee der Evolution, der Geschichte unseres Universums, der Kosmogonie.

Die Erklärung dafür ist, daß die Periodentafel der Elemente und die (umformulierte) Bohrsche Theorie des periodischen Systems die schwereren Kerne als Zusammensetzungen aus den leichteren erklären – letztlich aus Wasserstoffkernen (Protonen) und Neutronen (die ihrerseits wiederum als eine Art Zusammensetzung aus Protonen und Elektronen betrachtet werden *könnten*). Und diese Theorie nimmt an, daß die schwereren Elemente eine Geschichte haben – daß die Eigenschaften ihrer Kerne das Ergebnis eines seltenen Prozesses sind, in dem mehrere Wasserstoffkerne unter Bedingungen, die nur selten im Kosmos anzutreffen sind, dazu gebracht werden, zu schwereren Kernen zu verschmelzen.

Wir haben eine Menge Belege dafür, daß dies tatsächlich geschah und noch immer geschieht; daß die schwereren Elemente eine evolutionäre Geschichte haben und daß der Fusionsprozeß, durch den schwerer Wasserstoff in Helium umgewandelt wird, die Hauptquelle der Energie unserer Sonne wie auch der Wasserstoffbombe ist. Helium und alle schwereren Elemente sind demnach das Ergebnis kosmologischer Evolution. Ihre Geschichte, insbesondere die Geschichte der schwereren Elemente, ist nach den heutigen kosmologischen Auffassungen eine sehr sonderbare. Man betrachtet die schwereren Elemente gegenwärtig als die Produkte von Supernova-Explosionen. Da Helium nach einigen jüngsten Schätzungen 25 Prozent aller Materie (der Masse nach gerechnet) und Wasserstoff zwei Drittel oder drei Viertel aller Materie (der Masse nach gerechnet) ausmacht, scheinen alle schwereren Elemente äußerst selten vorzukommen (sie machen zusammen vielleicht ein oder zwei Prozent der Gesamtmasse aus). Somit bestehen die Erde und vermutlich auch die anderen Planeten unseres Sonnensystems hauptsächlich aus sehr seltenen (und wie ich annehmen möchte, sehr kostbaren) Materialien.

Gegenwärtig behauptet die am weitesten verbreitete Theorie des Ursprungs des Universums[18] – die Theorie des heißen Big Bang –, daß der größte Teil des Heliums das Produkt des Big Bang selber sei: daß es innerhalb der allerersten Minuten der Existenz des expandierenden Universums produziert wurde. Der prekäre wissenschaftliche Status dieser Spekulation (die ursprünglich auf Gamow zurückgeht) braucht nicht eigens betont zu werden. Und da wir uns bei dem Versuch, die Chemie auf die Quantenmechanik zu reduzieren, auf Theorien dieser Art berufen müssen, kann man kaum behaupten, daß diese Reduktion restlos gelungen ist.

In Wahrheit haben wir die Chemie (zumindest in einem Teil) weniger auf eine physikalische Theorie als vielmehr auf die Kosmologie reduziert: Die moderne klassische relativistische Kosmologie begann als eine angewandte physikalische Theorie; aber wie Bondi betont hat, scheinen diese Zeiten nunmehr vorüber zu sein, und wir müssen der Tatsache ins Auge sehen, daß man einige unserer Ideen (zum Beispiel die Ideen, die mit Dirac und mit Jordan aufkamen) fast sogar als Versuche beschreiben könnte, die physikalische Theorie auf die Kosmogonie zu reduzieren. Und obwohl beide, die Kosmologie und die Kosmogonie, ungeheuer faszinierende Teile der Physik sind und obwohl sie mittlerweile immer besser überprüfbar werden, liegen sie doch am Rande der physikalischen Wissenschaft und sind kaum schon hinreichend ausgereift, um einer Reduktion der Chemie auf die Physik als Grundlage zu dienen. Dies ist ein Grund, warum ich die sogenannte Reduktion der Chemie auf die Physik als unvollständig und etwas problematisch ansehe; aber natürlich begrüße ich alle diese neuen Probleme.

XI

Die Reduktion der Chemie auf die Physik hinterläßt aber noch einen zweiten Rest. Nach unserer heutigen Auffassung ist nur der Wasserstoff – und insbesondere sein Kern – der Baustoff aller anderen Kerne. Wir nehmen an, daß sich die positiven Kerne bis hinunter auf sehr kurze Entfernungen gegenseitig elektrisch stark abstoßen, während sie sich auf noch kürzere Entfernungen (die nur dann erreicht werden, wenn die Abstoßungskräfte durch riesige Geschwindigkeiten überwunden werden) aufgrund der Kernkräfte gegenseitig anziehen.

Das aber bedeutet, daß wir dem Wasserstoffkern relationale Eigenschaften zuschreiben, die unter der überwältigenden Mehrzahl der Bedingungen, unter denen Wasserstoffkerne in unserem Universum existieren, unwirksam sind. Das heißt, diese Kernkräfte sind Potentialitäten, die nur unter äußerst seltenen Bedingungen wirksam werden: unter überaus hohen Temperaturen und unter sehr hohem Druck. Das aber bedeutet, daß die Theorie der Evolution des periodischen Systems einer Theorie von Wesenseigenschaften nahekommt, die durch so etwas wie *Prädestination oder prästabilierte Harmonie*[19] charakterisiert ist. Auf jeden Fall hängt ein Sonnensystem wie das unsrige nach den gegenwärtigen Theorien von der Präexistenz dieser Eigenschaften oder vielmehr Potentialitäten ab.

Überdies führt die Theorie des Ursprungs der schwereren Elemente in Supernova-Explosionen zu *einer zweiten Art von Prädestination oder prästabilierter Harmonie*. Denn sie läuft auf die Behauptung hinaus, daß Gravitationskräfte (die anscheinend die schwächsten von allen sind und mit den Kernkräften und den elektromagnetischen Kräften bisher nicht zusammenhängen) in großen Anhäufungen von Wasserstoff so mächtig werden können, daß sie die gewaltigen elektrischen Abstoßungskräfte zwischen den Kernen überwinden und sie, vermöge der Kernkräfte, zum Verschmelzen bringen. In diesem Falle besteht die Harmonie zwischen den inhärenten Potentialitäten der Kernkräfte und der Gravitation. Ich möchte nicht behaupten, daß jede Philosophie der prästabilierten Harmonie notwendig falsch ist. Aber ich glaube doch, daß eine prästabilierte Harmonie als befriedigende Reduktion nicht in Frage kommt: Ich möchte eher meinen, daß die Berufung darauf ein Eingeständnis ist, daß die Methode, mit der das eine auf das andere reduziert werden sollte, versagt hat.

Die Reduktion der Chemie auf die Physik ist demnach alles andere als vollständig, auch dann, wenn wir Annahmen machen, die für die Reduktion in unrealistischer Weise günstig sind. Vielmehr setzt diese Reduktion eine Theorie der kosmischen Evolution voraus, eine Kosmogonie und zudem zwei Arten von prästabilierter Harmonie, um zu ermöglichen, daß latente Potentialitäten oder relative Propensitäten mit geringer Wahrscheinlichkeit, die im Wasserstoffatom angelegt sind, aktiviert werden. Wir sollten, meine ich, anerkennen, daß wir es hier offenbar mit Vorstellungen von *Emergenz* und mit *emergenten*[20] *Eigenschaften* zu tun haben. Wenn wir dies tun, sehen wir, daß uns diese überaus interessante Reduktion ein recht sonderbares Bild des Universums hinterlassen hat – sonderbar jedenfalls für den Reduktionisten; und das war der Punkt, um den es mir in diesem Abschnitt ging.

XII

Um das bisher Gesagte zusammenzufassen: Ich habe das Problem der Reduktion anhand von Beispielen zu verdeutlichen und dabei zu zeigen versucht, daß einige der eindrucksvollsten Reduktionen in der Geschichte der Naturwissenschaften weit davon entfernt sind, vollständig gelungen zu sein, sondern vielmehr einen Rest übriglassen. Man könnte zwar behaupten (siehe aber Anmerkung 1), daß Newtons Theorie eine vollständige, erfolgreiche Reduktion der Theorien Keplers und Galileis war. Aber selbst wenn wir annehmen, daß wir viel mehr von Physik verstehen, als es der Fall ist, und daß wir eine einheitliche Feldtheorie haben, die mit hoher Annäherung die Allgemeine Relativität, die Quantentheorie und die vier Arten von Kräften als Sonderfälle liefert (vielleicht wird dies in Mendel Sachs' einheitlicher Feldtheorie implizit behauptet), selbst dann können wir sagen, daß die Chemie nicht restlos auf die Physik reduziert worden ist. Denn die Physik, auf die die sogenannte Reduktion der Chemie erfolgt, ist eine Physik, die Evolution, Kosmologie und Komogonie sowie die Existenz emergenter Eigenschaften voraussetzt.

Auf der anderen Seite haben wir bei unseren nicht völlig erfolgreichen Reduktionsversuchen, besonders der Chemie auf die Physik, eine unglaubliche Menge gelernt. Neue Probleme haben zu neuen hypothetischen Theorien geführt und einige von diesen, wie beispielsweise die Kernverschmelzung, nicht nur zu bestätigenden Experimenten, sondern auch zu einer neuen Technologie. Vom methodologischen Gesichtspunkt waren unsere Reduktionsversuche enorm erfolgreich, auch wenn man sagen kann, daß die Reduktionsversuche als solche gewöhnlich gescheitert sind.

XIII

Die Geschichte, die ich erzählt habe, und die Lehre, die ich daraus zog, wird einen Biologen kaum überraschen. Auch in der Biologie ist der Reduktionismus (in Gestalt des Physikalismus oder Materialismus) außergewöhnlich erfolgreich gewesen, wenn auch nicht völlig erfolgreich. Aber selbst da, wo er nicht gelang, hat er zu neuen Problemen und neuen Lösungen geführt.

Ich kann meine Ansicht vielleicht folgendermaßen formulieren: Als eine Philosophie ist der Reduktionismus gescheitert. Aber vom methodologischen Gesichtspunkt haben die Reduktionsversuche im einzelnen zu einem verblüffenden Erfolg nach dem anderen geführt, und für die Wissenschaft waren selbst die Mißerfolge außerordentlich fruchtbar.

Es ist vielleicht verständlich, daß einige von denen, die diese wissenschaftlichen Erfolge errungen haben, von dem Scheitern des Reduktionismus als Philosophie nicht ohne weiteres überzeugt waren. Vielleicht gibt ihnen meine Analyse des Erfolgs und Mißerfolgs des Versuchs, die Chemie vollständig auf die Quantenphysik zu reduzieren, zu denken und veranlaßt sie dazu, sich mit dem Problem erneut auseinanderzusetzen.

XIV

Man kann die wesentlichen Punkte, die ich bisher vorgetragen habe, als Ausarbeitung einer kurzen Bemerkung von Jacques Monod betrachten, die im Vorwort zu seinem Buch *Zufall und Notwendigkeit* steht[21]: »Nicht alles in der Chemie kann mit Hilfe der Quantentheorie vorausgesagt oder erklärt (oder auf die Quantentheorie reduziert) werden, obwohl sie zweifellos der ganzen Chemie zugrunde liegt.«

In demselben Buch stellt Monod eine Hypothese (natürlich keine Behauptung) hinsichtlich des Ursprungs des Lebens auf, die äußerst überraschend ist und die wir von dem hier erreichten Gesichtspunkt aus betrachten können. Monods Hypothese lautet, daß das Leben aus unbelebter Materie durch eine äußerst unwahrscheinliche Kombination von Zufallsumständen entstand und daß dies nicht nur ein Ereignis mit geringer Wahrscheinlichkeit gewesen sein dürfte, sondern ein Ereignis mit der Wahrscheinlichkeit Null – ein *einzigartiges* Ereignis.

Diese Hypothese ist experimentell überprüfbar (wie Monod

in einer Diskussion mit Eccles kürzlich hervorgehoben hat). Sollten wir mit der Produktion von Leben unter gewissen wohldefinierten Bedingungen Erfolg haben, wäre die Hypothese der Einzigartigkeit des Ursprungs des Lebens widerlegt. Demnach wäre die Hypothese eine überprüfbare wissenschaftliche Hypothese, auch wenn sie zunächst nicht danach aussieht.

Wodurch ist Monods Hypothese überhaupt plausibel? Da ist zunächst die Tatsache der (annähernden) Einzigartigkeit des genetischen Codes, die allerdings, wie Monod ausführt, auch das Ergebnis natürlicher Selektion sein könnte. Was den Ursprung des Lebens und des genetischen Codes zu einem verwirrenden Rätsel macht, ist, daß der genetische Code keine biologische Funktion hat, sofern er nicht übersetzt wird, das heißt, sofern er nicht zu der Synthese der Proteine führt, deren Struktur durch den Code festgelegt ist. Aber wie Monod ausführt, besteht die Maschinerie, durch die die Zelle (zumindest die nicht-primitive Zelle – die einzige Zelle, die wir kennen) den Code übersetzt, »aus wenigstens fünfzig makromolekularen Komponenten, *die selber in DNA kodiert sind*«[22] und daher (zumindest heute!) ihre eigene Existenz voraussetzen. Somit kann der Code nur dann übersetzt werden, wenn gewisse Produkte seiner Übersetzung dabei verwendet werden. Wir haben es hier also mit einem ausgesprochen verwirrenden Zirkel zu tun: einem Circulus vitiosus, so scheint es, der für jeden Versuch gilt, ein Modell oder eine Theorie der Genese des genetischen Codes zu entwickeln.

Wir könnten uns also mit der Möglichkeit konfrontiert sehen, daß der Ursprung des Lebens (wie der Ursprung des Universums) zu einem undurchdringlichen Hindernis für die Wissenschaft wird und bei allen Versuchen, die Biologie auf Chemie und Physik zu reduzieren, als Rest übrigbleibt. Denn selbst wenn Monods Hypothese von der Einzigartigkeit des Ursprungs des Lebens widerlegbar ist – eben durch Reduktionsversuche –, so würde sie doch, falls sie wahr ist, auf die Verneinung einer erfolgreichen Reduktion hinauslaufen. Mit dieser Hypothese kommt Monod, der aus methodischen Gründen Reduktionist ist, zu einer Position, zu der wir, wie ich glaube, angesichts unserer früheren Erörterung der Reduktion der Chemie auf die Physik genötigt sind: zu der Position eines kritischen Reduktionisten, der mit seinen Reduktionsversuchen fortfährt, auch wenn er keine Hoffnung auf einen letztgültigen Erfolg hat. In diesen fortgesetzten Reduktionsversuchen und nicht in der Ersetzung reduktionistischer durch »holistische« Methoden liegt, wie Monod an anderer Stelle in seinem Buch betont, unsere wesentliche Hoffnung – unsere Hoffnung, mehr über alte Probleme zu erfahren und neue Probleme zu entdecken, die uns ihrerseits wieder zu neuen Lösungen, zu neuen Entdeckungen verhelfen können.

Ich möchte hier den Holismus nicht im einzelnen diskutieren, aber ein paar Worte dürften dennoch angebracht sein. Von der Anwendung holistischer experimenteller Methoden (etwa Zelltransplantationen in Embryos) läßt sich durchaus behaupten, daß sie im methodologischen Sinne reduktionistisch sind, auch wenn diese Methoden durch holistische Vorstellungen inspiriert sind. Andererseits sind holistische Theorien trivialerweise bereits bei der Beschreibung von Atomen und Molekülen erforderlich, von Organismen und Gen-Populationen ganz zu schweigen. Für die Vielfalt möglicherweise fruchtbarer Vermutungen, ob holistisch oder nicht, gibt es keine Grenze[23]. Im Hinblick auf meine Hauptthese steht lediglich der Charakter der experimentellen Methoden in der Biologie in Frage: ob sie nicht alle mehr oder weniger reduktionistischen Charakter haben. Übrigens erinnert mich David Miller daran, daß sich eine ähnliche Situation hinsichtlich der deterministischen und der indeterministischen Theorien ergibt. Obwohl ich glaube, daß wir metaphysische *Indeterministen* sein müssen, sollten wir methodologisch dennoch nach deterministischen oder kausalen Gesetzen suchen – außer wo die zu lösenden Probleme selber von probabilistischem Charakter sind.

XV

Ich möchte darauf hinweisen, daß selbst, falls Monods Hypothese der Einzigartigkeit des Ursprungs des Lebens widerlegt würde, indem es gelingt, Leben aus unbelebter Materie unter bestimmten experimentellen Bedingungen herzustellen, dies noch nicht auf eine vollständige Reduktion hinauslaufen würde. Ich möchte nicht a priori ausschließen, daß eine Reduktion möglich ist; aber wir haben lange Zeit Leben aus Leben produziert, ohne zu verstehen, was wir da gemacht haben, und bevor wir von Molekularbiologie oder dem genetischen Code auch nur die leiseste Ahnung hatten. Es ist sicher möglich, daß es uns gelingt, Leben aus unbelebter Materie herzustellen, ohne daß wir über ein vollständiges physikochemisches Verständnis darüber verfügen, was wir eigentlich tun – zum Beispiel wie wir es geschafft haben, den in der Übersetzung des Codes liegenden Circulus vitiosus zu durchbrechen.

Auf jeden Fall können wir sagen, daß der völlig unerwartete Durchbruch der Molekularbiologie das Problem des Ursprungs des Lebens zu einem weitaus größeren Rätsel hat werden lassen, als es zuvor gewesen war: Wir haben uns neue und tiefere Probleme geschaffen.

XVI

Wie ich zu zeigen versucht habe, erfordert der Versuch, die Chemie auf die Physik zu reduzieren, die Einführung einer Evolutionstheorie in die Physik, das heißt, einen Rekurs auf die

Geschichte unseres Kosmos. Noch unentbehrlicher ist, wie es scheint, eine Theorie der Evolution in der Biologie. Ebenso unentbehrlich ist die Idee eines Zweckes oder einer Teleologie oder (um Monods Wort zu gebrauchen) einer Teleonomie, beziehungsweise die sehr ähnliche Idee des Problemlösens – eine Idee, die dem Gegenstandsbereich der nicht-biologischen Wissenschaften völlig fremd ist (auch wenn die Rolle, die in diesen Wissenschaften von Maxima und Minima und von der Variationenrechnung gespielt wird, als entfernt analog gesehen worden ist).

Es ist natürlich die große Leistung Darwins, gezeigt zu haben, daß es eine Möglichkeit gibt, die Teleologie in nicht-teleologischen oder gewöhnlichen kausalen Begriffen zu erklären. Der Darwinismus ist die beste Erklärung, die wir haben. Es gibt im Augenblick keine ernsthaft konkurrierenden Hypothesen[24].

XVII

Probleme und Problemlösungen scheinen zusammen mit dem Leben entstanden zu sein. Auch wenn so etwas wie natürliche Selektion vor dem Ursprung des Lebens am Werke ist – zum Beispiel eine Selektion der stabileren Elemente dank der radioaktiven Zerstörung der weniger stabilen –, können wir nicht sagen, daß für Atomkerne das Überleben in irgendeinem Sinn des Wortes ein »Problem« ist. Und die enge Analogie zwischen Kristallen und Mikroorganismen und ihrer molekularen Teile (Organellen) bricht hier ebenfalls zusammen. Kristalle kennen kein Problem des Wachstums oder der Fortpflanzung oder des Überlebens. Das Leben jedoch ist mit dem Problem des Überlebens von Anfang an konfrontiert: Ja, wir können, wenn wir wollen, das Leben als Problemlösen schlechthin beschreiben und die lebenden Organismen als die einzigen problemlösenden Komplexe im Universum. (Computer sind *Instrumente* des Problemlösens, aber nicht in diesem Sinne Problemlöser.)

Damit ist nicht gesagt, daß wir allem Leben ein *Bewußtsein* der zu lösenden Probleme zuschreiben müssen: Selbst auf der Ebene des Menschen sind wir ständig damit befaßt, Probleme zu lösen – beispielsweise das Problem, unsere Balance zu halten –, ohne daß wir uns ihrer bewußt werden.

XVIII

Es ist kaum zweifelhaft, daß Tiere Bewußtsein haben und sich zeitweilig sogar eines Problems bewußt sein können. Aber es ist möglich, daß die Entstehung des Bewußtseins im Tierreich ein ebenso großes Geheimnis ist wie der Ursprung des Lebens selber.

Ich möchte darüber nicht mehr sagen, als daß der Panpsychismus oder Hylozoismus, die These, daß die Materie allgemein (wenn auch in geringem Grade) mit Bewußtsein ausgestattet ist, mir nicht im geringsten hilfreich zu sein scheint. Sie ist, sofern sie überhaupt ernst genommen wird, nichts anderes als eine weitere Theorie der Prädestination oder prästabilierten Harmonie. (Natürlich war sie ein Teil von Leibniz' Theorie der prästabilierten Harmonie in ihrer ursprünglichen Gestalt.) Denn in der unbelebten Materie hat Bewußtsein gar keine Funktion; und wenn wir (mit Leibniz, Diderot, Buffon, Haeckel und vielen anderen) unbelebten Teilchen (Monaden, Atomen, Partikeln) Bewußtsein zuschreiben, tun wir es in der eitlen Hoffnung, daß es uns dabei zustatten kommt, das Vorhandensein von Bewußtseinsformen bei den Tieren zu erklären, die bei diesen so wichtige Funktionen haben.

Denn es ist kaum zu bezweifeln, daß Bewußtsein bei Tieren eine Funktion hat und quasi als körperliches Organ betrachtet werden kann. Wie schwierig die Annahme auch sein mag: Wir müssen annehmen, daß es ein Produkt der Evolution ist, der natürlichen Selektion.

Obwohl damit das Programm für eine Reduktion formuliert sein könnte, ist es nicht selber schon eine Reduktion, und die Lage sieht für den Reduktionisten mehr oder weniger hoffnungslos aus; was erklärt, warum Reduktionisten sich entweder die Hypothese des Panpsychismus zu eigen gemacht haben oder aber – in der jüngeren Vergangenheit – die Existenz von Bewußtsein (etwa des Bewußtseins von Zahnschmerzen) insgesamt geleugnet haben.

Obwohl diese behavioristische Philosophie gegenwärtig ziemlich en vogue ist, ist eine Theorie der Nichtexistenz von Bewußtsein meiner Meinung nach nicht ernster zu nehmen als eine Theorie der Nichtexistenz von Materie. Beide Theorien »lösen« das Problem der Beziehung zwischen Leib und Seele. In beiden Fällen besteht die Lösung in einer radikalen Vereinfachung: der Leugnung entweder des Leibes oder der Seele. Aber meiner Meinung nach ist diese Lösung zu einfach[25]. Etwas mehr zu dieser zweiten »wesentlichen Frage«, und besonders über den Panpsychismus, sage ich im Abschnitt XXI, wo ich den psychophysischen Parallelismus kritisiere.

XIX

Von den drei zu Beginn dieses Vortrags genannten wesentlichen Fragen der Reduktion habe ich zwei kurz besprochen. Ich komme jetzt zu der dritten, der Frage nach der Reduktion des menschlichen Selbstbewußtseins und der Kreativität des menschlichen Geistes.

Wie Sir John Eccles des öfteren betont hat, ist diese dritte Frage das Problem der »Verknüpfung zwischen Geist und Gehirn«; und Jacques Monod nennt das Problem des menschlichen Zentralnervensystems die »zweite Front«, wobei er dessen Schwierigkeiten als durchaus vergleichbar bezeichnet mit der »ersten Front«, dem Problem des Ursprungs des Lebens.

Es ist zweifellos nicht ganz ungefährlich, sich an dieser zweiten Front aufzuhalten, besonders für einen biologischen Laien; dennoch aber möchte ich sagen, daß mir die Versuche einer teilweisen Reduktion in diesem Bereich aussichtsreicher erscheinen als in dem der zweiten Frage. Wie im Bereich der ersten Frage scheint es mir auch hier, daß mehr neue Probleme mit reduktionistischen Methoden entdeckt und vielleicht sogar gelöst werden können als im Bereich der zweiten Frage – einem Bereich, der mir vergleichsweise steril vorkommt. Ich brauche vielleicht nicht zu betonen, daß mir eine vollständig erfolgreiche Reduktion in irgendeiner der drei Regionen höchst unwahrscheinlich, wenn nicht gar unmöglich erscheint.

Damit, so könnte man sagen, habe ich mein Versprechen erfüllt, die zu Beginn dieses Vortrags genannten wesentlichen Reduktionsprobleme zu diskutieren oder jedenfalls zu erwähnen. Ich möchte jedoch noch ein wenig mehr zu dem dritten – dem Leib-Seele-Problem beziehungsweise dem Seele-Leib-Problem – sagen, bevor ich zu meiner These übergehe, daß jede Wissenschaft unvollständig ist und nicht vervollständigt werden kann.

XX

Ich halte das Problem der Emergenz des Bewußtseins in Tieren (Frage 2), das Problem, das Bewußtsein zu verstehen und eventuell auf die Physiologie zu reduzieren, für höchstwahrscheinlich unlösbar; und ähnlich denke ich hinsichtlich des weiteren Problems der Emergenz des spezifisch menschlichen Selbstbewußtseins (Frage 3), das heißt, des Leib-Seele-Problems. Dennoch glaube ich, daß wir zumindest ein kleines bißchen Licht auf das Problem des menschlichen Selbst werfen können.

Ich bin in vieler Hinsicht ein kartesischer Dualist [26], auch wenn ich es vorziehe, mich als einen Pluralisten zu beschreiben; und natürlich glaube ich an keine der beiden »Substanzen« von Descartes. Materie ist, wie wir gesehen haben, keine letzte »Substanz« mit der wesentlichen Eigenschaft der Ausdehnung, sondern besteht aus komplexen Strukturen, über deren Zusammensetzung wir eine Menge wissen, einschließlich einer (teilweisen) Erklärung ihrer »Ausdehnung«: Sie »nimmt Raum ein« (oder »ist ausgedehnt«) wegen der elektrischen Abstoßung zwischen den Teilchen.

Meine erste These ist, daß das menschliche Selbstbewußtsein bei all seiner scheinbar unreduzierbaren Einheit hochkomplex ist und daß es vielleicht zu einem Teil erklärt werden kann.

In einer Reihe von Vorlesungen, die ich im Mai 1969 an der Emory University gehalten habe (wie schon einige Jahre vorher in Vorlesungen an der London School of Economics), vertrat ich die Auffassung, daß das höhere menschliche Bewußtsein, beziehungsweise das Bewußtsein eines Selbst, bei den Tieren fehlt. Ich habe weiterhin die Auffassung vertreten, daß Descartes' Vermutung, nach der die menschliche Seele in der Zirbeldrüse lokalisiert ist, nicht so absurd zu sein braucht, wie sie häufig dargestellt wird, und daß angesichts der Resultate, die Sperry mit geteilten Gehirnhemisphären gewonnen hat [27], die Lokalisierung im Sprachzentrum gesucht werden könnte, in der linken Hemisphäre des Gehirns. Wie mir Eccles kürzlich mitgeteilt hat [28], wird diese Vermutung durch Sperrys spätere Experimente (die mir zu jener Zeit nicht bekannt waren) in gewissem Maße gestützt: Danach kann das rechte Gehirn als das eines sehr klugen Tieres beschrieben werden, während nur das linke Gehirn spezifisch menschlich zu sein scheint und seiner selbst bewußt.

Ich hatte meine Vermutung auf die Rolle gestützt, die ich der Entwicklung einer spezifisch menschlichen Sprache zuschreibe.

Jede Tiersprache – wenn nicht gar jedes Tierverhalten – hat, wie Karl Bühler hervorgehoben hat, eine *expressive* (oder symptomatische) und eine *kommunikative* (oder signalisierende) Funktion. Die menschliche Sprache andererseits hat daneben einige weitere Funktionen, die charakteristisch sind und sie zu einer »Sprache« im engeren und wichtigeren Sinn des Wortes machen. Bühler machte auf die grundlegende *deskriptive* Funktion der menschlichen Sprache aufmerksam, und ich habe später hervorgehoben [29], daß es weitere Funktionen gibt (etwa die präskriptive, beratende usw.), deren wichtigste und charakteristischste für den Menschen die *argumentative* Funktion ist. (Professor Alf Ross [30] hebt hervor, daß dem noch viele weitere Funktionen hinzugefügt werden können, zum Beispiel die des Befehlens, Bittens oder Versprechens.)

Ich glaube nicht (und habe nie geglaubt), daß irgendwelche dieser Funktionen auf irgendwelche anderen reduzierbar sind, am wenigsten die beiden höheren Funktionen (Beschreibung und Argument) auf die beiden unteren (Ausdruck und Kommunikation). Diese sind übrigens immer und in allen Fällen beteiligt, welches vielleicht der Grund ist, warum viele Philosophen sie fälschlich für Eigenschaften halten, die für die menschliche Sprache charakteristisch sind.

Meine These ist, daß mit den höheren Funktionen der menschlichen Sprache eine neue Welt entsteht: die Welt der Produkte des menschlichen Geistes. Ich habe diese Welt »Welt 3« genannt (einem Vorschlag von Sir John Eccles folgend: ursprünglich nannte ich sie »dritte Welt«). So nenne ich »Welt 1« die Welt der physikalischen Materie, Kraftfelder usw.; »Welt 2« die Welt der bewußten und vielleicht auch unterbewußten Erfahrungen; und »Welt 3« insbesondere die Welt der gesprochenen (geschriebenen oder gedruckten) Sprache, wie Geschichten erzählen, Mythen erfinden, Theorien, theoretische Probleme, Fehler und Argumente. (Die Welten der Kunstprodukte und sozialen Institutionen können entweder unter »Welt

3« eingeordnet oder »Welt 4« und »Welt 5« genannt werden: Das ist eine bloße Geschmacksfrage.)

Ich führe die Begriffe »Welt 1«, »Welt 2«, »Welt 3« ein, um die (begrenzte) *Autonomie* dieser Bereiche zu betonen. Die meisten Materialisten, Physikalisten oder Reduktionisten behaupten, daß von diesen drei Welten nur Welt 1 wirklich existiert und daß sie deshalb autonom ist. Sie ersetzen Welt 2 durch Verhalten und Welt 3 insbesondere durch verbales Verhalten. (Dies ist, worauf ich oben hingewiesen habe, eine jener allzu einfachen Lösungen des Leib-Seele-Problems, nämlich die Existenz des menschlichen Geistes und des menschlichen Selbstbewußtseins zu leugnen – jener Dinge, die ich zu den bemerkenswertesten und erstaunlichsten im Universum zähle; der andere ebenso einfache Ausweg ist Berkeleys und Machs Immaterialismus: die These, daß nur Empfindungen existieren und daß die Materie nichts ist als eine »Konstruktion« aus Empfindungen.)

XXI

Hinsichtlich der Beziehung zwischen Leib (beziehungsweise Gehirn) und Seele lassen sich im wesentlichen vier Positionen unterscheiden:

(1) Die Leugnung der Existenz der Welt 1 der körperlichen Zustände; das heißt ein Immaterialismus, wie er von Berkeley vertreten wurde, sowie von Mach (*Die Analyse der Empfindungen*).

(2) Die Leugnung der Existenz der Welt 2 der geistigen Zustände oder Ereignisse, eine Auffassung von gewissen Materialisten, Physikalisten und philosophischen Behavioristen, das heißt Philosophen, die die »Identität« von Gehirn und Geist vertreten.

(3) Die Behauptung eines durchgängigen Parallelismus zwi-

schen geistigen Zuständen und Gehirnzuständen, eine Position, die »psychophysischer Parallelismus« genannt wird. Sie wurde zunächst im Kartesianismus durch Geulincx, Spinoza, Malebranche und Leibniz eingeführt, hauptsächlich um gewisse Schwierigkeiten der kartesischen Auffassung zu vermeiden. (Ähnlich wie der Epiphänomenalismus nimmt sie dem Bewußtsein jede biologische Funktion.)

(4) Die Behauptung, daß geistige Zustände und körperliche Zustände sich wechselseitig beeinflussen können. Dies war die Auffassung Descartes', die, wie weithin angenommen wird, durch (3) überholt ist.

Meine eigene Position ist die, daß ein Geist-Gehirn-Parallelismus *bis zu einem gewissen Grade* beinahe existieren *muß*. Gewisse Reflexe, wie etwa das Zwinkern, wenn man einen sich plötzlich nähernden Gegenstand sieht, sind allem Anschein nach von mehr oder weniger parallelistischem Charakter: Die Muskelreaktion (bei der selbstverständlich das Zentralnervensystem beteiligt ist) wiederholt sich regelmäßig, wenn der visuelle Eindruck wiederholt wird. Falls unsere Aufmerksamkeit auf sie gelenkt wird, können wir uns dieser Reaktion auch bewußt werden, und dasselbe gilt für einige andere (aber natürlich nicht für alle) Reflexe.

Dennoch aber glaube ich, daß die These eines *vollständigen* psychophysischen Parallelismus – Position (3) – verfehlt ist, und wahrscheinlich bereits für die Fälle, bei denen es um bloße Reflexe geht. *Ich möchte insofern eine Form des psychophysischen Interaktionismus vertreten.* Dieser enthält (wie schon Descartes gesehen hat) *die These, daß die körperliche Welt 1 nicht kausal geschlossen ist*, sondern offen ist für die (sehr spät entstandene) Welt 2 der geistigen Zustände und Ereignisse – für den Physiker eine nicht besonders attraktive These, aber eine These, die, wie ich glaube, durch die Tatsache gestützt wird, daß die Welt 3 (einschließlich ihrer autonomen Bereiche) auf Welt 1 *über* Welt 2 wirkt.

Ich bin durchaus bereit, die Ansicht zu akzeptieren, daß immer dann, wenn etwas in der Welt 2 vor sich geht, etwas damit Zusammenhängendes in der Welt 1 (im Gehirn) vor sich geht. Aber um von einem vollständigen oder durchgängigen Parallelismus zu sprechen, müßten wir in der Lage sein, zu behaupten, daß »derselbe« geistige Zustand oder »dasselbe« geistige Ereignis immer mit einem genau entsprechenden physiologischen Zustand einhergeht und *umgekehrt*.

Wie schon angedeutet, bin ich durchaus bereit zuzugeben, daß etwas Richtiges in dieser Behauptung steckt und daß zum Beispiel die elektrische Reizung gewisser Gehirnbereiche regelmäßig gewisse charakteristische Bewegungen oder Empfindungen hervorruft. Aber ich frage mich, ob die Behauptung, als allgemeine Regel für alle geistigen Zustände verstanden, überhaupt einen Inhalt hat; ob sie nicht vielleicht leer ist. Denn wir können zwar einen Parallelismus zwischen Welt 2 und Gehirnprozessen oder zwischen Welt 2-Gestalten und Gehirnprozessen haben, aber wir können kaum von einem Parallelismus zwischen einem hochkomplexen, einzigartigen und unanalysierbaren Welt 2-Prozeß und einem Gehirnprozeß sprechen. Und es gibt viele Welt 2-Ereignisse in unserem Leben, die einzigartig sind. Selbst wenn wir das Problem der kreativen Innovation einmal außer acht lassen, so ist eine Melodie zweimal zu hören und zu erkennen, daß es dieselbe Melodie ist, nicht einfach eine Wiederholung desselben Welt 2-Ereignisses, da ja das zweite Hören der Melodie mit einem Akt des *Wiedererkennens* der Melodie verknüpft ist, der beim ersten Mal gefehlt hat. Wiederholt wird der Welt 1-Gegenstand (in diesem Fall die Melodie), nicht aber das Welt 2-Ereignis. Nur wenn wir uns dazu bringen würden, eine Welt 2-Theorie zu akzeptieren, die, ähnlich wie die Assoziationspsychologie, die Welt 2-Ereignisse aus quasi atomaren Elementen zusammengesetzt sieht, könnten wir eine klare Unterscheidung treffen zwischen dem wiederholten Teil des Welt 2-Erlebnisses – dem *Hören* derselben Melodie – und dem nicht wiederholten Teil – dem *Wiedererkennen*, daß es sich um dieselbe Melodie handelt – (wobei das Erlebnis des Wiedererkennens seinerseits in anderen Kontexten wiederkehren kann). Es dürfte jedoch klar sein, daß uns eine derartige atomistische oder analytische Psychologie nicht sehr weit bringt.

Welt 2 ist hochkomplex. Solange wir nur auf solche Gebiete wie die Sinnenswahrnehmung achten (das heißt, die Wahrnehmung von Welt 1-Gegenständen), meinen wir vielleicht, Welt 2 mit atomaren oder molekularen Methoden analysieren zu können, zum Beispiel mit Gestalt-Methoden (Methoden, die im Vergleich zu den biologischen oder funktionalen Methoden von Egon Brunswik oder Richard Gregory meines Erachtens sämtlich unergiebig sind). Die Anwendung solcher Methoden stellt sich jedoch als gänzlich inadäquat heraus, wenn wir an unsere einzigartigen Versuche denken, einen Welt 3-Gegenstand, beispielsweise ein Problem oder eine Theorie, zu erfinden und zu verstehen.

Die Art, in der unser Denken und Verstehen mit den Versuchen einer sprachlichen Formulierung in Wechselwirkung steht und dadurch beeinflußt wird; die Art, in der wir zunächst ein vages Gefühl für ein Problem oder eine Theorie haben, das klarer wird, wenn wir es zu formulieren versuchen, und noch deutlicher, wenn wir es niederschreiben, und in der wir unsere Versuche, es zu lösen, kritisch in Augenschein nehmen; die Art, in der ein Problem sich wandeln und dennoch in gewissem Sinn das alte Problem bleiben kann; die Art, in der ein Gedankengang einerseits in sich verknüpft, andererseits deutlich gegliedert ist: All das scheint mir außerhalb des Anwendungsbereichs analytischer oder atomistischer Methoden zu liegen, einschließlich der interessanten molekularen Methoden der Gestaltpsychologie. Bei allen diesen Versuchen spielt eine einzigartige Geschichte von einzigartigen Welt 2-Ereignissen herein, und folglich verliert die Rede von (streng) parallelen physiologischen Prozessen jeglichen Inhalt.

Darüber hinaus haben wir Grund zu der Annahme, daß, wenn ein bestimmter Gehirnbereich zerstört ist, ein anderer Bereich, häufig mit sehr geringfügiger und vielleicht überhaupt keiner Beeinträchtigung von Welt 2, dessen Funktion übernimmt – ein weiteres Argument gegen den Parallelismus, ein Argument, das eher auf Experimenten in Welt 1 beruht als auf irgendwelchen notgedrungen vagen Überlegungen über die komplexeren Welt 2-Erfahrungen.

All dies hört sich natürlich sehr antireduktionistisch an; und als Philosoph, der sich diese unsere Welt, mit uns darin, ansieht, glaube ich in der Tat nicht an die Möglichkeit einer letzten Reduktion. Aber als Methodologe führt mich dies keineswegs zu einem antireduktionistischen Forschungsprogramm. Es bringt mich lediglich zu der Voraussage, daß sich mit der Entwicklung unserer Reduktionsversuche unser Wissen und unser Universum ungelöster Probleme ausdehnen wird.

XXII

Kehren wir jetzt zum Problem des spezifisch menschlichen Selbstbewußtseins zurück; die Auffassung, die ich vertreten hatte, lautete, daß das Selbstbewußtsein aus der Wechselwirkung (Feedback, wenn man so will) zwischen Welt 2 und den Welten 1 und 3 entsteht. Meine Argumente für die Rolle, die Welt 3 dabei spielt, sind die folgenden:

Das menschliche Selbstbewußtsein gründet sich unter anderem auf eine Anzahl höchst abstrakter *Theorien*. Tiere und selbst Pflanzen haben zweifellos einen Zeitsinn und zeitliche Erwartungen. Aber es bedarf (ohne Benjamin Lee Whorf zu nahe treten zu wollen) einer nahezu expliziten *Theorie* der Zeit, um sich selbst als jemanden zu sehen, der eine Vergangenheit, eine Gegenwart und eine Zukunft besitzt; der eine persönliche Geschichte hat und sich seiner persönlichen Identität in dieser Geschichte (die mit der Identität seines Körpers verbunden ist) bewußt ist. Es ist eine *Theorie*, daß während der Zeit des Schlafes, wenn wir die Kontinuität des Bewußtseins verlieren, wir – unsere Körper – wesentlich dieselben bleiben; und es geschieht auf der Grundlage dieser Theorie, daß wir bewußt vergangene Ereignisse zurückrufen können (anstatt bloß in unseren Erwartungen und Reaktionen durch sie beeinflußt zu werden, worin ich die primitivere Form sehe, die das Gedächtnis bei den Tieren hat).

Zweifellos haben einige Tiere Persönlichkeit; sie haben etwas zu Stolz und Ehrgeiz ganz Analoges und lernen, auf einen Namen zu reagieren. Das menschliche Selbstbewußtsein dagegen ist in der Sprache verankert und (explizit wie implizit) in formulierten Theorien. Ein Kind lernt, seinen Namen für sich selbst zu gebrauchen und schließlich ein Wort wie »ego« oder »ich«, und es lernt dessen Gebrauch mit dem Bewußtsein der Kontinuität seines Körpers und seiner selbst; es bringt es mit dem Wissen zusammen, daß das Bewußtsein nicht immer ungebrochen ist. Die große Komplexität und die Nicht-Selbständigkeit der menschlichen Seele oder des menschlichen Selbst werden besonders deutlich, wenn wir uns erinnern, daß es Fälle gibt, in denen Menschen vergessen haben, wer sie sind; sie haben einen Teil oder das Ganze ihrer vergangenen Geschichte vergessen, aber sie haben zumindest einen Teil ihres Selbst behalten oder vielleicht wiedererlangt. In einem gewissen Sinne ist ihr Gedächtnis nicht verloren gegangen, denn *sie erinnern sich, wie* man geht, ißt und sogar spricht. Aber *sie erinnern sich nicht, daß* sie etwa aus Bristol kommen oder welchen Namen und welche Adresse sie haben. Insoweit sie nicht nach Hause finden (was Tiere normalerweise tun), ist ihr Selbstbewußtsein sogar noch über die normale Ebene des tierischen Gedächtnisses hinaus betroffen. Aber falls sie nicht die Sprachfähigkeit verloren haben, ist ein menschliches Bewußtsein erhalten geblieben, das über das tierische Bewußtsein hinausgeht.

Ich bin kein großer Freund der Psychoanalyse, aber ihre Befunde scheinen die Auffassung von der Komplexität des menschlichen Selbst – im Gegensatz zu der kartesischen Berufung auf eine denkende Substanz – zu unterstützen. Worauf es mir ankommt, ist die Feststellung, daß das menschliche Selbstbewußtsein zumindest ein Bewußtsein der (höchst theoretischen) zeitlichen und geschichtlichen Kontinuität des eigenen Körpers enthält; ein Bewußtsein der Verbindung zwischen dem eigenen bewußten Gedächtnis und dem einen einzigartigen Körper, der einem selbst gehört; und dem Bewußtsein der normalen und periodischen Unterbrechung des eigenen Bewußtseins durch den Schlaf (das wiederum eine Theorie der Zeit und der zeitlichen Periodizität voraussetzt). Überdies enthält es das Bewußtsein, räumlich und gesellschaftlich zu einem bestimmten Ort und Kreis von Leuten zu gehören. Zweifellos hat vieles davon eine instinktive Grundlage und ist auch den Tieren zu eigen. Meine These ist, daß selbst wenn sie auf die Ebene des unausgesprochenen menschlichen Bewußtseins gehoben wird, die menschliche Sprache beziehungsweise die Wechselwirkung zwischen den Welten 2 und 3 eine wichtige Rolle spielt.

Es ist klar, daß die Einheit des menschlichen Selbst weitgehend auf Gedächtnis beruht und daß Gedächtnisleistungen nicht nur Tieren, sondern auch Pflanzen (und in einem gewissen Sinne vielleicht sogar auch nichtorganischen Strukturen wie Magneten) zugeschrieben werden können. Es ist deshalb äußerst wichtig zu sehen, daß die Berufung auf das Gedächtnis als solches nicht genügt, die Einheit des menschlichen Selbst zu erklären. Erforderlich ist nicht so sehr das »gewöhnliche« Gedächtnis (vergangener Ereignisse), sondern ein Gedächtnis von Theorien, das das Bewußtsein, einen Körper zu haben, mit den Welt 3-Theorien über Körper (das heißt, mit der Physik) verbindet; ein Gedächtnis, das den Charakter eines »Begreifens«

von Welt 3-Theorien hat. Es schließt die Dispositionen ein, die es uns ermöglichen, bei Bedarf auf explizite Welt 3-Theorien zurückzugreifen, mit dem Bewußtsein, daß wir solche Dispositionen besitzen und bei Bedarf davon Gebrauch machen können, um jene Theorien zu artikulieren. (Dies würde natürlich in gewissem Maße den Unterschied zwischen dem tierischen Bewußtsein und dem menschlichen Selbstbewußtsein mit seiner Abhängigkeit von der menschlichen Sprache erklären.)

XXIII

Diese Tatsachen scheinen mir die Unmöglichkeit jeglicher Reduktion der menschlichen Welt 2, der Welt des menschlichen Bewußtseins, auf die menschliche Welt 1, das heißt, im wesentlichen auf die Gehirnphysiologie, zu begründen. Denn Welt 3 ist zumindest teilweise von den beiden anderen Welten unabhängig. Wenn der unabhängige Teil von Welt 3 mit der Welt 2 in Wechselwirkung stehen kann, dann kann Welt 2, so scheint mir, nicht auf Welt 1 reduzierbar sein.

Meine Standardbeispiele für die teilweise Autonomie der Welt 3 stammen aus der Arithmetik.

Ich schlage vor, die unendliche Reihe der natürlichen Zahlen als eine Erfindung, ein Produkt des menschlichen Geistes und als einen Teil der entwickelten menschlichen Sprache zu betrachten. (Es scheint primitive Sprachen zu geben, in denen man nur »eins, zwei, viele« zählen kann, und andere, in denen man nur bis »fünf« zählen kann.) Aber sobald eine Methode des endlosen Zählens erfunden worden ist, ergeben sich Unterscheidungen und Probleme autonom: Die geraden und ungeraden Zahlen werden nicht *erfunden*, sondern in der Reihe der natürlichen Zahlen *entdeckt* und ebenso die Primzahlen und die vielen gelösten und ungelösten Probleme, die mit ihnen zusammenhängen.

Diese Probleme und die Theoreme, die sie lösen (wie Euklids Theorem, daß es keine größte Primzahl gibt), ergeben sich autonom – als Teil der internen Struktur der von Menschen geschaffenen Reihe der natürlichen Zahlen und unabhängig davon, was wir denken oder nicht denken. Aber wir können diese Probleme *begreifen*, *verstehen* oder *entdecken* und einige von ihnen lösen. Somit hängt unser Denken, das zur Welt 2 gehört, zum Teil von den autonomen Problemen und der objektiven Wahrheit von Theoremen ab, die zu Welt 3 gehören: Welt 2 erschafft nicht nur Welt 3, sondern wird teilweise von Welt 3 in einer Art Rückkopplungsprozeß erschaffen.

Mein Argument ist nun folgendes: Welt 3 und insbesondere ihre selbständigen Teile sind auf die körperliche Welt 1 offensichtlich nicht reduzierbar. Da Welt 2 jedoch zum Teil von Welt 3 abhängt, ist auch sie auf Welt 1 nicht reduzierbar.

Physikalisten oder philosophische Reduktionisten, wie ich sie genannt habe[31], sind somit gezwungen, die Existenz der Welten 2 und 3 zu leugnen. Damit aber wird die gesamte menschliche Technologie (insbesondere die Existenz von Computern), die in so großem Maße von Welt 3-Theoremen Gebrauch macht, unverständlich; und wir müssen annehmen, daß so gewaltige Veränderungen in Welt 1, wie sie von den Erbauern von Flughäfen oder Wolkenkratzern hervorgerufen werden, letztlich, ohne die Erfindung von Welt 3-Theorien oder Welt 2-Plänen, durch die körperliche Welt 1 selbst hervorgerufen sind, auf denen sie basieren. Sie sind prädestiniert; sie sind Teil einer prästabilierten Harmonie, die letztlich bereits in den Wasserstoffkernen angelegt ist.

Diese Ergebnisse erscheinen mir absurd; und der philosophische Behaviorismus oder Physikalismus (beziehungsweise die Philosophie der Leib-Seele-Identität) scheint mir auf diese Absurdität reduziert zu sein. Allzuweit, so scheint es mir, weicht er vom gesunden Menschenverstand ab.

XXIV

Der philosophische Reduktionismus ist, wie ich glaube, ein Irrtum. Er rührt von dem Wunsche her, alles auf eine letzte Erklärung durch Wesenheiten und Substanzen zu reduzieren, das heißt, auf eine Erklärung, die einer weiteren Erklärung weder fähig noch bedürftig ist. Sobald wir die Theorie einer letzten Erklärung aufgeben, merken wir, daß wir immer weiter »Warum?« fragen können. Warum-Fragen führen niemals zu einer letzten Antwort. Intelligente Kinder scheinen das zu wissen, auch wenn sie schließlich den Erwachsenen nachgeben, die in der Tat unmöglich genug Zeit haben können, im Prinzip eine endlose Reihe von Fragen zu beantworten.

XXV

Auch wenn die Welten 1, 2 und 3 teilweise autonom sind, gehören sie doch zu ein und demselben Universum: Sie stehen miteinander in Wechselwirkung. Man kann jedoch leicht zeigen, daß die Erkenntnis des Universums, sofern sie selbst ein Teil des Universums ist (wie es tatsächlich der Fall ist), notwendigerweise nicht zu vervollständigen ist.

Stellen wir uns nur einen Mann vor, der eine genaue Karte des Zimmers zeichnet, in dem er arbeitet. Lassen wir ihn versuchen, in seine Zeichnung die Karte, die er gerade zeichnet, einzubeziehen. Es ist klar, daß er diese Aufgabe, die eine unendliche Zahl kleinerer und noch kleinerer Karten innerhalb jeder Karte einschließt, nicht erfüllen kann: Jedesmal, wenn er auf der Karte einen neuen Strich hinzufügt, schafft er ein neues Objekt, das zu zeichnen ist, aber noch nicht gezeichnet ist. Die Karte, die eine Karte von sich selbst enthalten soll, läßt sich nicht vervollständigen.

Die Geschichte mit der Karte zeigt die Unvollständigkeit und

Offenheit eines Universums, das Welt 3-Erkenntnisgegenstände enthält. Übrigens kann sie auch als Argument dafür benutzt werden, daß unser Universum indeterministisch ist. Denn während jeder der verschiedenen »letzten« Striche, die tatsächlich in die Karte eingetragen werden, zugegebenermaßen einen davon abhängigen Strich innerhalb der unendlichen Reihe von zu zeichnenden Karten bestimmt, gilt die Determiniertheit der Striche nur, solange wir die Fehlbarkeit aller menschlichen Erkenntnis außer acht lassen (einer Fehlbarkeit, die in den Problemen, Theorien und Irrtümern der Welt 3 eine erhebliche Rolle spielt). Ziehen wir dies in Betracht, stellt jeder dieser »letzten« Striche, die in die Karte eingetragen werden, ein *Problem* für den Zeichner dar, das Problem, einen weiteren Strich einzutragen, der den letzten Strich *genau* darstellt. Infolge der Fehlbarkeit, die aller menschlichen Erkenntnis eigen ist, kann dieses Problem von dem Zeichner unmöglich mit absoluter Genauigkeit gelöst werden; und je kleiner die Striche werden, zu denen der Zeichner kommt, desto größer wird die relative Ungenauigkeit sein, die im Prinzip unvorhersagbar und indeterminiert ist und stetig zunimmt. Die Geschichte mit der Karte zeigt auf diese Weise, wie die Fehlbarkeit, die der objektiven menschlichen Erkenntnis eigen ist, auch zu dem wesentlichen Indeterminismus unseres Universums beiträgt, ganz abgesehen davon, daß sie die Offenheit und Unerkennbarkeit eines Universums zeigt, das die menschliche Erkenntnis als Teil seiner selbst enthält.

Dieses Beispiel kann uns zu der Einsicht verhelfen, warum eine erklärende Wissenschaft niemals vervollständigt werden kann; denn um sie zu vervollständigen, müßten wir eine Erklärung von ihr selbst geben.

Ein noch stärkeres Ergebnis ist in Gödels berühmtem Satz beschlossen, der zeigt, daß es unmöglich ist, ein System der formalisierten Arithmetik zu vervollständigen (obwohl ich zugeben muß, daß ich mit der Heranziehung von Gödels Satz und anderen metamathematischen Unvollständigkeitssätzen in diesem Zusammenhang ein recht schweres Geschütz gegen eine vergleichsweise schwache Position auffahre). Da alle physikalischen Wissenschaften die Arithmetik verwenden (und da für einen Reduktionisten nur die Wissenschaft, die in physikalischen Symbolen formuliert ist, Realität hat), werden durch Gödels Unvollständigkeitssatz alle physikalischen Wissenschaften unvollständig; was einen Reduktionisten davon überzeugen sollte, daß die gesamte Wissenschaft unvollständig ist. Für den Nichtreduktionisten, der nicht an die Reduzierbarkeit der gesamten Wissenschaft auf die physikalisch formulierte Wissenschaft glaubt, ist die Wissenschaft ohnehin unvollständig.

Nicht nur ist der philosophische Reduktionismus ein Irrtum, sondern auch die Annahme, daß die Reduktionsmethode eine vollständige Reduktion erreichen kann, scheint irrig zu sein. Wir leben, wie es scheint, in einer Welt der emergenten Evolution, in einer Welt von Problemen, deren Lösungen, sofern sie gelingen, neue und tiefere Probleme erzeugen. Wir leben demnach in einem Universum sich entwickelnder Neuheit – einer Neuheit, die in der Regel auf keinen der vorangehenden Zustände vollständig reduzierbar ist.

Nichtsdestoweniger ist die Methode der Reduktionsversuche höchst fruchtbar, nicht nur weil wir aus ihren Teilerfolgen aufgrund teilweise gelungener Reduktionen eine Menge lernen, sondern auch weil wir aus unseren teilweisen Mißerfolgen lernen, aus den neuen Problemen, die unsere Mißerfolge ans Licht bringen. Offene Probleme sind fast ebenso interessant wie ihre Lösungen, ja sie wären genauso interessant, wenn nicht fast jede Lösung ihrerseits wieder eine neue Welt offener Probleme eröffnete.

Postskriptum

Außer kleineren Revisionen und ein oder zwei Hinweisen auf dieses Postskriptum habe ich den Vortrag in seiner ursprünglichen Gestalt belassen. Bevor er jedoch auf dem Kongreß beziehungsweise der Konferenz diskutiert wurde, habe ich ihn dort schon selbst kritisiert, indem ich auf die ersten beiden der folgenden vier wichtigen Auslassungen hinwies:

(1) In dem Vortrag werden die Versuche einer Reduktion der Thermodynamik auf die Mechanik nicht erwähnt. Dies ist ein wichtiges Beispiel einer Reduktion und unter dem Gesichtspunkt meiner These vor allem dadurch interessant, daß es trotz der Wichtigkeit der Ergebnisse der Reduktionsversuche zu keiner vollständigen Reduktion, ohne Rest, gekommen ist.

(2) Eine zweite und wichtigere Auslassung betrifft einen Punkt, den ich im Vortragstext für mehr oder weniger selbstverständlich hielt (ich habe ihn nur kurz in Abschnitt XIV erwähnt; siehe den Text zu Anmerkung 20). Es handelt sich um folgendes: Bevor wir auch nur den Versuch einer Reduktion machen können, brauchen wir ein möglichst großes und genaues Wissen von dem, was wir zu reduzieren versuchen wollen. Bevor wir eine Reduktion versuchen können (das heißt, auf der Ebene von »Ganzheiten«), müssen wir uns also auf der Ebene dessen, was reduziert werden soll, bewegen. Ich habe darauf schon an früherer Stelle hingewiesen.[32]

(3) Eine dritte Auslassung (die auf dem Kongreß nicht erwähnt wurde) hängt mit der Unterscheidung zusammen (auf die ich zu Beginn des Vortrages hingewiesen habe: siehe den Text zu Anmerkung 2) zwischen einer *Reduktion*, die eine Theorie durch eine existierende Theorie erklärt, und einer *Erklärung mittels einer neuen Theorie*. Wenn ich auch nicht über Worte streiten will, so wäre ich doch gegenwärtig nicht geneigt, eine Erklärung mittels einer neuen Theorie eine »Reduktion« zu nennen. Doch falls diese Terminologie akzeptiert

wird, könnte man behaupten, daß die Erklärung der Wellentheorie der Ausbreitung des Lichts durch Maxwells Theorie des Elektromagnetismus ein Beispiel für eine vollständig erfolgreiche Reduktion darstellt (vielleicht das einzige Beispiel für eine vollständig erfolgreiche Reduktion). Es dürfte sich allerdings empfehlen, dies nicht als eine Reduktion einer Theorie auf eine andere oder eines Teils der Physik auf einen anderen zu beschreiben, sondern statt dessen als eine radikal neue Theorie, die zwei Bereiche der Physik erfolgreich vereinte.

(4) Ohne etwas befürworten zu wollen, das man ein antireduktionistisches Forschungsprogramm für die Biologie nennen könnte, scheint mir das Folgende eine vernünftige Einschätzung der Lage zu sein:

Das Newtonsche mechanistische Programm der Physik scheiterte an dem Versuch, die Elektrizität und den Magnetismus in ihren Geltungsbereich einzuschließen oder, genauer gesagt, an Faradays Einführung nichtzentraler Kräfte. (Maxwells Versuch, diese nichtzentralen Kräfte auf die Newtonsche Theorie durch die Konstruktion eines mechanischen Modells des Äthers zu reduzieren, erwies sich als äußerst fruchtbar, insofern er ihn zu seinen Feldgleichungen anregte, war aber nichtsdestoweniger erfolglos und mußte aufgegeben werden.)

Einsteins Erkenntnis, daß Newtons und Maxwells Theorien unvereinbar sind, führte zur Speziellen Relativitätstheorie. Die Physiker hatten also eher eine radikal neue Theorie als eine Reduktion zu akzeptieren. Ein ähnliches Schicksal traf die Physik, als sowohl die Mechanik wie auch die elektromagnetische Theorie (auf Lorentz und Einstein zurückgehend) in einheitlicher Form auf neue und weitgehend statistische Probleme der Mikrostruktur der Materie angewandt wurden. Dies führte zur Quantenmechanik. Wir können die Möglichkeit nicht ausschließen, daß die Einbeziehung biologischer Probleme zu einer weiteren Expansion und Revision der Physik führt.

(5) 1978 hinzugefügt: Viele der in diesem Vortrag erörter-

ten Probleme sind im einzelnen auch in Popper/Eccles, *The Self and Its Brain*, 1977 (*Das Ich und sein Gehirn*, Piper, München 1982) diskutiert worden.

Anmerkungen

Zuerst veröffentlicht in engl. Sprache in *Studies in the Philosophy of Biology*, hrsg. von F.J. Ayala und T. Dobzhansky, London, MacMillan, 1974, S. 259–83. David Miller und Jeremy Shearmur schulde ich großen Dank für ihre kritischen Bemerkungen zu einer früheren Fassung dieses Vortrages, der 1972 auf einer Konferenz von Biologen und Philosophen, organisiert von Professor Francisco Ayala und Professor Theodosius Dobzhansky, gehalten wurde.

1 Vgl. mein Buch *Die offene Gesellschaft und ihre Feinde*, Bd. II, 1959, 7. Aufl. 1992, Kap. 11, Abs. II, S. 15–29, J.C.B. Mohr (Paul Siebeck), Tübingen.
2 (Zusatz bei der Korrektur:) Im Text des Vortrages habe ich – vielleicht aus Nachlässigkeit, vielleicht auch, weil ich einen Widerwillen gegen terminologische Spitzfindigkeiten hege, die ohne weiteres mögliche Unterscheidung zwischen einer Erklärung im allgemeinen und einer Reduktion im Sinne einer Erklärung mittels einer etablierten oder »fundamentaleren« Theorie außer acht gelassen. Von größerem Interesse wäre vermutlich die Unterscheidung zwischen einer Erklärung von etwas Bekanntem durch eine neue (unbekannte) Theorie auf der einen, und eine Reduktion auf eine alte (bekannte) Theorie auf der anderen Seite. Ich habe an dieser Stelle einen Hinweis auf diese Unterscheidung sowie die Fußnoten und das Postskriptum am Ende dieses Textes hinzugefügt, in der Hoffnung, damit mögliche Mißverständnisse auszuschließen.
3 Vgl. mein Buch *Objektive Erkenntnis*. (1973) Hoffmann und Campe, Hamburg, 8. Auflage, 1992 Kap. 5.
4 Meyerson, É. (1908), *Identité et Réalité*. F. Alcan, Paris. Übers.: Meyerson, É. (1930), *Identity and Reality*. Allen and Unwin, London.
5 Vgl. mein Buch *Vermutungen und Widerlegungen*, 1994, J.C.B. Mohr (Paul Siebeck), Tübingen. (Die ersten 10 Kapitel dieses Buches werden noch in diesem Jahr als 1. Teil veröffentlicht, der 2. Teil folgt voraussichtlich in Kürze).
6 Wiener, N. (1914), A simplification of the logic of relations. *Proceedings of the Cambridge Philosophical Society*, 17, 387–390; und

Kuratowski, C. (1920), Sur la notion de l'ordre dans la théorie des ensembles. *Fundamenta mathematica*, 2, 154–166.

7 Vgl. meine Bücher *Die offene Gesellschaft und ihre Feinde*, Bd. I, Kap. 6, Anm. 9; und *Vermutungen und Widerlegungen*, Kap. 2.

8 Vgl. *Vermutungen und Widerlegungen*, Kap. 3.

9 *Vermutungen und Widerlegungen*, Kap. 3, Anm. 21.

10 *Vermutungen und Widerlegungen*, Kap. 3.

11 *Äther und Relativitätstheorie* (1920), Springer, Berlin, S. 14; engl. Übersetzung: *Sidelights on Relativity* (1922), Methuen, London; und Popper, K.R. (1967), Quantum mechanics without the observer. In: *Quantum Theory and Reality*, Bd. II, (Hrsg. von Mario Bunge), Springer, Berlin, Heidelberg, New York, 7–44.

12 Millikan, R. A. (1932), *Time, Matter and Values*, University of North Carolina Press, Chapel Hill, 46.

13 Chadwick, J. (1932), Possible existence of neutron. *Nature*, *129*, 132.

14 Anderson, C.D. (1933), Cosmic ray bursts. *Physical Review*, 43, 368–69, ders. (1933), The positive electron. *Physical Review*, 43, 491–94.

15 Eddington, A. (1936), *Relativity Theory of Protons and Electrons*. Cambridge University Press.

16 Heitler, W. und London, F. (1927), Wechselwirkung neutraler Atome und homöopolare Bindung nach der Quantenmechanik. *Zeitschrift für Physik*, 44, 455–72.

17 Pauling, L. (1959) (Diskussionsbeitrag) in *The Origin of Life on the Earth* (Proceedings of the First International Symposium on The Origin of Life on the Earth, Moskau, 19.–24. August 1957, ed. A. I. Oparin and others). Ed. F. Clark and R. L. M. Synge. Pergamon Press, London, 119.

18 (Zusatz nach der Konferenz:) Diese Theorie könnte jetzt durch die neue Theorie der Rotverschiebung bedroht sein, die von J. C. Pecker, A. P. Roberts und J. P. Vigier vorgeschlagen worden ist: Non-velocity redshifts and photon-photon interactions, *Nature* 237 (1972), 227–229.

19 Ich habe hier den Terminus »prästabilierte Harmonie« gebraucht, um hervorzuheben, daß sich unsere Erklärung nicht auf die manifesten physikalischen Eigenschaften des Wasserstoff-Atoms bezieht. Vielmehr wurde eine bislang unbekannte und unvermutete Eigenschaft des Wasserstoffkerns postuliert und der Erklärung zugrunde gelegt.

20 Ich gebrauche hier den Terminus »emergent«, um einen allem Anschein nach unvorhersehbaren Evolutionsschritt anzudeuten.

21 Monod, J., *Zufall und Notwendigkeit.* (1970) Piper, München, 1971, S. XII.
22 a. a. O., S. 143.
23 Dies wird jetzt in Punkt (2) des Postskriptums zu dem vorliegenden Text besonders hervorgehoben.
24 Vgl. *Objektive Erkenntnis*, Kap. 7.
25 Vgl. *Objektive Erkenntnis*, Kap. 8.
26 *Vermutungen und Widerlegungen*, Kap. 3.
27 Sperry, R. W. (1964), The great cerebral commissure. *Scientific American, 210*, 42–52; und Eccles, J. C. (1970), *Facing Reality*. Springer, Berlin, Heidelberg, New York, 73–79.
28 Eccles, J. C. (1972), *Unconscious actions emanating from the human cerebral cortex* (nicht veröffentlicht).
29 *Vermutungen und Widerlegungen*, Kap. 3.
30 Ross, A. (1972), The rise and fall of the doctrine of performatives. In: *Contemporary Philosophy in Scandinavia* (ed. R. E. Olsen und A. M. Paul). Johns Hopkins Press, Baltimore, 197–212.
31 *Objektive Erkenntnis*, Kap. 8.
32 Vgl. *Objektive Erkenntnis*, Kap. 7.

3. Bemerkungen eines Realisten über das Leib-Seele-Problem

Soweit ich mich erinnern kann, ist meine heutige Vorlesung hier die dritte Vorlesung, die ich je in Deutschland gehalten habe. Es ist sicher die erste in Mannheim. Ich komme also nicht allzu oft, und das bedeutet, daß ich mein Thema sorgfältig wählen mußte.

I

Ich dachte zunächst daran, heute über mein erstes Buch zu sprechen, über die Lösung der beiden Grundprobleme der Erkenntnistheorie. Das war erstens das Problem der Abgrenzung zwischen der empirischen Wissenschaft und anderen durchaus sinnvollen und wichtigen Gebieten wie zum Beispiel dem der Metaphysik; und zweitens das Problem der Induktion. Aber meine Lösung dieser Probleme ist durch mein Buch *Logik der Forschung* bekannt und zugänglich; und obwohl ich einige neue und bisher unveröffentlichte Resultate habe, so fürchtete ich, daß man den Eindruck bekommen könnte, ich sei über diese meine ursprünglichen Themen auch auf meine alten Tage nie recht hinausgekommen.

Dann dachte ich auch daran, über ein Thema der Sozialphilosophie zu sprechen. Aber darüber gibt es ebenfalls drei übersetzte Bände von mir. Und vor allem ist das ein Gebiet, in dem

---

Vorlesung in Mannheim, gehalten am 8. Mai 1972.

mein Freund, Professor Hans Albert, in seinem glänzenden Buch *Traktat über die kritische Vernunft* Ausgezeichnetes gesagt hat.

Ich hatte aber noch weitere Gründe, das Problem der Wechselwirkung zwischen Leib und Seele zu wählen. Dieses Problem enthält große Rätsel, die vielleicht niemals lösbar sein werden. Es ist eben das schwierigste und tiefste Problem der Philosophie, das zentrale Problem der Metaphysik der Neuzeit. Und es ist für uns Menschen von der allergrößten Bedeutung. Es ist die Grundlage dessen, was die moderne Existentialphilosophie gerne als *die menschliche Situation* bezeichnet, denn der Mensch ist ein geistiges Wesen, zumindest solange er bei vollem Bewußtsein ist; er ist ein geistiges Wesen, ein Ich, eine Seele, die mit einem Körper, der den Gesetzen der Physik unterliegt, auf das engste verbunden ist. Das ist fast *zu* selbstverständlich, um es auszusprechen, und die Existentialisten haben die Probleme, die hinter dieser Selbstverständlichkeit liegen – ich möchte sagen, hinter dieser ungeheuerlichen Selbstverständlichkeit –, hingenommen, ohne auch nur den Versuch zu machen, etwas Vernünftiges zu ihrer Erklärung zu sagen.

Aber das Problem der Beziehungen von Leib und Seele ist ein ernstes Problem. Es enthält das Problem der Freiheit des Menschen, ein in jeder Hinsicht, auch in politischer Hinsicht, grundlegendes Problem; und es enthält das Problem der Stellung des Menschen in der physischen Welt, im physischen Kosmos, einer Welt, die ich später als die »Welt 1« bezeichnen werde. Die Welt der menschlichen Bewußtseinsvorgänge werde ich »Welt 2« nennen, und die Welt der objektiven Schöpfungen des menschlichen Geistes werde ich »Welt 3« nennen. Mehr darüber später.

Hier möchte ich noch kurz einen anderen Grund erwähnen, warum ich dieses Thema wählte und mich schon in meinem Titel als Realisten vorstellte. Viele Philosophen und Soziologen in Deutschland, die meine Arbeiten nur vom Hörensagen her kennen, bezeichnen mich als einen »Positivisten«, weil mein erstes Buch, das übrigens den Positivismus des Wiener Kreises scharf kritisierte, in einer Schriftenreihe eben dieses Wiener Kreises erschien. Ein »Positivist« ist in diesem Zusammenhang so viel wie ein Gegner aller philosophischen Spekulationen und insbesondere ein Gegner des *Realismus*. Einer der Gründe, die mich zur Wahl meines Themas bewogen haben, ist, daß ich ein Thema nehmen wollte, das schon im Titel *nicht*-positivistisch ist.

Noch eine Bemerkung über das Wort »Metaphysik«. Hegel, Marx, Engels und Lenin verwenden dieses Wort, um eine Philosophie zu kennzeichnen, die *entwicklungs-feindlich* ist, die die Welt *statisch* sieht, statt sie dynamisch zu sehen. Dieser Sprachgebrauch war immer äußerst fraglich, da das *Problem der Änderung* und der noch immer fortschreitenden Weltentwicklung eines der ältesten Probleme der vorsokratischen Metaphysik war. Ich jedenfalls glaube nicht an eine statische Welt, sondern an eine Welt, die sich ändert; und meines Wissens gibt es schon längst keine Metaphysiker im statischen Sinn mehr. Ich stelle mich also als einen metaphysischen Realisten vor, der die Entwicklungstheorie annimmt und der, wie ich vielleicht bemerken darf, das dynamische Problem des Wachstums unseres Wissens in die Wissenschaftstheorie eingeführt hat.

Als letzten Punkt dieser Einleitung will ich noch anführen, daß ich den größten Wert darauf lege, mich einfach und allgemeinverständlich auszudrücken. Das bedeutet aber leider nicht, daß meine Ausführungen sehr leicht verstanden werden können: Das Schwierigste daran ist, zwischen der Welt 1, der Welt 2 und insbesondere der Welt 3 zu unterscheiden. Ich fange mit dieser Schwierigkeit an. Alles Spätere wird dann verhältnismäßig leicht sein.

Ich nenne die Welt der physischen Vorgänge »Welt 1«, und die Welt der psychischen Vorgänge nenne ich »Welt 2«. Das ist verhältnismäßig einfach. Die Schwierigkeit beginnt mit dem, was ich »Welt 3« nenne.

»Welt 3« im weitesten Sinne nenne ich die Welt der Produkte des menschlichen Geistes; im engeren Sinne insbesondere die Welt der Theorien, einschließlich der falschen Theorien; und die Welt der wissenschaftlichen Probleme, einschließlich der Fragen nach der Wahrheit oder Falschheit der verschiedenen Theorien. Im weiten Sinne gehören zur Welt 3 auch Dichtungen und Kunstwerke, wie zum Beispiel die Opern und Konzerte Mozarts. Aber wenn man will, kann man die Welt der Kunstwerke als Welt 4 bezeichnen. Das ist eine terminologische Frage.

Was wichtig ist, ist, die Welt 3 der wissenschaftlichen Theorien und Probleme von der psychologischen Welt 2 klar zu unterscheiden. Die Unterscheidung wurde am klarsten von Bernhard Bolzano und später von Gottlob Frege durchgeführt; ich gehe aber, wie ich erklären werde, über die beiden hinaus.

Bolzano sprach von der Welt der »Sätze an sich«. Damit meinte er Sätze im logischen Sinn, im Unterschied zu den psychologischen Denkvorgängen, die sich abspielen, wenn wir einen Satz denken. Frege sprach vom *Gehalt* eines Satzes, und er meinte damit ebenfalls den Satz im logischen Sinn.

Nehmen wir ein einfaches Beispiel. Zwei Mathematiker kommen zum falschen Ergebnis, daß 3 mal 4 gleich 13 ist. Hier sind zwei Denkvorgänge in Welt 2; Vorgänge, die sehr verschieden sein können: aber »3 mal 4 ist gleich 13« ist nur *ein* Satz an sich (der falsch ist), nur *ein* (logisch falscher) *Gehalt*. Dieser Satz an sich gehört nicht zur Welt 2, sondern zur Welt 3. Von ihm können wir sagen, daß er dem Satz »3 mal 4 ist gleich 12« logisch widerspricht. Wir können auch sagen, daß dieser Satz, 3 mal 4 ist gleich 13, darum zur Welt 3 gehört, weil er objektiv falsch ist und falsch bleibt; auch dann, wenn viele und große Mathematiker an ihn glauben sollten.

Wir können also unterscheiden zwischen Welt 2, in der die

subjektiven *Denkvorgänge* zu finden sind, und Welt 3, in der objektive Sätze oder objektive *Denkinhalte* zu finden sind.

Das sind, im wesentlichen, Bolzanos und Freges Ansichten. Ich gehe über sie insofern hinaus, als ich nicht nur wahre Sätze an sich, sondern auch falsche Sätze an sich in die Welt 3 aufnehme, sowie *Probleme* und *Argumentationen*.

Zwei Dinge vor allem will ich hier über die Welt 3 sagen: Erstens, daß sie Wirklichkeits-Charakter hat; und zweitens, daß sie wenigstens teilweise autonom ist; das heißt, sie besitzt innere Strukturen, die von der Welt 2 wenigstens teilweise unabhängig sind.

Sprechen wir zuerst über den Wirklichkeits-Charakter. Das Paradigma aller Wirklichkeit sind die physischen *Dinge* der Welt 1 – Steine, Bäume, Tiere. Darüber hinaus schlage ich vor, etwas »wirklich« zu nennen, wenn es auf die *Dinge* der Welt 1 *einwirken* kann, entweder direkt oder indirekt.

Ich behaupte nun, daß die wissenschaftlichen Theorien, die zur Welt 3 gehören, direkt oder indirekt auf die Dinge der Welt 1 einwirken können.

Die einfachsten Beispiele sind im Bau eines Wolkenkratzers zu finden. Ein Wolkenkratzer ist ein physisches Ding, er gehört zur Welt 1. Aber er ist nach einem Plan gebaut, und der Plan ist von Theorien und von vielen Problemen beeinflußt.

Ich gebe zu, daß die Pläne, Theorien und Probleme, die beim Bau eines Wolkenkratzers eine Rolle spielen, zunächst auf das Bewußtsein verschiedener Menschen, wie Architekten, wirken: also zunächst auf die Welt 2, und erst nachher auf die Welt der physischen Bewegungen der Bauarbeiter, und damit auf die physischen Bagger, Steine und Ziegel. Das ist der häufigste Fall: Die Welt 3 wirkt auf die Welt 1 gewöhnlich indirekt ein, auf dem Umweg über die psychische Welt 2. Vielleicht ist das sogar nicht nur meistens, sondern immer der Fall, daß die Welt 3 auf die Welt 1 nicht direkt einwirkt, sondern *nur* auf dem Umweg über die Welt 2. Jedenfalls zeigt unser Beispiel die

Wirklichkeit, die *Realität aller 3 Welten*, nicht nur der Welt 1, sondern auch der Welt 2 und der Welt 3.

Wenn ein Wolkenkratzer oder eine Brücke einstürzt, wie das leider von Zeit zu Zeit geschieht, so ist das machmal auf einen Welt 2-Denkfehler zurückzuführen – also auf einen falschen subjektiven Glauben –, aber manchmal auch auf eine falsche, objektive *Theorie*, also auf einen Fehler in Welt 3.

Es gibt natürlich Philosophen, die die Wirklichkeit der Welt 3 leugnen; sie sagen, daß zwar unsere Gedanken existieren, also die Welt 2, aber nicht die Inhalte an sich. Diese sehen sie als bloße Abstraktionen vom Psychischen an, als Hirngespinste.

Die Ansicht, die ich hier vertreten will, ist, daß die Welt 3 zwar genetisch das Produkt der Welt 2 ist, daß sie aber eine innere Struktur hat, die teilweise autonom ist.

Gute Beispiele kommen aus der Mathematik. Die Reihe der natürlichen Zahlen 1, 2, 3, 4... und so weiter ist, glaube ich, ein Produkt unserer Sprache. Es gibt primitive Sprachen, die nur »1, 2 und viele« kennen, und andere, in denen man nur bis 5 zählen kann.

Die unendliche Reihe der natürlichen Zahlen ist (wie überhaupt die menschliche Sprache) eine große Erfindung der Menschen. Aber die *Primzahlen* hat niemand erfunden: Sie wurden in der Zahlenreihe *entdeckt*.

Diesen wichtigen Punkt muß ich etwas ausführen.

Der große deutsche Mathematiker Kronecker sagte über die Mathematik: Die natürlichen Zahlen sind von Gott geschaffen; alles andere ist Menschenwerk. Im Gegensatz dazu sage ich: Die natürlichen Zahlen sind Menschenwerk, sie sind ein Nebenprodukt der menschlichen Sprache, der Erfindung des Zählens und des Weiterzählens. Das Addieren ist auch eine menschliche Erfindung, und ebenso das Multiplizieren.

Aber die *Gesetze* der Addition und der Multiplikation (zum Beispiel die Assoziationsgesetze) sind keine menschliche Erfindung. Sie sind ungewollte, unbeabsichtigte Konsequenzen der menschlichen Erfindung, und sie wurden *entdeckt*. Und die Existenz von *Primzahlen*, also nicht-teilbaren Zahlen (die Zahlen, die kein Produkt einer Multiplikation sind, außer man multipliziert sie mit 1), ist gleichfalls eine Entdeckung, und zwar zweifellos eine recht späte Entdeckung. Die Primzahlen wurden in der Reihe der natürlichen Zahlen entdeckt, und zwar nicht von jedermann, sondern nur von Menschen, die diese Zahlen und ihre Merkwürdigkeiten studieren; also von richtigen Mathematikern.

Historisch gesehen kann man zwar sagen, daß sie mit den natürlichen Zahlen miterfunden wurden; aber sie existierten nicht in der Welt 2 des menschlichen Bewußtseins, bevor sie, sicher viele Hunderte von Jahren später, entdeckt wurden. Wir können sagen, daß sie in der Welt 3 sofort mit den natürlichen Zahlen existierten; sie existierten also in einem *autonomen* Teil der Welt 3, *vor* ihrer Entdeckung. *Nach* ihrer Entdeckung existierten sie sowohl in der Welt 2 (aber nur für eine kleine Gruppe von Menschen, für die Mathematiker) wie auch in der Welt 3.

Wir können, ja wir müssen sagen, daß die Existenz der Primzahlen in der Welt 3 eine der Ursachen der Gedankengänge innerhalb der Welt 2 war, die zu ihrer Entdeckung führten – genau so, wie die Existenz des Mount Everest eine Ursache war, die den indischen Vermessungsdienst zu seiner Entdeckung führte. Das zeigt, daß der autonome Teil der Welt 3 auf die Welt 2 ursächlich wirken kann. Aber damit wirkt der autonome Teil der Welt 3 auch auf die Welt 1. Der erste Mathematiker, der seinen Kollegen klar machte, daß es Primzahlen gibt, benützte zweifellos seine Zunge zu dieser Mitteilung. Aber unsere Zungen, wie überhaupt unsere Körper, gehören zur Welt 1.

Spätere Mathematiker begannen, die Primzahlen und ihre Eigenschaften näher zu studieren, und dieses Studium ist auch heute nicht abgeschlossen: Es gibt viele *offene Probleme* in der

Zahlentheorie. Diese Probleme werden gleichfalls entdeckt; sie gehören zum autonomen Teil der Welt 3.

Die alten Mathematiker fanden, zum Beispiel, daß die Primzahlen im allgemeinen weniger und weniger häufig vorkommen oder weniger und weniger dicht liegen, wenn wir in der Zahlenreihe zu größeren Zahlen fortschreiten. Die Reihe der Primzahlen beginnt mit den Zahlen 2, 3, 5, 7; 2 und 3 ist das einzige Primzahlenpaar, das so dicht liegt, daß keine natürliche Zahl dazwischen liegt. Aber es gibt viele Primzahlenpaare, wie 5 und 7, 11 und 13, 17 und 19, 29 und 31, die so dicht liegen, daß sie voneinander nur durch *eine* gerade Zahl getrennt sind. Man kann sie die Zwillingsprimzahlen nennen.

Ich will nun einige Probleme erwähnen, die in der Welt 3 über die Primzahlen entdeckt wurden.

Erstes Problem: Wenn wir weiter und weiter fortschreiten und die Primzahlen seltener und seltener werden, hört vielleicht ihr Vorkommen ganz auf, wenn wir zu sehr großen Zahlen fortschreiten? Oder mit anderen Worten, gibt es oder gibt es nicht eine größte *Primzahl*, nach der dann nur mehr teilbare Zahlen vorkommen?

Das Problem wurde vielleicht schon *vor* Euklid gestellt; jedenfalls wurde es von Euklid gelöst. Euklid entdeckte ein Argument, das beweist, daß es *keine größte* Primzahl gibt. Er zeigte also, daß die Reihe der Primzahlen kein Ende hat; ebenso wie die Reihe der natürlichen Zahlen kein Ende hat. Für die Reihe der natürlichen Zahlen ist der Beweis sehr einfach: Nehmen wir an, daß sie ein Ende hat und daß die Zahl a die größte natürliche Zahl ist. Dann konstruieren wir einfach die Zahl $a+1$ und zeigen damit, daß unsere Annahme falsch war. Wir haben hier also eine einfache *reductio ad absurdum* der Annahme, daß es eine größte natürliche Zahl gibt. Euklid erfand eine wesentlich kompliziertere *reductio ad absurdum* für die Annahme, daß es eine *größte Primzahl* gibt. Dieser wunderschöne Beweis des Euklid stellt also ein Theorem auf:

Die Reihe der Primzahlen ist unendlich. Dieses Theorem gehört zur Welt 3. Euklids Gedankenarbeit gehört zur Welt 2; und sie hängt ursächlich von der Tatsache in der Welt 3 ab, daß es eben *keine größte Primzahl gibt.*

Euklid schrieb seinen Beweis nieder, in seinem berühmten Buch *Die Elemente.* Damit wurde das Theorem der Welt 3 auf Papyrus geschrieben; es hat also ursächlich, im Umweg über die Welt 2 des Menschen Euklid, die Welt 1 verändert. In jedem gedruckten Buch über Zahlentheorie findet sich Euklids schöner Beweis. Aber ein Buch wird mit Maschinen gedruckt. Diese Maschinen und auch das Buch als physischer Gegenstand gehören natürlich zur Welt 1. Wir haben also wieder eine *ursächliche* Wirkung, die vom autonomen Teil der Welt 3 ausgeht und über die Welt 2 ursächlich auf die Welt 1 einwirkt.

Ein anderes und ähnliches, aber meines Wissens *noch nicht* gelöstes Problem ist das Problem, ob es ein größtes Paar von Primzahlen gibt, die Zwillingsprimzahlen sind. Meines Wissens zweifelt kein Mathematiker daran, daß es keine größten Zwillingsprimzahlen gibt. Aber so viel ich weiß, existiert kein Beweis für diese Annahme. Sie ist ein ungelöstes Problem der Welt 3; und dieses Problem wirkt kausal auf alle jene Mathematiker ein, die sich um seine Lösung bemühen.

Ich habe gerade gesagt, daß Bücher zur Welt 1 gehören. Aber ihr *Inhalt* gehört natürlich zur Welt 3: Zwei verschiedene Ausgaben von Euklids *Elementen* gehören beide zur Welt 1, insofern sie verschieden sind; aber sie gehören zur Welt 3, insofern sie *denselben Inhalt* haben.

Bücher, Bibliotheken und das Manuskript meines Vortrages gehören also zur Welt 1 und zur Welt 3. Wenn jemand unter meinen Zuhörern nicht deutsch versteht – vielleicht sollte ich sagen, etwas wienerisches Deutsch –, dann hört er nur die akustische Seite meines Vortrages, die zur Welt 1 gehörige Seite. Wer aber deutsch versteht und den Versuch macht, meinen Argumenten zu folgen, für den ist nur die zur Welt 3 gehörige Seite meines Vortrages wichtig.

Ihr Versuch, dem Inhalt meines Vortrages zu folgen, gehört zur Welt 2. Wenn Sie diesen Versuch machen, dann konzentrieren Sie sich auf ein Objekt, das zur Welt 3 gehört. Ihre Welt 2 wird also kausal von der Welt 3 beeinflußt.

Es gibt damit Objekte, die den beiden Welten 1 und 3 angehören, und Objekte, die den beiden Welten 2 und 3 angehören. Meine Hauptthese ist, daß es auch Objekte gibt, die *nur* der *Welt 3* angehören; zum Beispiel *ein noch nicht entdeckter Beweis*, an dem ein Mathematiker heute arbeitet und den er morgen entdecken wird. Morgen wird dann der Beweis zu den beiden Welten 2 und 3 gehören, und wenn er niedergeschrieben ist, auch zur Welt 1. (Aber schon heute beeinflußt er die Welt 2.)

Wir wissen nicht, wir können aber vermuten, daß der Beweis schon vor seiner Niederschrift auch zur Welt 1 gehört; denn die Vorgänge des Denkens in der Welt 2 sind, vermutlich, mit Vorgängen im Gehirn verbunden, also mit körperlichen Vorgängen in der Welt 1.

II

Und damit komme ich zum Leib-Seele-Problem.

Das Leib-Seele-Problem ist die Frage, ob und wie unsere Denkvorgänge in der Welt 2 mit Gehirnvorgängen in der Welt 1 verbunden sind.

Die hauptsächlichen Lösungsversuche sind folgende:

(1) *Psychophysische Wechselwirkung*: Welt 2 und Welt 1 stehen in Wechselwirkung, so daß beim Lesen eines Buches oder beim Zuhören bei einem Vortrag Gehirnvorgänge entstehen, die auf die Welt 2 der Gedanken des Lesers oder Hörers *wirken*; und umgekehrt, wenn ein Mathematiker einem Beweis folgt, dann *wirkt* seine Welt 2 auf sein Gehirn und damit

auf die Welt 1. Das ist also die These der psychophysischen Wechselwirkungen.

(2) *Psychophysischer Parallelismus*: Jeder Denkvorgang in der Welt 2 läuft mit einem Gehirnvorgang in der Welt 1 parallel.

(3) *Reiner Physikalismus oder Verhaltensphilosophie oder philosophischer Behaviorismus*: Das ist die These, daß es nur eine Welt gibt, nämlich Welt 1. Und in ihr gibt es Bewegungen der Menschen und Tiere oder das Verhalten von Menschen und Tieren. Das, was ich Welt 2 nenne, existiert einfach nicht, und natürlich erst recht nicht, was ich Welt 3 nenne.

(4) *Reiner Psychismus oder Spiritualismus*: Das ist die These, daß nur eine Welt 2 existiert und Welt 1 nur meine Vorstellung ist.

Wir haben also im wesentlichen diese vier Lösungsversuche: 1. Psychophysische Wechselwirkung; 2. Psychophysischer Parallelismus; 3. Reiner Physikalismus oder Verhaltensphilosophie oder philosophischer Behaviorismus; 4. Reiner Psychismus.

Ich behaupte, daß der erste und älteste dieser Lösungsversuche der einzige ist, der ernstgenommen zu werden verdient.

Sehen wir uns ganz kurz den 3. und 4. Lösungsversuch an. Ich behaupte, daß beide zu jenen typischen Versuchen gehören, ein Problem durch eine Art von Vogel-Strauß-Philosophie zu lösen. Das Problem der Beziehung zwischen Leib und Seele verschwindet trivialerweise sofort, wenn man entweder die Existenz der Seele oder die des Leibes leugnet.

Ich könnte im einzelnen zeigen, daß die logische Struktur dieser beiden Lösungsversuche eine solche Vogel-Strauß-Philosophie ist. Obwohl der reine Physikalismus oder Behaviorismus gegenwärtig viele Anhänger hat, insbesondere unter den englischen, amerikanischen und australischen Philosophen, kann ich ihn doch nicht hinreichend ernst nehmen, um meine Zeit auf eine ausführliche Kritik zu verschwenden.

Vor allem enthält meine Diskussion der Existenz der Welt 3 Argumente, die, wie mir scheint, die Existenz der Welt 2 als Vermittler zwischen Welt 3 und Welt 1 verbürgen.

Ähnliches läßt sich über den reinen Psychismus sagen. Wir wissen zwar heute, daß es keine materielle *Substanz* gibt, da die Materie eine höchst komplizierte und zum Teil schon erklärte *Struktur* hat. (Eine Substanz ist in der Philosophie ein unanalysierter Träger von essentiellen Eigenschaften, die Erklärungsgründe sind, aber weder einer Erklärung bedürftig, noch einer Erklärung fähig.) Obwohl also die Materie keine Substanz ist, so sind doch die *materiellen Dinge* die besten Beispiele für das, was wir als real oder existierend ansehen.

Soviel zum 3. und 4. Lösungsversuch. Anders steht es mit dem 2. Lösungsversuch, dem psychophysischen Parallelismus.

Der psychophysische Parallelismus erkennt die Existenz von Leib und Seele an und könnte eventuell auch die Existenz der Welt 3 akzeptieren. Vom Standpunkt des Leib-Seele-Problems ist das Hauptmotiv des Parallelismus, daß er erlaubt, die Welt als kausal abgeschlossen anzusehen, oder genauer als aus zwei parallelen, kausal abgeschlossenen Systemen bestehend.

Das ist vor allem *für jeden Physiker* wichtig, denn die Idee, daß physische Vorgänge von geistigen Vorgängen abhängen können, ist für den Physiker sehr abstoßend. Außerdem ist es schwierig, sich sozusagen ein Modell einer solchen kausalen Einwirkung zu machen, das heißt, sich die Einwirkung in allen Einzelheiten vorzustellen.

Es ist das der eigentliche Grund, der zur Verwerfung der psychophysischen Wechselwirkung geführt hat.

Ich komme zu Gegengründen. Ich gebe gern zu, daß es keine psychischen Vorgänge ohne Gehirnvorgänge gibt. Aber um von einem Parallelismus zu sprechen, müßten wir auch sagen, daß es einen Teil des Gehirns gibt, in dem keine physischen Vorgänge vorkommen, ohne parallele psychische Vorgänge zu bewirken.

Weiterhin müßten wir sagen, daß es eine eindeutige Zuordnung zwischen *allen* charakteristischen Vorgängen dieses Teils des Gehirns und *allen* charakteristischen Vorgängen der Welt 2 gibt.

Aber eine solche ein-eindeutige Zuordnung scheint es nicht zu geben. Man kann Teile des Gehirns entfernen, und andere Teile übernehmen dann die Funktion der entfernten Teile. Die Möglichkeit einer *Funktionsübernahme* scheint überhaupt *für die meisten Lebewesen* (und die meisten Lebenserscheinungen) *charakteristisch* zu sein. Und obwohl ich bereit bin, anzunehmen, daß es keine Denkvorgänge in der Welt 2 gibt ohne irgendwelche Gehirnvorgänge in der Welt 1, so scheint mir alles dafür zu sprechen, daß kein wirklicher Parallelismus stattfindet. Es ist vielmehr ähnlich wie mit der Beziehung eines Gedanken-*Inhalts* in der Welt 3 und seiner Materialisierung in der Welt 1, sagen wir in einem Buch oder in einem Vortrag. Mein Vortrag hier bleibt im Sinne der Welt 3 derselbe, ob ich etwas schneller oder langsamer rede, etwas lauter oder leiser. Auch kann er ziemlich genau in eine andere Sprache übersetzt werden. Und ein Buch kann in verschiedenen Ausgaben sehr verschieden gedruckt werden. Natürlich werden die verschiedenen Drucke und Übersetzungen alle etwas Gemeinsames haben; aber es liegt *keine ein-eindeutige Zuordnung* vor, und daher kein wirklicher Parallelismus.

Ich komme jetzt zu meinem wichtigsten Argument. Betrachten Sie, bitte, unsere physikalische Umwelt, Welt 1, daraufhin, wie sehr sie durch die Theorien der Welt 3 verändert wurde, zum Beispiel durch die Atomtheorie oder die Hertzschen Wellen, das heißt, die Theorie der Funksendung, die für die Kontrolle der Mondraketen so wichtig ist. Wenn wir die Welt 1 und vor allem die *Änderungen* in Welt 1 in dieser Weise betrachten, dann scheint es mir doch klar zu sein, daß die physische Welt nicht gegen die Welten 2 und 3 kausal abgeschlossen ist.

Aber der Versuch, die kausale Abgeschlossenheit der Welt 1 zu retten, ist logisch gesehen das Hauptmotiv, den ersten und ältesten Lösungsversuch, die psychophysische Wechselwirkung, durch den Parallelismus (oder auch den reinen Physikalismus) zu ersetzen.

Dieser Versuch scheint mir unrealistisch zu sein. Und obwohl ich, als früherer Student der Physik und Lehrer der Physik sehr gut sehe, warum es so schwer ist, die kausale Unabgeschlossenheit der Physik zuzugeben, so scheint mir diese Ideologie durch die Tatsachen widerlegt zu sein.

Die Ideologie von der kausalen Abgeschlossenheit der physischen Welt stammt aus einer Zeit, in der die ganze Physik Mechanik war. Diese Ideologie ist schon durch die Notwendigkeit, eine elektromagnetische Theorie anzunehmen, widerlegt. Wir wissen nichts über den Zusammenhang von elektromagnetischen Kräften und der Gravitation oder über den Zusammenhang dieser beiden Gebiete der Physik mit den Kernkräften. Wir haben keine mechanischen »Modelle« für diese Zusammenhänge; aber die Tatsache läßt sich nicht bezweifeln, daß diese verschiedenen Gebiete in Wechselwirkung stehen – daß zum Beispiel der Gravitationsdruck in der Sonne die Aktion von Kernkräften auslöst, die ihrerseits Wasserstoffkerne in Heliumkerne verwandelt. Trotzdem sind die verschiedenen Kräfte – die Gravitation, die Elektrodynamik, die Kernkräfte – anscheinend nicht aufeinander zurückführbar. Jedes der Gebiete ist unabgeschlossen, obwohl die Ideologie der Abgeschlossenheit zu zahlreichen Versuchen geführt hat, eine einheitliche Theorie zu finden. Einstein hat von 1919 bis 1955 daran gearbeitet. Es scheint mir verfehlt zu sein, unter diesen Umständen an der Abgeschlossenheit der Physik dogmatisch festzuhalten.

Zusammenfassend: Die Tatsache, daß unsere Theorien, die zur Welt 3 gehören, auf dem Umweg über die Welt 2 auf die Welt 1 einwirken, spricht gegen die These von der kausalen

Abgeschlossenheit der Welt 1. Aber damit fallen alle Gründe *gegen* die Lehre von der psychophysischen Wechselwirkung in sich zusammen.

III

Mein nächster Punkt ist folgender: Die Existenz der Welt 3 und die Tatsache, daß wir Objekte der Welt 3 durch *Denkvorgänge, also in der Welt 2*, erfassen können, spielt eine wesentliche Rolle in der Erklärung des menschlichen Selbstbewußtseins, der Ichhaftigkeit oder der menschlichen Seele, im Gegensatz zur Seele des Tieres.

Ich habe vorhin erwähnt, daß die Materie keine Substanz ist, sondern eine ungemein komplizierte Struktur besitzt, die wenigstens teilweise der *Erklärung* zugänglich ist. Ganz ähnlich ist die menschliche Seele, das menschliche Ich, keine Substanz, sondern eine ungemein komplizierte Struktur.

Zunächst besteht sie nicht aus bloßer Bewußtheit, sondern sie ist dauernd von einem Wissen begleitet, das in der Welt 3 in Theorien verankert ist.

Auch die Tiere haben Erwartungen, die mit Erfahrungen, die in der Vergangenheit gemacht wurden, zusammenhängen. Sie kennen ja sicher die Geschichte von der Ratte, die zu einer anderen Ratte sagt: »Ich habe mir den Mann im weißen Kittel so gut abgerichtet, daß er mir jedesmal, wenn ich auf diesen Hebel drücke, etwas zu essen bringt.« Diese Geschichte ist, glaube ich, der Wahrheit viel näher als die Theorie der bedingten Reflexe, an die ich nicht glaube. Pawlows Hund hat zwar Reflexe, aber er ist nicht konditioniert, sonder er macht *Entdeckungen.* Leider kann ich das hier nicht näher ausführen. Jedenfalls haben Tiere ein dispositionelles Wissen und ein Zeitbewußtsein. Aber wir können vermuten, daß sie keine bewußte Theorie der Zeit, von Vergangenheit, Gegenwart und Zukunft haben. Für das Ichbewußtsein ist es aber wesentlich, daß ich weiß, daß ich eine *Lebensgeschichte* habe, die wenigstens in großen Zügen rekonstruierbar ist. Wir wissen, daß es krankhafte Zustände gibt, in denen ein Mensch seine Identität vergessen kann. Daraus folgt, daß das Wissen um unsere Identität nicht etwas Selbstverständliches ist. Ich zweifle nicht daran, daß die Disposition, ein Selbstbewußtsein oder ein Ich zu entwickeln, angeboren ist; aber wir brauchen *sozialen Umgang mit anderen Menschen* und vor allem *das Erlernen einer Sprache* und *sprachlich formulierte Theorien*, um zu lernen, daß wir ein Ich haben.

Schon Tiere können einen Charakter, eine Persönlichkeit haben. Das ist teilweise dispositionell, teilweise vielleicht auch erlernt. Ich glaube aber nicht, daß sich ein Tier seiner Identität bewußt ist. Dazu gehört, unter anderem, die Theorie, daß wir vor dem Einschlafen und nach dem Aufwachen dieselben sind: das heißt, eine Theorie der Gen-Identität physischer Körper und die Theorie, daß wir alle einen Körper haben; ferner die Theorie, daß unser Bewußtsein oft durch Schlaf unterbrochen ist, daß aber unser Körper derselbe bleibt und daß wir unsere Gedanken, die wir in vergangenen Tagen hatten, und unsere Wachzustände in Erinnerung rufen können. Das ist viel mehr als bloßes Gedächtnis in dem Sinn, in dem es auch die Tiere haben. Ich vermute, daß zum vollentwickelten Selbstbewußtsein oder Ichbewußtsein eine Sprache unerläßlich ist, in der wir andere und uns selbst mit einem Namen bezeichnen können. Es ist kein Zufall, daß Kinder zuerst lernen, ihren Namen zu nennen, bevor sie von sich mit dem Wort »ich« sprechen.

Es gibt also eine ungemein wichtige Wechselwirkung zwischen der Welt 3 der Theorien und der menschlichen Welt 2 der Bewußtseinsvorgänge; und meine These ist, daß das charakteristische menschliche Selbstbewußtsein sich *nur* durch diese Wechselwirkung ausbilden kann.

IV

Die hier kurz skizzierte Theorie hängt auf das engste mit meiner Erkenntnistheorie und mit meiner Wissenschaftstheorie zusammen.

Der Grundgedanke meiner Erkenntnistheorie ist, daß *Probleme* und ihre *Lösungsversuche durch Hypothesenbildung*, durch *Theorien* oder durch *Vermutungen*, aller Beobachtung vorausgehen. Theorien sind sowohl logisch wie historisch führend in dem Zustandekommen unserer Erfahrung – führend in unserer persönlichen Geschichte wie auch in der Geschichte der Menschheit.

Was den Theorien auf dem vor-menschlichen Niveau entspricht, sind Dispositionen und Erwartungen. Wahrscheinlich haben auch Zauberei oder Magie und Rituale schon enge Vorläufer im Tierreich. Was für uns Menschen dazukommt, das ist die sprachliche Form, die *Erzählung*.

Das Neue an der menschlichen Sprache ist, daß sie beschreiben und argumentieren kann. Ausdruck des inneren Zustandes und Signale wie Warnungen und Drohungen gibt es schon bei den Tieren.

Ich stelle mir die Sache so vor, daß die Erfindung der *spezifisch menschlichen Sprache* mit der Möglichkeit zusammenhängt, zu *berichten*, zu erzählen, was vorfiel. Das führt dann dazu, daß manchmal die Berichte von Wünschen gefärbt sind. Es kommt zum Erzählen von Geschichten, und da diese manchmal einander widersprechen, so entsteht das Wahrheitsproblem – das Problem der Wahrheit oder Falschheit einer Erzählung oder eines Berichtes, zum Beispiel eines Berichtes über eine Jagd. Mit dem Problem, ob der Bericht wahr war oder vielleicht eine wunschgefärbte Aufschneiderei (also Jägerlatein), entsteht das entscheidend wichtige Wahrheitsproblem. Gleichzeitig entsteht die Möglichkeit des Märchenerzählens oder Geschichtenerzählens. Diese Märchen oder Geschichten oder Mythen sind auch die ursprünglichen theoretischen Erklärungen: Die Anfänge der Wissenschaft bei den Griechen gehen auf Homer und Hesiod zurück; die Anfänge der Kunst, die vorgeschichtlichen Höhlenmalereien von Jagden und Tieren, sind magische Geschichten; die ägyptische und die assyrische Kunst sind zum großen Teil Illustrationen von Geschichten oder Illustrationen zur Zeitgeschichte. So kommt es zur Entwicklung einer Welt 3.

Zusammenfassend ist zu sagen, daß ich durch die Betonung des theoretischen Charakters unseres menschlichen Wissens von der Erkenntnistheorie zur Theorie der Welt 3 geführt wurde und daß ich glaube, daß unsere Menschlichkeit in der Existenz der Welt 3 verankert ist und nur im Zusammenhang mit der objektiven Welt 3 und der Idee der Mythenbildung, aber auch der objektiven Wahrheit erklärt werden kann.

Zusammenfassung

Ich habe folgendes in meinem Vortrag versucht:

(1) Ich versuchte *nicht*, das Leib-Seele-Problem zu lösen; das heißt, ich weiß nicht, wie das Gehirn und das Bewußtsein aufeinander einwirken.

(2) Aber ich habe das Problem *neu* gestellt und *anders*, als es gewöhnlich gestellt wurde.

(3) Ich betone die Existenz dreier teilweise autonomer, aber in Wechselwirkung stehender Welten: die physische Welt 1, die Welt 2 der Bewußtseinsvorgänge und die Welt 3, die Welt der Produkte des menschlichen Geistes.

(4) Ich habe insbesondere gegen den Physikalismus oder Behaviorismus zu zeigen versucht, daß die Welt 2 existiert, da nur sie den Einfluß der Welt 3 auf die Welt 1 erklären kann.

(5) Ich habe versucht zu zeigen, daß die physische Welt 1 gegenüber der psychischen Welt 2 offen ist. Das ist eine These,

die die Physiker sehr ungern akzeptieren. Ich habe aber versucht zu zeigen, daß sie trotzdem wahr zu sein scheint.

(6) Ich habe insbesondere versucht zu zeigen, daß die Welt 2 mit der Welt 3 in so enger Verknüpfung oder Wechselwirkung steht, daß das menschliche Selbstbewußtsein oder Ichbewußtsein ohne die Existenz der Welt 3 unverständlich ist. Das Ichbewußtsein ist in der Welt 3 verankert.

(7) Genetisch ist also die menschliche Welt 2 ebenso ein Produkt der Welt 3, wie die Welt 3 ein Produkt der Welt 2 ist. Anders ausgedrückt: Wir sind ein Produkt unserer Produkte, also unserer Zivilisation, zu der wir alle beitragen.

4. Die Erkenntnistheorie und das Problem des Friedens

I

Darf ich sagen, daß ich mich sehr über die unerwartet vielen jungen Menschen hier freue? Ich habe vor, mit Ihnen eine ziemlich lange und sehr abenteuerliche Reise zu unternehmen; und so sollte ich mich vielleicht zunächst vorstellen.

Ich bin, mit meinen 83 Jahren, heute der glücklichste Mensch, den ich kenne. Ich finde das Leben unbeschreiblich wundervoll. Es ist sicher auch schrecklich, und ich habe furchtbar traurige Todesarten in meiner engsten Verwandtschaft und Freundschaft miterlebt. 16 meiner nächsten Verwandten sind Opfer von Hitler geworden, teils in Auschwitz, teils durch Selbstmord. Trotz allem und obwohl ich nicht selten verzweifelt war und auch heute schwerste Sorgen habe, war es mit mir »Himmelhoch jauchzend, zu Tode betrübt«; und ich bin glücklich.

Ich will nicht weiter viel Zeit an mich verschwenden. Das, was ich empfinde, steht in den ersten acht Zeilen des Prologs im Himmel aus Goethes »Faust«. So wie er es ausspricht, so sehe ich die Welt:

Vortrag, gehalten in Zürich, August 1985.

Die Sonne tönt nach alter Weise
In Brudersphären Wettgesang,
Und ihre vorgeschriebne Reise
Vollendet sie mit Donnergang.
Ihr Anblick gibt den Engeln Stärke,
Wenn keiner sie ergründen mag:
Die unbegreiflich hohen Werke
Sind herrlich wie am ersten Tag.*

Ich sage das alles, weil ich die gegenwärtig herrschende Ideologie der Intellektuellen von der Schlechtigkeit unserer Welt für eine Dummheit und für eine falsche Religion halte. Die Menschen sind fürchterlich suggestionsbedürftig, und das gefährliche Suggestionsbedürfnis der Menschen ist heute eines meiner Hauptthemen. Mein Thema ist groß. Ich habe hart, aber gern gearbeitet, um es so einfach wie möglich darzustellen. Ich fürchte, daß es mir nicht ganz gelungen ist, und ich bitte Sie um Ihre aktive Mitarbeit.

Aber ich bitte Sie auch: Lassen Sie sich nur *nichts* von mir suggerieren! Glauben Sie mir, bitte, kein Wort! Ich weiß, das ist zuviel verlangt, denn ich will ja nur die Wahrheit sagen, so gut ich sie kenne. Aber ich warne Sie: Ich weiß *nichts*; oder *fast nichts*. Wir alle wissen nichts oder fast nichts. Das ist, wie ich *vermute*, eine Grundtatsache unseres Lebens. Wir wissen nichts, wir können nur vermuten: Wir raten. Unser bestes Wissen ist das großartige naturwissenschaftliche Wissen, das wir

---

* *Kommentar:*
(1–2) Die alte Sphärenharmonie
(3) Newton? Nein: Ptolemäus
(4) Sonnen-*Untergang*. (Mozart, *Dies Irae*, oder *Don Giovanni*.)
(6) In meiner Ausgabe steht ein Strichpunkt. Aber ich glaube, daß es ein Doppelpunkt sein sollte: »ergründen mag« spielt an auf »unbegreiflich«.
(7–8) Zu ihnen gehören auch Menschen. Die können wachsen im Donnergang.

in 2500 Jahren geschaffen haben. Aber die Naturwissenschaften bestehen eben nur aus Vermutungen, aus Hypothesen.

Im Griechischen, im Lateinischen, im Englischen und im Deutschen gibt es einen klaren Gegensatz zwischen

(1) *Wissen* # *Vermutung*
ich weiß # *ich vermute.*

Der Unterschied ist ganz einfach:

(2) *Wissen* impliziert *sichere Wahrheit*
also: *Wissen* impliziert *Sicherheit, Gewißheit.*

Daher kann man in diesen Sprachen nicht ernsthaft sagen:

»Ich *weiß*, daß heute Freitag ist, aber ich bin nicht ganz sicher.«

Die Antwort darauf wäre:

»Wenn du nicht ganz sicher bist, so *weißt* du es eben nicht, sondern du vermutest es nur.«

Meine erste These ist also:

(3) *Das sogenannte naturwissenschaftliche Wissen ist kein Wissen*, denn es besteht nur aus Vermutungen oder Hypothesen – wenn auch zum Teil aus Hypothesen, die durch ein Kreuzfeuer von genialen Überprüfungen hindurchgegangen sind. In Kürze:

(4) Wir wissen nicht, sondern wir raten. Obwohl *das naturwissenschaftliche Wissen* kein Wissen ist, ist es das beste, das wir auf diesem Gebiet haben. Ich nenne es Vermutungswissen – mehr oder weniger, um die Leute zu trösten, die sicheres Wissen wollen und glauben, es nicht entbehren zu können.

Das sind nämlich die gefährlich *suggestionsbedürftigen* Menschen, die Menschen, denen der *Mut* fehlt, *ohne Sicherheit, ohne Gewißheit, ohne Autorität, ohne einen Führer* zu leben. Man könnte vielleicht sagen: Es sind die Menschen, die im Kindesalter steckengeblieben sind.

Die anderen mögen Freunde brauchen, Vertraute; oder Menschen, zu denen man aufsieht, weil man in ihnen ein Vorbild sehen kann; oder vielleicht, weil sie Außerordentliches geleistet haben. Wenn sie einen Kranken betreuen, mögen sie oft nach einer Autorität – einer medizinischen Autorität – seufzen. Aber die gibt es nicht; denn Wissen – sicheres Wissen – ist ein leeres Wort.

Wissenschaft ist Wahrheitssuche. Aber Wahrheit ist nicht *sichere* Wahrheit.

(5) *Wahrheit* ≠ *sichere Wahrheit*
Wahrheit ≠ *Gewißheit.*

Was Wahrheit ist, weiß jeder. Es ist die Übereinstimmung eines Satzes mit jener Wirklichkeit, über die der Satz etwas aussagt:

(6) Wahrheit = Übereinstimmung mit der Wirklichkeit

oder vielleicht

Wahrheit = Übereinstimmung des ausgesagten Sachverhalts mit dem tatsächlichen Sachverhalt.

Aber Definitionen sind unwichtig. Und Wortklaubereien sind eine Pest.

(7) Wir können oft genug die Wahrheit sagen, die Wahrheit erreichen. Aber wir können nie Sicherheit erreichen. Denn wir wissen – in dem Sinn von Vermutungswissen –, daß es Menschen gibt, die sich einbilden, daß sie Einstein sind oder eine Wiedergeburt von Goethe. So sage ich vermutlich die Wahrheit, wenn ich sage, daß ich soeben einen Vortrag in Zürich halte. Aber nach meiner Erfahrung mit jenen Menschen kann ich nicht absolut sicher sein, daß ich nicht in einem fürchterlichen Irrtum befangen bin.

Doch nur absolute Sicherheit würde echtes Wissen bedeuten. Wir kommen, außer vielleicht mit Trivialitäten, nicht über Vermutungen hinaus – wenigstens nicht in den Naturwissenschaften. (Vielleicht steht es anders in der Mathematik oder in der Formalen Logik; aber darüber will ich heute nicht sprechen.)

Die Wissenschaft ist Wahrheitssuche, *nicht* Sicherheitssuche. Wie arbeitet sie?

(8) Der Wissenschaftler arbeitet, wie alle Organismen, mit der Methode von Versuch und Irrtum. Der Versuch ist eine *Problemlösung*. Der Irrtum, oder genauer die Irrtumskorrektur, ist in der Evolution des Pflanzen- oder Tierreichs gewöhnlich die Ausmerzung des Organismus; in der Wissenschaft die Ausmerzung der Hypothese oder der Theorie.

Der Prozeß ist also eine *Darwinsche Auslese*. Frage: Was entspricht im Tierreich dem sogenannten Wissen, also der Vermutung, der Hypothese? Antwort: die *Erwartung*. Genauer: ein Zustand des Organismus, in dem sich der Organismus auf eine Änderung in seiner Umwelt vorbereitet (oder auch darauf, daß sich nichts ändert). Wenn die Blumen kommen, so *erwarten* sie, in diesem Sinn, Frühlingswetter: Sie haben die Hypothese, die Theorie eingebaut, daß es wärmer wird. Oft genug ist die Theorie falsch, und die Blüten erfrieren.

(9) In diesem Sinn gibt es unendlich viel angeborenes Wissen in Pflanzen und Tieren. Ein Kind erwartet nach seiner Geburt, gehegt und gestillt zu werden; und kurz nachher erwartet es, angelächelt zu werden. Es erwartet diese Dinge nicht nur, es braucht sie. Angeborene Bedürfnisse sind angeborene Theorien.

(10) Alle Organismen sind dauernd höchst aktiv. Sie erforschen aktiv ihre Umwelt, sie suchen nach besseren Lebensbedingungen, nach einer besseren Welt. Und sie selbst verbessern aktiv ihre Lebensbedingungen.

(11) Das Leben verbessert die Umwelt für das Leben. Es hat das seit Millionen von Jahren getan, und wir sind die glücklichen Erben.

Da dieser Prozeß durch Versuch und Irrtumselimination vor sich geht, gibt es auch viele Fehler in unserer Welt.

(12) Mit dem Leben entstehen Probleme; und Probleme gibt es nur, wenn es Werte gibt: Bewertungen, zum Beispiel von Lebensbedingungen.

Ich komme nun zum Schluß dessen, was ich hier über die Erkenntnistheorie und Wissenschaftstheorie ausführen möchte.

(13) Die Wissenschaft beginnt mit Problemen. Sie *versucht*, sie durch kühne, erfinderische Theorien zu lösen. Bei weitem die meisten Theorien sind falsch und/oder unüberprüfbar. Die wertvollen überprüfbaren Theorien werden nach Irrtümern abgesucht. Wir suchen, Irrtümer zu finden und zu eliminieren. So ist die Wissenschaft: Sie besteht aus wilden, oft unverantwortlichen Ideen, die sie unter eine scharfe Kontrolle der Fehlerkorrektur setzt.

Frage: Das ist ja ganz ähnlich wie bei der Amöbe oder ähnlichen niederen Organismen. Wo ist der Unterschied zwischen der Amöbe und Einstein? Antwort: Die Amöbe wird eliminiert, wenn sie Fehler *macht*. Falls sie Bewußtsein hat, wird sie sich vor Fehlern fürchten. Einstein *sucht* nach Fehlern. Er kann das, weil seine Theorie nicht ein Teil von ihm selbst ist, sondern weil sie ein Objekt ist, das er untersuchen und bewußt kritisieren kann. Er verdankt das der *spezifisch* menschlichen Sprache, und insbesondere auch ihrer Tochter, der menschlichen Schrift. Einstein sagte irgendwo: »Mein Bleistift ist gescheiter, als ich es bin.« Das, was ausgesprochen oder, noch besser, niedergeschrieben ist, ist ein Objekt geworden, das wir kritisieren können und dessen Fehler wir untersuchen können. So wird die sprachlich formulierte Theorie etwas ähnliches, aber wiederum ganz anderes als die in den Organismen eingebauten tierischen oder pflanzlichen Erwartungen.

(14) Die Methode der Naturwissenschaft ist die bewußte Suche nach Fehlern und die Fehlerkorrektur durch bewußte Kritik. Diese Kritik sollte – im Idealfall – unpersönlich sein und sich nur auf die vorgelegten Theorien oder Hypothesen richten.

Damit beende ich meine Bemerkungen zur Erkenntnistheorie und wende mich der Theorie der tierischen und der spezifisch menschlichen Sprache zu. Es ist der zweite Teil meiner Vorlesung. Der dritte Teil ist dem Suggestionsbedürfnis gewidmet, und der vierte Teil dem Friedensproblem.

II

Ich beginne mit einem Schema, das ich dem großen Psychologen Karl Bühler verdanke. Bühler unterscheidet drei Funktionen der Sprache. Die ersten beiden finden sich bei vielen Tieren und allen Menschen; die dritte nur beim Menschen.

Die niederste Funktion ist die Ausdrucksfunktion, die im Mienenspiel, in Schwanzbewegungen, in Schreien bestehen kann. Diese Ausdrucksbewegungen können als Symptom für den inneren Zustand des Organismus betrachtet werden.

(Nebenbemerkung: Die Materialisten und die Behavioristen haben das nicht gern. Sie wollen keinen inneren Zustand annehmen, sondern schlagen vor, sich auf das Verhalten, auf englisch »behaviour«, zu beschränken. Daß das ein Fehler ist, kann man aber sehr schnell zeigen. Ein Thermometer zeigt durch sein »behaviour« nicht nur die äußere Temperatur, sondern vor allem seinen inneren Zustand an: Die schwingenden Moleküle, deren Amplituden zunehmen, führen zur Verlängerung eines Metallstabes. Wenn die behavioristische Ideologie richtig wäre, dürften wir diese inneren Zustände nicht hereinbringen und zur Erklärung der Verlängerung des Stabes durch Erhitzung verwenden.)

Das Tier kann seinen Zustand durch sein Mienenspiel und Schwanzspiel ausdrücken, auch wenn kein anderes Tier da ist, um darauf zu reagieren. Wenn aber ein anderes Tier auf die Ausdrucksbewegung reagiert, dann wird sie zur Kundgabe. Die Kundgabe-Funktion, die nach Bühler die zweite Funktion ist, kann eine Signalfunktion werden, und wenn sie gegenseitig stattfindet, haben wir Kommunikation zwischen Tieren. Natürlich können das auch Menschen sein – zum Beispiel Kinder, bevor sie die menschliche Sprache erlernt haben; oder Menschen, die keine gemeinsame spezifisch menschliche Sprache haben, sich aber dennoch durch Mienen, durch Zeichen, durch Deuten verständigen wollen.

Bühlers dritte Funktion, die Darstellungsfunktion, ist der spezifisch menschlichen Sprache vorbehalten, in der es Sätze gibt, die Sachverhalte beschreiben oder, wie Bühler sagt, darstellen.

Eine These Bühlers ist, daß die höhere Funktion immer von der niedrigen begleitet wird. Wenn ein Vogel einen Warnruf ausstößt, so dient dieser Ruf nicht nur der sozialen Kommunikation, sondern er ist gleichzeitig auch Ausdruck eines inneren Zustandes. Je höher wir in den Funktionen der Sprache hinaufsteigen, um so komplexer wird die Sprache.

Ich möchte kurz darauf hindeuten, daß nur wenige Sprachtheoretiker so weit gegangen sind wie Bühler. Die meisten sprechen von Ausdruck, einige von sozialer Kommunikation (die natürlich sehr praktische Funktionen haben kann, wie das Beispiel der Warnrufe zeigt). Auch Befehle oder Aufforderungen gehören hierher. Aber die wenigsten haben gesehen, daß es für die menschliche Sprache und ihre Wunder entscheidend ist, daß sie Sachverhalte beschreiben kann und daß ein solcher beschreibender Satz wahr oder falsch sein kann. Erst durch diesen ungeheuren Schritt wird die Objektivierung des Gesagten möglich, so daß sachliche Kritik einsetzen kann. Kritik ist rationale Kritik nur dann, wenn es nur um die Wahrheit oder Falschheit von Sätzen oder Theorien geht.

Damit beende ich meine kurze Darstellung eines wichtigen Teils von Bühlers Theorie der Sprache.

Ich habe selbst noch einige Funktionen der Sprache zu denen Bühlers hinzugefügt, vor allem die *kritische Funktion*, das heißt, die kritische Diskussion über die Wahrheit oder Falschheit von Sätzen. Und ich habe auch ihre ungeheure Wichtigkeit schon betont, als ich davon sprach, wie Einstein sich von der Amöbe unterscheidet.

Auch habe ich schon oft betont, daß der *kritischen Stufe* des menschlichen Sprachgebrauchs aus logischen Gründen eine *dogmatische* Stufe vorangehen muß: Erst wenn ein Dogma als eine Art von Hintergund etabliert ist, kann man beginnen zu kritisieren, und erst später kann das Dogma, der Hintergrund der kritischen Diskussion, selbst in die Kritik einbezogen werden. Man braucht zuerst einen festen Rahmen. Später kann man verschiedene solcher Rahmen konfrontieren und zur kritischen Diskussion der Rahmen fortschreiten.

III

Ich komme jetzt zum dritten Teil.

Ich beginne mit meiner 14. These:

(14) Die Tiersprachen, einschließlich der Menschensprachen, setzen sehr viele angeborene Bedürfnisse voraus; zum Beispiel das Bedürfnis, sich aktiv auszudrücken, das Bedürfnis, mit anderen in Kommunikation zu treten, und das Bedürfnis, auch in diesen Dingen durch Versuch und Irrtum zu lernen. Ohne solche angeborenen Bedürfnisse und ohne das aktive Lernen durch Versuch und Irrtum (das Herumrennen von jungen Katzen ist ein gutes Beispiel) wäre es für höhere Tiere nicht möglich zu überleben.

(15) Sowohl das angeborene Wissen der Tiere und Menschen wie auch das durch aktives Lernen erworbene Wissen besteht aus *Erwartungen*. Unerfüllte Erwartungen werden als Schwierigkeiten, als Probleme erlebt, die zu Versuchen führen, also wieder zum aktiven Lernen – zum Forschen.

(16) Das aktive Lernen sowohl der Tiersprache wie auch der Menschensprache setzt einen sehr hohen Grad von Suggestivität voraus. Nachahmungsfähigkeit genügt *nicht*. Es handelt

sich auch um mehr als um Nachahmung zusammen mit Einfühlung, obwohl das der Sache schon näher kommt. Es handelt sich um ein angeborenes, tiefes Bedürfnis, mit den Wünschen und Bewertungen der kommunizierenden Artgenossen übereinzustimmen. Nur so kann man die Massenwanderungen der Heringe oder das Schwärmen der Bienen oder auch nur einen Mückenschwarm erklären. Und wir wissen (im Sinne von Vermutungswissen), wie suggestionsanfällig gewisse Tiere sind. Ein Huhn kann mit einem Kreidestrich hypnotisiert werden.

(17) Die menschlichen Sprachen beruhen auf angeborenen Bedürfnissen, eine Sprache zu lernen, zu sprechen, darzustellen, mitzuteilen. Alles das beruht zum großen Teil auf einem angeborenen, spezifisch mit der Sprache verbundenen Suggestionsbedürfnis.

(18) Dies ist auf das engste verknüpft mit dem starken Bedürfnis, unsere Umwelt zu entdecken, über sie zu lernen, also *zu wissen*. So kommt es in den Menschenverbänden zu Mythen, zu Medizinmännern, zu Priestern. Und so kommt es zu einem inneren Konflikt, der das alles verstärken kann: zu dem nicht eingestandenen Gefühl dafür, daß wir ja in Wirklichkeit nichts oder nur sehr wenig wissen. Da das Bedürfnis nach Sicherheit – oder nach Sicherung durch die Kameraden, die Helfer – stark ist, wird das Bedürfnis stark sein, ein *gemeinsames Dogma* zu haben und sich gegenseitig die Wahrheit dieses Dogmas zu suggerieren. Es ist ein Bedürfnis nach Suggestion, ein Suggestionsbedürfnis *. Die Unsicherheit wird gefürchtet, und das Dogma wird zum fanatischen Glauben.

So kam es zur Kriegspsychose, zur Kriegsbegeisterung am Anfang des Ersten Weltkriegs.

---

* Ich verdanke diesen Ausdruck Professor E. K. Herz

Aber bevor ich zum Thema Krieg und Frieden übergehe, möchte ich ein paar Worte über die Kunst sagen – und über die moderne Kunst.

Wir alle wissen, daß die größte Kunst die religiöse Kunst ist – die Kathedralen, die Sixtinische Kapelle, die Matthäuspassion, die Messen Mozarts, Beethovens, Schuberts.

Wie steht es heute mit religiöser Kunst?

Ich glaube, daß viel erklärt ist, wenn wir annehmen, daß sich heute eine falsche Religion etabliert hat; nämlich die Religion, daß unsere Welt, zumindest unsere soziale Welt, eine Hölle ist.

Ich bin alles eher als ein Gegner der Religion. Meine Religion ist die Lehre von den Herrlichkeiten der Welt; von der Freiheit und der Schöpferkraft wunderbarer Menschen. Von dem Schrecken, dem Leiden, von den Verzweifelnden, denen wir beistehen können. Von dem vielen Guten und Bösen, das in der Geschichte der Menschheit geschehen ist und das immer wieder und noch immer geschieht. Und von der freudigen Botschaft, daß wir die Lebensdauer der Menschen verlängern konnten, und vor allem die der Frauen und Kinder, die das schwerste Leben gehabt haben. Im übrigen weiß ich nichts; und obwohl die wissenschaftliche Wahrheits*suche* ein Teil meiner Religion ist, sind die großartigen wissenschaftlichen *Hypothesen* keine Religion. Sie dürfen es nicht sein.

Aber die moderne Kunst wird durch die moderne Religion – durch diesen wahnwitzigen Irrglauben – erklärt: durch den Glauben an die böse Welt und die böse Gesellschaftsordnung, in der wir in der Schweiz angeblich leben, in Deutschland, in England und in Nordamerika. Überall wird den jungen Menschen eingeredet – und mit intellektualistischen Gründen und auch mit Hilfe der modernen Kunst bewiesen –, daß sie in einer Hölle leben. Was hat das für Folgen? Die Kinder brauchen in der Tat Führer und Vorbilder, Dogmen und eine feste Ordnung. Später jedoch können und sollen die heranwachsenden jungen Menschen beginnen, sich von den Führern, den Dogmen, den Ideologien der »Wisser« zu befreien. Es ist ja ganz leicht. Laßt euch nur nichts einreden – selbstverständlich auch nicht von mir. Durch jedes Lehrbuch der Geschichte könnt ihr euch selbst informieren, ob unsere Zeit, die die Sklaverei abgeschafft hat, nicht die beste aller Zeiten ist, von der wir geschichtliche Kenntnis haben. Selbstverständlich haben wir viele Fehler gemacht und machen sie noch immer; zum Beispiel durch unsere abscheulichen Ideologien.

Die Russen, die in einer ansonsten viel schlechteren Welt leben, suggerieren ihren Kindern und Jugendlichen, daß ihr Land das Paradies ist. Tatsache ist, daß das hilft. Die Russen sind zufriedener als wir. Das Suggestionsbedürfnis ist eine große Macht. Aber die Wahrheit auch, wenn man für sie kämpft.

IV

Im Vorangegangenen wollte ich versuchen, die erkenntnistheoretischen, die biologischen, die sprachtheoretischen Wurzeln unserer gefährlichen Anfälligkeit für Ideologien und Dogmen zu zeigen. Und eine der Wurzeln dieser Anfälligkeit ist, ganz einfach, Feigheit. Nun, ich bin auch feige, und ich möchte weder besonderen Mut vortäuschen noch jemanden zu heroischen Taten auffordern. Aber ich will darauf aufmerksam machen, daß das große Problem, den ewigen Frieden auf Erden zu schaffen, nicht unlösbar ist.

Hierzu gibt es Kants Buch *Zum ewigen Frieden*. Es ist ein schönes, trauriges und wunderbar aufmunterndes Buch.

Mir scheint klar zu sein, daß das Haupthindernis des Friedens *nicht* die Atombombe ist.

Als ich das letzte Mal mit dem großen Atomphysiker Niels Bohr sprach – ich glaube, es war im Jahr 1952 –, sagte er mir, die Atombombe werde mit Sicherheit den Frieden bewahren.

Ich war und bin nicht so optimistisch. Aber immerhin, bis jetzt hat er recht behalten.

Ich sehe nur einen sehr schwierigen Weg zum Frieden. Es ist ein langer Weg. Vielleicht kommt es zum Atomkrieg, lange bevor wir einen Schritt auf diesem Weg getan haben. Es ist der Weg, die Intellektuellen, die ja großenteils den besten Willen haben, zuerst einmal dazu zu bringen, daß sie etwas bescheidener werden und keine großen Führerrollen zu spielen versuchen. Keine neuen Ideologien, keine neue Religionsgründung. Statt dessen: »Etwas mehr intellektuelle Bescheidenheit.«*

Wir Intellektuellen wissen ja nichts. Wir tasten. Diejenigen unter uns, die Wissenschaftler sind, sollten etwas bescheidener werden und vor allem weniger dogmatisch. Sonst bleibt die Wissenschaft auf der Strecke – die Wissenschaft, die zum Größten gehört, das die Menschheit geschaffen hat, und zum Hoffnungsvollsten.

Die Intellektuellen wissen nichts. Und ihre Unbescheidenheit, ihre Anmaßung, ist wohl das größte Hindernis des Friedens auf Erden. Die größte Hoffnung ist, daß sie zwar arrogant sind, aber nicht zu dumm, um das einzusehen.

Wir werden weiter Fehler machen. Aber es besteht die Hoffnung, daß die folgende Hypothese vielleicht wahr sein könnte: Ohne Ideologie kein Krieg. Der Kampf gegen die Ideologien ist ein Kampf, der auf alle Fälle wert ist, geführt zu werden.

Ich möchte damit enden, Sie nochmals zu bitten, mir kein Wort zu glauben und sich bewußt zu sein, daß ich, um aller guten Geister willen, *nicht* mit einer Fanfare schließen will.

Ich wollte Ihnen nur die großen Gefahren zeigen, die in den

---

* Die Bemerkung in Anführungszeichen war meine Zusammenfassung meiner Kritik an Ernst Bloch in einer Fernsehdiskussion, die ich mit ihm im Jahr 1968 in Wien hatte. Wolfgang Kraus war der Moderator.

Ideologien verborgen sind, und auf das gefährliche Bedürfnis nach Wissen, Glauben und gegenseitiger Suggestion aufmerksam machen, das in unserer evolutionären Biologie und Erkenntnisstruktur und in unserer Sprache versteckt zu sein scheint.

5. Die erkenntnistheoretische Position der Evolutionären Erkenntnistheorie

A priori – A posteriori

Ich möchte zunächst etwas über den Apriorismus sagen. Erstens möchte ich mir von niemandem vorschreiben lassen, welche Terminologie ich benützen soll. Die Hauptsache ist, daß die Terminologie klar ist. Und die Terminologie »genetisch a priori« ist vollkommen klar, zumindest meiner Meinung nach. Es heißt, daß etwas schon da ist, *vor* dem a posteriori, *vor* der Wahrnehmung. Außerdem ist es notwendig, das Wort »a priori« deshalb weiter zu verwenden, weil es hier eben eine ganz bestimmte Beziehung zum Kantianismus gibt. Meiner Meinung nach wird Kant viel verständlicher, wenn man sich darüber klar wird, daß er, wenigstens sehr oft, »genetisch a priori« gemeint hat, obzwar er natürlich immer von »a priori gültig« gesprochen hat.

Ich möchte zweitens sagen, daß meine Meinung von Kants a priori von der von Konrad Lorenz vor vielen Jahren entwikkelten Meinung völlig verschieden ist. Ich habe mit Konrad Lorenz oft darüber gesprochen; aber ich weiß nicht genau, was seine gegenwärtige Meinung ist. Damals aber, als er über Kan-

---

Ein spontaner Diskussionsbeitrag während eines Symposiums in Wien, April 1986. Zuerst abgedruckt in: *Die Evolutionäre Erkenntnistheorie*. Hrsg. von Rupert Riedl und Franz M. Wuketits. Berlin/Hamburg (P. Parey) 1987.

tianismus geschrieben und seine Interpretation veröffentlicht hat, war seine Meinung die folgende: Er hat gemeint, daß unser Vorläufer, unsere Ur-Urahnen, Dinge durch Wahrnehmung kennengelernt haben, die dann irgendwie von der Wahrnehmung ins Genetische übernommen wurden und damit für uns a priori geworden sind, nämlich genetisch a priori. Meine Meinung ist von dieser total verschieden. Und zwar ist nicht die Verwendung der Begriffe verschieden, aber meine Theorie ist verschieden. Und Theorien sind hundertmal wichtiger als Begriffe. (Theorien können wahr und falsch sein. Begriffe können bestenfalls adäquat und schlimmstenfalls irreführend sein. Begriffe sind nicht wichtig, verglichen mit Theorien.)

Ich behaupte nämlich, daß alles, was wir wissen, genetisch a priori ist. A posteriori ist nur die *Auslese* von dem, was wir a priori selbst erfunden haben.

Wie alle anderen Organismen, die so etwas wie Wahrnehmungen haben und diese Wahrnehmungen verwenden können, um aus ihnen etwas zu lernen, müssen wir, *bevor* wir das können – also genetisch a priori –, die Fähigkeit besitzen, unsere Sinneseindrücke zu ordnen und zu interpretieren. Aber das ist äquivalent mit dem Kantische apriorischen Wissen, was besonders klar ist, wenn wir an Kants Theorie von Raum und Zeit denken.

Zu sagen, wie es Konrad Lorenz tat, daß das Kantische, angeborene, apriorische Wissen ursprünglich Wahrnehmungswissen war, das uns angeboren ist, weil es uns von unseren Urahnen vererbt wurde, heißt, die ungeheuer wichtige Kantische Grundeinsicht zu ignorieren, daß Wahrnehmungswissen ohne apriorisches Wissen unmöglich ist. In der Tat, wir dürfen nicht einmal *versuchen*, das Kantische apriorische Wissen durch Wahrnehmungswissen zu erklären. Es war Kants bedeutendste Leistung zu zeigen, daß alles Wahrnehmungswissen ein apriorisches Wissen voraussetzt.

Kant war der erste, der daran dachte, daß die Existenz von

apriorischem Wissen eine notwendige Voraussetzung der Existenz von aposteriorischem Wissen ist. Aber von der »Notwendigkeit« eines apriorischen Wissens, um das Wahrnehmungswissen zu ermöglichen, darf man nicht auf die »Notwendigkeit« im Sinne einer logischen Modalität schließen. Genau hier weiche ich von Kant ab: Da unser Wahrnehmungswissen hypothetisch ist, darf unser apriorisches Wissen auch hypothetisch sein. Und so ist es in der Tat. Um das mit einem wichtigen Beispiel zu erläutern: Um unsere Wahrnehmung zu interpretieren, brauchen wir eine Geometrie, die *zumindest annähernd* euklidisch ist; *zumindest* für unsere nähere Umgebung. Aber ob der Raum, der über die Erde und den Mond hinausgeht, euklidisch ist oder nicht, ist eine andere Frage: Hier kommen wir eben zur Hypothese, zum konjekturellen Wissen. Kants Ansicht, daß alles apriorische Wissen »notwendig« im Sinne von »nicht hypothetisch, sondern apodiktisch« ist, scheint mir zwar sehr verständlich zu sein, aber dennoch unbegründet, und sogar irrtümlich.

Aus diesen und vielen anderen Gründen nehme ich also, in scharfem Gegensatz zu Kants Annahme, an, daß unser apriorisches Wissen, zum Beispiel in der Geometrie, hypothetischen (oder konjekturellen) Charakter hat. Ich nehme an, daß es nur genetisch a priori ist, und *nicht apriori gültig; nicht apriori notwendig, nicht apodiktisch.*

Aber auch wenn diese Korrektur gemacht wird, dann bleibt Kants Apriorismus von der allergrößten Bedeutung. Und ich möchte es ganz klar und ausdrücklich sagen, daß ich ein radikaler Apriorist (im Sinne des genetischen Apriori) bin, viel radikaler als Kant, obwohl mein Apriorismus ein hypothetischer, ein konjektureller Apriorismus ist.

Ich stelle nämlich, im schärfsten Gegensatz zu allen Erkenntnistheoretikern seit John Locke und sogar auch im Gegensatz zu Kant, die folgende These auf: Alles Wissen ist seinem Inhalt nach a priori, nämlich genetisch a priori. Denn alles Wissen ist hypothetisch, konjekturell: Es ist *unsere* Hypothese. A posteriori sind *nur* Ausmerzungen der Hypothesen: der Zusammenprall der Hypothesen mit der Wirklichkeit. Darin, und darin allein, besteht das Erfahrungselement in unserem Wissen. Und das genügt, um von der Erfahrung lernen zu können: Es genügt, um ein Empirist zu sein.

Um es anders zu formulieren: Wir lernen *nur* durch Versuch und Irrtum. Unsere Versuche sind aber *immer* unsere Hypothesen. Sie stammen von uns, nicht von der Außenwelt. Von der Außenwelt lernen wir *nur*, daß gewisse unserer Versuche Irrtümer sind.

Von den Urtierchen, von den Urzellen an ist die Anpassung eine Erfindung der Lebewesen. Die Lebewesen passen sich an und verbessern selber ihre Anpassung. Diese Theorie von mir führt bestimmt zu großen Schwierigkeiten. Diese Schwierigkeiten sind nicht deshalb vorhanden, weil meine Theorie schwierig ist, sondern weil wir so wenig wissen. Über die Entstehung des Lebens und die Ur-Entstehung der Anpassung wissen wir fast nichts. Darüber werde ich etwas später sprechen.

Darwinismus

Ich habe den Darwinismus in sehr bescheidener Weise neu formuliert; nämlich Darwins Theorie, die die Anpassung durch Selektion erklärt. Darwins Theorie sagt folgendes:

Individuen, die besser angepaßt sind, haben eine größere Chance, Nachkommen zu haben.

Die Theorie – ich könnte darüber historisch ziemlich viel sagen – findet sich bei Darwin selbst auch in dieser Form und ist in dieser Form, meiner Meinung nach, viel klarer und viel besser formuliert, als wenn man über »Selektion« spricht oder über die »natürliche Zuchtwahl« oder über »natürliche Auslese«, oder über den »Kampf ums Dasein« und alle diese Dinge.

Kampf ums Dasein, natürliche Zuchtwahl, das sind lauter Metaphern, das sind keine Theorien; denn alles das existiert ja gar nicht. Was existiert, sind Individuen, die Nachkommen hinterlassen, und hier ist es eben Darwins Theorie, daß die besser angepaßten Individuen eine größere Chance haben, Nachkommen zu hinterlassen. In dieser Formulierung sieht man aber auch sehr klar die Grenzen des Darwinismus. Der Darwinismus nämlich muß voraussetzen, daß es angepaßte, »einigermaßen« angepaßte Individuen gibt. Und das ist gleichzeitig das Problem der Entstehung des Lebens, über das wir ja wirklich leider noch sehr wenig wissen.

Anpassung und Darwinismus: Ein Gedankenexperiment

Ein Gedankenexperiment: Ich nehme an, daß wir in einem Reagenzglas, in einer *test-tube* (und mit einer *test-tube* meine ich eine *test-tube* und nicht eine große Maschinerie) Leben erzeugen können. Ich halte das gar nicht für so außerordentlich unmöglich, da wir ja so ungefähr wissen, wie die Dinge zusammenhängen. Und wenn wir es nicht wissen, werden wir es vielleicht einmal in hundert oder tausend Jahren wissen.

Also in einer test-tube haben wir Leben erzeugt, und zwar Leben in der Form eines Gens oder mehrerer Gene; ich nehme an, wir haben ein ziemlich einfaches Gen, das sich da verdoppelt. Es ist ein Gedankenexperiment der künstlichen Entstehung des Lebens aus nicht-lebendigen Ingredienzien. Ich weiß, daß das sehr unwahrscheinlich ist und sehr schwierig, und Monod hat diese Unwahrscheinlichkeit beiläufig ausgerechnet. Aber nehmen wir an, wir können es doch machen. Dann ist es unglaublich unwahrscheinlich, daß dieses von uns erzeugte Leben weiterleben wird. Und zwar deshalb, *weil kein Grund vorliegt, anzunehmen, daß dieses Leben, das wir erzeugt haben, an eine test-tube angepaßt ist.*

Eine test-tube ist eine sehr arme Umgebung für das Leben, und um das Leben am Leben zu erhalten, werden wir anfangen müssen, eine Maschinerie zu entwickeln. Wir werden also *die Umgebung an das Leben anpassen* müssen. (Anpassung ist ja etwas, das auf Gegenseitigkeit beruht.) Um die Umgebung an das Leben anzupassen, müssen wir zumindest einen Supermarkt einführen, um das Leben zu füttern. Auch brauchen wir ein Kanalisationssystem, damit man die Abwässer des Lebens wegschafft. Und dann müssen wir noch Schulen einführen, um die Kinder aus dem Weg zu schaffen: der eigentliche Zweck von Schulen. – Und die Geburtenregelung müssen wir organisieren, sonst erstickt dieses von uns im Reagenzglas gemachte Leben unter seiner Nachkommenschaft.

Nun, der Zweck meines Gedankenexperiments ist ein doppelter. Zunächst will ich darauf aufmerksam machen, daß die bloße Entstehung des Lebens noch überhaupt kein Problem löst. Warum ist dieses entstandene Leben seiner Umgebung angepaßt? Ich vermute, daß das Leben millionenfach entstehen mußte, bevor es eine Umgebung gefunden hat, an die es angepaßt war. Daß es entstanden ist aus irgendeiner chemischen Situation, die wir nicht kennen, bedeutet überhaupt nicht, daß es in einer Umgebung entstanden ist, in der es fortleben konnte.

Die Unwahrscheinlichkeit dieses Zusammentreffens von Leben und einer möglichen, also einer angepaßten Umgebung ist wohl ebenso groß wie die Unwahrscheinlichkeit der Entstehung des Lebens selbst. Meines Wissens ist dieser Punkt bisher noch nicht besprochen worden. Ich bringe ihn hier vor, im Zusammenhang mit dem Problem der Erkenntnis.

Denn die Anpassung des Lebens an seine Umgebung ist eine Art von Erkenntnis. Ohne diese Minimalerkenntnis kann das Leben nicht weiterbestehen. Diese Erkenntnis ist eine Erkenntnis von sehr *allgemeinen* Lebensbedingungen. Entweder müssen die Bedingungen, von denen ich gesprochen habe, also die Umwelt, an das Leben angepaßt sein, oder das Leben an die Umwelt. Das beruht natürlich auf Gegenseitigkeit.

Wenn diese Umgebung nicht einigermaßen stabil ist, das heißt, die Anpassungsbedingungen nicht über Zeiträume hinweg konstant sind, können wir auch ziemlich sicher sein, daß das Leben in einer solchen Katastrophe der Umwelt zugrunde geht. Mit einer Katastrophe der Umwelt meine ich, daß die Umwelt sich in den Aspekten ändert, die an das Leben angepaßt sind. Wenn sich die Umgebung in ihren Anpassungen ändert, so geht das Leben zugrunde: Eine Katastrophe hat stattgefunden, und das ganze muß noch einmal von vorne anfangen. Wenn also die Bedingungen der Umwelt nicht einigermaßen stabil sind, dann können wir annehmen, sie waren nicht gut genug, um das Leben am Leben zu erhalten: Die Geschichte muß noch einmal beginnen.

Es muß also eine gewisse Stabilität der Umwelt vorhanden sein, damit es eine Anpassung geben kann – oder damit ein *Wissen* da ist: Das Leben muß von Anfang an, also a priori, ungefähr so viel über die Umwelt wissen, wie wir in unserem Gedankenexperiment über das von uns erzeugte Leben und seine Bedürfnisse wissen mußten, damit das Leben fortbestehen kann: Anpassung ist eine Form des apriorischen Wissens.

Ich habe das alles hier jetzt nicht so sehr wegen des Gedankenexperiments selbst gesagt, sondern wegen der Rolle, die das apriorische Wissen in meiner, von anderen so benannten, »Evolutionären Erkenntnistheorie« spielt. Ich habe schon früher bemerkt, daß nicht ich diesen Namen auf meine Erkenntnistheorie angewendet habe, sondern daß andere Leute meine Erkenntnistheorie als eine evolutionäre gekennzeichnet haben. Aber jedenfalls ist sie ganz anders als die anderen evolutionären Erkenntnistheorien.

Ich gehe also davon aus, daß das Leben von seinem Anfang

an eine Antizipation eingebaut haben muß, die Antizipation fortdauernder Umweltbedingungen des Lebens. Es muß nicht nur an diese Umweltbedingungen *momentan* angepaßt sein, sondern es muß diesen Umweltbedingungen *über Zeiträume hinweg* angepaßt sein. Und das bedeutet vermutlich, daß die Umweltbedingungen ziemlich stabil sein müssen. Es könnte ja auch sein, daß das Leben schon von Anfang an alle möglichen Änderungen der Umwelt mit antizipiert hat, aber das ist wohl doch etwas zu unwahrscheinlich.

Wir kommen also zu dem Schluß: Das Leben muß von Anfang an die Zukunft der Umwelt in irgendeinem Sinn antizipieren, das heißt, alle diese zukünftigen Umstände der Umwelt. Das sind vielleicht nur Stunden, oder es sind vielleicht Jahrmillionen. Es muß an die zukünftigen Bedingungen der Umwelt angepaßt sein; *und in diesem Sinn ist das allgemeine Wissen früher da als das momentane Wissen*, das besondere Wissen. Von Anfang an muß das Leben ausgestattet gewesen sein mit allgemeinem Wissen, dem Wissen, das wir gewöhnlich Wissen von Naturgesetzen nennen. Selbstverständlich nicht Wissen in dem Sinne von bewußtem Wissen. Bewußtsein ist eine ganz andere Sache. So komme ich also dazu, den Urwesen ein Wissen zuzuschreiben, was offenbar eine *anthropomorphistische Idee* ist.

Um diesen Anthropomorphismus geht es jetzt.

Homologie, Wissen und Anpassung

Ich glaube, daß es unsinnig ist, allen Anthropomorphismus aus der Biologie zum Verschwinden zu bringen, und daß wir darin wie in anderen Dingen evolutionär, und das bedeutet *homologiedenkend*, vorgehen müssen.

Wenn ich meine Nase und die Nase eines Hundes für homolog halte, so ist das der erste Schritt zur Evolutionstheorie. Es ist keineswegs selbstverständlich, daß der Hund eine Nase hat, es ist eine Theorie von uns, und eine Theorie, die bestimmt schon ein Urmensch aufgestellt hat. Er hat seine Nase und die Nase des Hundes für homolog gehalten; und er hat auch bemerkt, daß, während der Hund einen Schweif hat und manche Affen Schweife haben, er selbst keinen Schweif hat. Dieses Denken in Homologien ist eine *Voraussetzung* des evolutionären Denkens. Und wenn man überhaupt evolutionär denkt, muß man diese Homologien – von unseren Armen und Flügeln der Vögel, unseren Beinen und den Beinen der Vögel, unserer Nase und der Nase des Hundes – akzeptieren. Es sind Hypothesen der Evolutionstheorie: Unsere Nase und die Nase des Hundes sind evolutionär homolog.

Dieses Homologiedenken muß man auch auf unser Wissen ausdehnen, auf den Wissenserwerb und das Wissen überhaupt. Irgendwie ist es so, daß Hunde und Affen etwas haben, das unserem menschlichen Wissen entspricht. Das ist übrigens einer der Gründe, warum der dogmatische Behaviorismus, kurz gesagt, verblödet ist. Er sieht nicht, daß sogar dann, wenn er nur von Verhalten spricht, er schon eine Homologie einführt zwischen unserem und dem tierischen Verhalten und daß es ohne diese Homologie nicht geht und daß man deshalb ohne weiteres berechtigt ist, solche Hypothesen über Homologie auch etwas weiter zu spinnen.

Nun, meine Grundthese in der Erkenntnistheorie ist, daß Wissen von einem hohen Allgemeinheitsgrad ist, also *antizipierend*, die Umwelt für lange Zeit antizipierend: zum Beispiel das Wissen über den Wechsel von Tag und Nacht, das wir, *homolog*, bei Blumen finden. (Blumen schließen sich u. s. w.) Also die Blumen »wissen« etwas über allgemeine Regelmäßigkeiten. Das bedeutet nicht, daß sie einen Verstand haben, das bedeutet nur, daß sie entsprechend angepaßt sind. Daß das über Expansionen und Kontraktionen von Geweben geht, ist selbstverständlich. Aber jedenfalls sind die Gewebe so gebaut, daß sie dem angepaßt sind: Sie setzen die Regelmäßigkeit voraus.

Meine Behauptung in der Erkenntnistheorie geht über alle anderen Erkenntnistheoretiker hinaus, ob nun evolutionär oder kantisch oder nicht-evolutionär: Die allgemeinen Anpassungen gehen den momentanen Anpassungen voraus. Sie sind zuerst da. Sie sind a priori.

Erwartung

Bevor ich ein Beispiel bringe, möchte ich noch einen Ausdruck einführen, nämlich: Man kann diese Formen des Wissens, oder diese Anpassungen, insbesondere bei Tieren, als *Erwartungen* kennzeichnen.

Der Hund erwartet seinen Herrn um halb sechs Uhr. Er wird unruhig, man sieht, er bereitet sich darauf vor, daß der Herr um halb sechs nach Hause kommt. Das sind Formen des Wissens, und diese Formen des Wissens sind durchweg *Erwartungen*. Ähnlich *erwartet* die Blume, daß es am Abend kälter wird: Sie bereitet sich darauf vor.

Ich sage auch folgendes: Bevor wir, die wir nicht blind sind, Wahrnehmungen mit unseren Augen haben, haben wir Augen. Und daß die Augen Erwartungen sind, also eine Form, in der wir Wissen – also Anpassung – in die Augen eingebaut haben, sieht man sehr gut am mexikanischen Axolotl. Denn beim mexikanischen Axolotl, das in Höhlen aufwächst, sind die Augen völlig zurückgebildet. Das mexikanische Axolotl ist genetisch blind. Jene Erwartung, die zur Evolution unserer Augen geführt hat, ist bei ihm nicht eingetroffen, die Augen spielen keine Rolle mehr.

Die Augen sind also die Erwartung, daß wir in einer Welt leben, in der es zumindestens von Zeit zu Zeit Licht gibt, und daß sie dieses Licht dann verwenden können. Das ist die Erwartung, die uns mit den Augen angeboren ist. Vom evolutionären Standpunkt aus ist das Auge da vor jeder Gesichtswahrnehmung. Und ebenso ist das Auge, wie in anderer Weise die Gesichtswahrnehmung, eine Art von biologischem Wissen, denn es ist eine Antizipation, eine Erwartung.

Soviel ich weiß, gehen so gut wie alle Erkenntnistheoretiker (auch Konrad Lorenz, den ich ungeheuer bewundere) mehr oder weniger davon aus, daß mein Wissen eine Folge meiner Wahrnehmung ist. Nach Korrektur sehe ich die Dinge überhaupt ganz anders. Wahrnehmungen sind verhältnismäßig unwichtige Pfade des Wissens, das Wichtigste ist nicht die Kontrolle der momentanen Umgebung, die uns die Wahrnehmung erlaubt. Das Wissen, das fundamentale Wissen, ist so etwas wie ein Fühler, den wir ausstrecken nach allen Richtungen. Fundamental ist also, wenn ich hier bin, daß ich weiß, daß ich in Wien bin und daß ich in Österreich bin und alles mögliche derartige. Das ist eine Art von Wissen, das für mich wichtiger ist als die momentane Wahrnehmung, weil es für deren Interpretation grundlegend ist.

Wir gehen also, sagen wir, von meiner Auffassung der Evolutionären Erkenntnistheorie aus; gehen aus vom ganz allgemeinen Wissen und kommen dann auch zu gewissen ganz speziellen Dingen, wie etwa, daß ich dort oben gewisse Leute sehe, die ich kenne. Ich kann meine Freunde in diesem Saal aus der Menge der mir unbekannten Gesichter herauslesen, was eine Funktion der momentanen Wahrnehmung ist: für mich und in diesem Augenblick. Aber diese Funktion ist auch für mich im Augenblick weniger wichtig als meine allgemeine Orientierung, die mich zu dem leitet, was ich gerade jetzt tue und was ich gerade jetzt spreche. Und in diesem Wissen, in diesem Wahrnehmungswissen, können wir uns auch immer wieder irren und irren wir uns auch immer wieder.

Unser Wahrnehmungswissen ist geleitet nicht nur von dem, was in uns anatomisch und physiologisch eingebaut ist, die

Art, wie unser Gehirn alles filtriert und, sagen wir, integriert. Es ist vor allem auch immer wieder geleitet von unseren Zielen und Absichten.

Dazu eine kleine Geschichte:

Vor vielen, vielen Jahren, es dürften ungefähr 65 Jahre sein, war ich am Dachstein und wollte vom Karls-Eisfeld hinübergehen durch eine Scharte, als Nebel kam, und im dicksten Nebel suchte ich jetzt nach einer Scharte, und schließlich sah ich in Nebel und Eis etwas ähnliches. Und natürlich glaubte ich, die langgesuchte Scharte endlich gefunden zu haben. Aber als ich näher kam, war ein Felsblock auf dem Eisfeld, und der Felsblock hatte dazu geführt, daß das Eis eingesunken war und eine Mulde bildete. Diese hatte ich fälschlicherweise als die gesuchte Scharte interpretiert.

Ich erzähle das, weil es zeigt, daß unsere Wahrnehmungen zum Teil von unseren momentanen Erwartungen und Interessen dominiert sind. Wir sind also dauernd aktiv, wie man hier sieht. Ich nehme ja gar nicht wahr, wie man von Gestaltwahrnehmung und ähnlichem spricht. Ich nehme nicht wahr in dem Sinn, daß meine Wahrnehmung so etwas wie eine Fotografie ist. Ich bin aktiv und suche, und indem ich suche, interpretiere ich gewisse Dinge in gewisser Weise und manchmal durchaus nach den Zielen oder Wünschen, die ich eben verfolge. Diese Wünsche sind aber gewöhnlich von längerer Dauer. Ich war schon weit über eine Stunde auf der Suche nach dieser Scharte, die ich am Schluß doch gefunden habe – und die dann ganz anders ausgesehen hat, als ich erwartet hatte. Also spielen im Leben und im Wahrnehmen unsere Ziele, unsere Wünsche, unsere Präferenzen eine ungeheure Rolle. Sie bestimmen unsere Interpretationen, und unsere Interpretationen versuchen wir dann zu prüfen, zu verifizieren oder zu falsifizieren.

Ich möchte noch folgendes sagen. Es ist hier vom Realitätsproblem gesprochen worden. Ich sehe dieses Realitätsproblem auch völlig anders an. Für uns alle ist die Realität problematisch. Und wir alle senden ununterbrochen Signale aus, um uns zu versichern, daß wir nicht träumen und daß wir in einer realen Welt leben. Wir sind wie die Fledermäuse: Obwohl wir nicht genau die Technik der Fledermäuse haben, so haben wir doch eine ähnliche Technik. Zum Beispiel, ich verändere meinen Platz dauernd, es ist Teil der Technik, um meine Signale in verschiedener Weise auszusenden und mich also von den zurückspringenden momentanen Signalen, die ich dann integriere – die ich *aktiv* integriere –, belehren zu lassen, daß ich nicht träume und daß die Realität wirklich diesen merkwürdigen Eindruck hat, der recht verschieden ist von dem, was ich, in den letzten Jahren wenigstens, gewohnt war.

Ich behaupte also, Lebewesen sind *aktiv*, indem sie dauernd tasten, nach allen Richtungen tasten, wie die Käfer. Wir fühlen uns an die Dinge heran, mit allen Mitteln, die wir zur Verfügung haben. Solange wir nicht blind sind, sind die Augen von größter Bedeutung; wenn wir blind sind und nicht auch schwerhörig, kommen dann die Ohren, aber in allen Fällen versuchen wir, uns mit den Fingern zurechtzutasten.

Ich habe da eine Art Gleichnis. Ich habe zu meinem Entsetzen bemerkt (denn es handelt sich um ein Gleichnis, das ich von Zeit zu Zeit verwende), daß meine Zuhörer es für eine Art Witz ansehen, aber es ist absolut ernst gemeint: Unsere Situation ist immer die eines schwarzen Mannes, der in einem schwarzen Keller nach einem schwarzen Hut sucht, der vielleicht gar nicht dort ist. Das ist unsere Situation: ganz ernst. Wir sind dauernd Nicht-Wisser und versuchen uns dauernd mit unseren Händen zurechtzufinden oder mit unseren Füßen oder mit unseren Ohren oder mit unseren Augen, mit was immer wir an Sinnesorganen haben, die wir aktiv verwenden, um uns dauernd der Realität um uns herum zu vergewissern.

Meine Theorie des Wissens oder der Erkenntnis ist darin also ganz revolutionär und dreht alles um, was meine Vorgänger bisher gesagt haben. *Wir sind aktiv, wir probieren dauernd aus, wir arbeiten dauernd mit der Methode von Versuch und Irrtum.*

Und das ist die einzige Methode, die wir haben. Die einzige Methode auch, von der wir annehmen können, daß die Urtiere oder Urpflanzen sie gehabt haben. Sie bewegen sich hin und her, wie Konrad Lorenz sehr schön geschildert hat, in einer oder in mehreren Arbeiten: Sie machen Probierbewegungen, die Urtiere, und versuchen, irgend etwas irgendwie zu optimieren. Wahrscheinlich handelt es sich bei diesen Probierbewegungen um gefühlsmäßiges Abwägen. Aber vielleicht auch um gar nichts Psychisches, sondern nur darum, was für den Mechanismus, den sie auch darstellen, das Beste ist. Sie suchen, und sie finden; sie sind auf der Suche nach einer besseren Umgebung, nach einer besseren Welt, schon die Urtiere. Und sie sind aktiv in dieser Suche nach einer besseren Welt. In dieser Suche müssen sie schon irgendwie angepaßt sein, wie ich gesagt habe: Sie müssen da schon ein gewisses allgemeines Wissen haben. Und dann kommen dazu noch Mutationen und neue Anpassungen. Und das ist die Empirie: Versuch und Irrtum.

Die Empirie ist das, was »nein« sagt. Jene Versuche, die nicht erfolgreich sind – also die Irrtümer –, werden ausgeschaltet. Und diese Ausschaltung führt dann auf irgendeine Weise zu neuen Versuchen. Dabei spielen die Mutationen und andere Mittel, die die DNS verändern (um die Vererbung zu verändern), eine Hauptrolle.

Ganz ähnliche Resultate wie die, die genetisch bedingt sind, können auch traditionell bedingt sein. Lorenz hat behauptet, daß etwas, das bei der Graugans genetisch ist, nämlich das Erkennen des Feindes, bei den Dohlen traditionell ist. Er hat das ganz besonders schön gegenübergestellt.

Um zusammenzufassen: Biologisch gesehen besteht also das tierische und das menschliche Wissen in oft unbewußten Erwartungen (oder auch in potentiellen Erwartungen).

Widerlegung der Induktion

Das Leben kann also mit sehr verschiedenen Mitteln Maßnahmen treffen, die funktionell ähnlich sind, aber genetisch nicht homolog. Nun, von diesem Gesichtspunkt aus behaupte ich zum Beispiel, daß es keine Induktion gibt. Ich fürchte, daß mir da kaum jemand zustimmt. Dennoch scheint mir meine Behauptung sehr trivial zu sein! Die Idee der Induktion ist die Antwort auf die Frage »Wie wissen wir?« – »Wie gelangen wir zu unserem Wissen?«

Die traditionelle Antwort ist: »Na ja, ich mache die Augen auf und schaue mich um, dann weiß ich.«

Diese Idee über die Rechtfertigung unseres Wissens findet man bei fast allen Erkenntnistheoretikern, zum Beispiel bei Rudolf Carnap, der schreibt:

»How do you know?« – (Etwa: »Wie gelangst du zu deinem Wissen?«)

»Which are the perceptions which led you to your opinion?« – (Etwa: »Welche Wahrnehmungen liegen deinen Ansichten zugrunde?«)

Die zweite Frage ist für Carnap eine Umschreibung der ersten.

Es wird als selbstverständlich angenommen, daß ich Wahrnehmungen habe und daß diese Wahrnehmungen der Ursprung meines Wissens sind.

Ich aber behaupte, daß unser Wissen zu 99 Prozent, oder sagen wir zu 99,9 Prozent, biologisch angeboren ist; und der Rest ist eine Modifikation, ein revolutionärer Umsturz von irgendwelchem vorhergehenden Wissen, wie das auch seinerseits wieder ein revolutionärer Umsturz von irgend etwas Vorhergehendem war. Aber zum Schluß geht alles Wissen wieder auf angeborenes Wissen zurück und auf dessen Modifikation.

Angeborenes Wissen, aber *nicht sicheres* Wissen. Sicheres

Wissen gibt es nicht. Ich kann nicht wissen, ohne dauernd meine Versuche zu machen, ob ich nicht träume. Wir müssen uns der Realität dauernd versichern, durch alle möglichen Stichproben. Alles, was existiert, ist Vermutungswissen.

Es tut mir leid, daß der von mir sehr geliebte und bewunderte Kant hier mit allen anderen, oder mit fast allen anderen Philosophen unrecht gehabt hat. Wir sind Tiere. Wir Menschen sind Tiere, und Tiere können kein sicheres Wissen haben. Das haben schon die Griechen gewußt. Sie haben gesagt: »Die Götter haben sicheres Wissen – epistéme, die Menschen haben nur Meinungen – doxa.« Erst Aristoteles hat diese gesunde und richtige Ansicht verdorben. Er sagt, daß auch wir epistéme, also sicheres Wissen, haben: beweisbares Wissen. Und um beweisbares Wissen zu bekommen, hat er die Induktion erfunden. Da er sich aber dabei sehr unwohl gefühlt hat, hat er sie dem Sokrates in die Schuhe geschoben, oder in die Sandalen!

Das kann in diesem Rahmen aber nicht weiter besprochen werden.

Kant hatte recht, daß die Induktion etwas braucht, das ihr vorhergeht, etwas Allgemeines. – Nur daß dieses Allgemeine, obwohl es a priori war, da es allem Empirischen vorausgeht (da hatte er recht), *nicht sicher* war. Sicheres Wissen gibt es nicht. Das Wort »Wissen« ist, zumindest im Englischen und im Deutschen, der Ausdruck eines Wunschtraums. Die genaue Semantik des Wortes »Wissen« ist, daß Wissen *sicheres* Wissen ist. Ich kann nicht sagen: »Ich *weiß*, daß ich in Wien bin, obwohl ich es vermute.« Das kann man nicht sagen, das wäre ja ein Heruntergehen vom Wissen zum Vermuten. Wenn ich sage: »Ich weiß, daß ich in Wien bin«, so muß ich *sicher* sein, daß ich in Wien bin. Aber ich bin eben niemals so ganz sicher, daß ich in Wien bin, ich könnte ja vielleicht sehr lebhaft träumen. Da ist also etwas, eine Möglichkeit, die jetzt und hier in meinem Leben eine Rolle spielt, nämlich: Vielleicht träume ich doch – es würde ein sehr lebhafter Traum sein, aber da ich furchtbar müde bin, wäre es gar nicht so verwunderlich.

Im Englischen und im Deutschen bedeutet »Wissen« (also »knowledge«) *sicheres* Wissen. Das gibt es aber nicht. Was wir haben, bestenfalls haben, ist Vermutungswissen: Das ist alles, was wir haben können. Unser bestes Wissen ist das Wissen der Wissenschaft, bei weitem unser bestes Wissen; und dennoch ist auch das wissenschaftliche Wissen nur Vermutungswissen.

Ziele, Probleme, Werte

Ich bin etwas kritisch gegenüber einer Bemerkung, die mein Freund Riedl in seiner Einleitung gemacht hat. Er hat irgendwie in das Horn derer geblasen, die mit unserer Vernunft unzufrieden sind, wenigstens ein bißchen. Und er hat für den Kulturrelativismus gesprochen. Ich werde etwas ganz anderes sagen.

Unser aller Aufgabe als denkende Menschen ist die Wahrheitsfindung. Die Wahrheit ist absolut und objektiv, nur haben wir sie nicht in der Tasche. Es ist etwas, das wir dauernd suchen und oft nur schwer finden; und unsere Annäherung an die Wahrheit versuchen wir dauernd zu verbessern. Wäre die Wahrheit nicht absolut und objektiv, so könnten wir uns nicht irren. Oder unsere Irrtümer wären so gut wie unsere Wahrheit.

Unsere Wahrheitssuche geht immer folgendermaßen vor sich: *Wir erfinden* – a priori – unsere Theorien, unsere Verallgemeinerungen. Zu denen gehören auch unsere Gestaltwahrnehmungen. Eine Gestaltwahrnehmung ist eine Hypothese: Es ist unsere Interpretation dessen, was wir sehen; und als Interpretation ist die Gestaltwahrnehmung eine Hypothese. Wir haben es überhaupt nur mit Vermutungen oder Hypothesen (das ist dasselbe) zu tun. Wir haben dauernd Vermutungen, die von uns geschaffen werden. Diese Vermutungen versuchen wir dauernd mit der Wirklichkeit irgendwie zu konfrontieren und sodann unsere Vermutungen zu verbessern und sie der Wirklichkeit näher zu bringen.

Ich würde gern erreichen, daß die Wissenschaftler, und die Intellektuellen überhaupt, sich klarwerden, wie wenig wir wissen. Zum Beispiel über den Ursprung des Lebens: Da wissen wir so gut wie nichts. Das sind diese ungelösten Probleme, die ich erwähnt habe. Selbst wenn das Leben entsteht: Warum sollte es dann gerade so entstehen, daß es zufällig mit der Umgebung, in der es entstanden ist, irgendwie übereinstimmt? Ein überaus schwieriges Problem.

Wir wissen nichts – das ist das Erste.

Deshalb sollen wir sehr bescheiden sein – das ist das Zweite.

Daß wir nicht behaupten zu wissen, wenn wir nicht wissen – das ist das Dritte.

Das ist so ungefähr die Einstellung, die ich gerne popularisieren möchte. Es besteht wenig Aussicht dafür.

6. Kepler: Seine Metaphysik des Sonnensystems und seine empirische Kritik

Gestern – 8 Tage vor Keplers 356. Todestag – war ein anderer bedeutsamer Jahrestag der Geschichte Keplers. Der 7. November 1631 ist der Tag, an dem Pierre Gassendi den von Kepler zwei Jahre vorher vorausgesagten Durchgang des Planeten Merkur vor der Sonnenscheibe beobachtete und bestätigte. Kepler konnte diese erste empirische Bewährung seiner neuen Planetentheorie nicht mehr erleben. Er war im Jahr vorher gestorben, kurz vor seinem 59. Geburtstag.

Zuerst muß ich wohl ganz klar feststellen, daß ich kein Kepler-Spezialist bin. Ich bin nichts als ein begeisterter Verehrer und Anhänger Keplers. Was mich begeistert, ist seine leuchtende Wahrheitsliebe und seine unerbittliche Wahrheitssuche, wie sie uns vor allem in der *Astronomia Nova* entgegentritt; aber auch seine schöpferische Metaphysik, die sein ganzes Werk belebt und die in seiner *Harmonielehre der Welt*, dem großartigen Buch *Harmonice Mundi*, zur Reife kommt.

Ich will vorerst nur zwei kurze Bemerkungen machen. Die erste über Keplers Metaphysik, und in welchem Sinn ich mich ihr anschließe – natürlich nur hypothetisch, nur versuchs-

---

Revidierte Form eines Vortrages, gehalten am 8. November 1986 in Linz. Zum erstenmal veröffentlicht in: *Wege der Vernunft*. Festschrift zum siebzigsten Geburtstag von Hans Albert. Hrsg. von Alfred Bohnen und Alan Musgrave. Tübingen (J. C. B. Mohr/Paul Siebeck) 1991.

weise; und die zweite über meine Zustimmung zu Keplers Methode, in der seine Metaphysik eine so große Rolle spielt.

Also zunächst über Keplers Metaphysik. Wie alle echten Wissenschaftler und Wahrheitssucher sucht Kepler die Wirklichkeit hinter den Erscheinungen: Die hypothetische Wirklichkeit soll die Erscheinungen erklären. Wie alle Wahrheitssucher macht er dabei viele Fehler. Aber er lernt aus seinen Fehlern wie nur wenige andere.

Die Realität, die Kepler hinter den Erscheinungen zu finden sucht, ist inspiriert von den Pythagoräern und von seiner eigenen Musikalität. Er glaubt, daß die Welt von Wohlklang erfüllt ist, daß sie von Harmonie und Resonanz geleitet und zusammengehalten wird, aber auch von Dissonanzen und deren Auflösung. Sie ist eine göttliche Symphonie; eine Architektonik von göttlicher, von himmlischer Schönheit. Diese Idee macht ihn zum unerbittlichen Wahrheitssucher: Die Wahrheit *muß* schön sein, sie muß eine Wirklichkeit von himmlischer Schönheit enthüllen. Diese Wirklichkeit wollte Kepler entdecken; nicht nur ungefähr, sondern genau: so, wie sie wirklich ist.

Das erklärt, warum er eine so kleine Abweichung von der Kreisbahn-Hypothese so ernst nahm: Eine Abweichung von nur 8 Bogenminuten, die er aus den Beobachtungen von Tycho Brahe errechnete. An dieser kleinen Abweichung von 8 Bogenminuten, die Kepler entdeckte, hängt alles weitere: Newtons Dynamik und mit ihr die ganze moderne Physik. Für Kepler war es eine Dissonanz, die seine Wahrheitsliebe und seine Metaphysik für ihn unerträglich machten: Sie mußte aufgelöst werden. Das verlangte seine Metaphysik. Und die Auflösung der Dissonanz gipfelte in der *Harmonice Mundi*, seiner reifsten Metaphysik. Aber nicht nur die klassische Physik Newtons entstand in letzter Linie aus der Spannung zwischen jenen 8 Bogenminuten – weniger als ¹⁄₇ eines Grades – und Keplers pythagoräischer Metaphysik, sondern auch die

Wellenmechanik. Ähnlich wie die Atomtheorie, die in ihrer griechischen Form als Metaphysik begann, im 5. Jahrhundert vor Christus (Leukipp und Demokrit), und erst im 19. und 20. Jahrhundert Wissenschaftscharakter annahm, so ähnlich hat Keplers *Harmonielehre der Welt* erst mit Louis de Broglie und Erwin Schrödinger Wissenschaftscharakter angenommen. Schrödingers Wellenmechanik ist ein Versuch, den Übergang von der geometrischen Strahlenoptik zur Wellenoptik auf die Theorie der Materie, auf die Theorie der Elementarteilchen zu übertragen. Und die Wellenoptik ihrerseits orientiert sich an der Musiktheorie, an der Theorie der akustischen Vibrationen und Wellen, der Resonanz und der Dissonanz. Aber in dieser Theorie spielen Kepler und seine Harmonielehre – also in letzter Linie Pythagoras – eine entscheidende Rolle.*

Kepler spielt also eine Rolle in der Vorgeschichte der Schrödingerschen Wellenmechanik. Aber das ist nicht alles. Unter allen Vorgängern von Schrödinger ist er der einzige, der voraussah, daß die Harmonie – die Resonanz – die Welt zusammenhält. Denn daß die Resonanz die Atome, die Moleküle, ja die Riesenmoleküle der DNS zusammenhält, das kann wohl als das wichtigste der Resultate von Schrödingers Wellenmechanik angesehen werden.

Wie schon Einstein und de Broglie und seine Schüler vermuteten, dürfte es in der Tat etwas geben, das man als leere, materienfreie de Broglie-Wellen bezeichnen kann. Das scheinen die Resultate des großen Wiener Experimentalphysikers Helmut Rauch zu bestätigen, zumindest für Neutronenwellen, die ja für dieses Problem die wichtigsten sind. Es bestätigt sich hier, was wir ja seit Newtons Kräften und Faradays und

* Für Keplers Musiktheorie siehe das wichtige Buch von H. F. Cohen, *Quantifying Music*, Dordrecht, Lancaster 1984.

Maxwells Feldern wissen: daß es physikalisch wirksame aber nichtmaterielle, also materienlose physikalische Strukturen gibt; Strukturen, die in engster Wechselwirkung mit der Materie stehen.

Ich bin ein Gegner von Niels Bohrs berühmter Theorie der Komplementarität von Teilchen und Wellen, nach der Unbekanntes (ein »Ding an sich«) einmal als Teilchen erscheint und ein andermal als Welle, aber so, daß diese beiden Erscheinungsweisen sich gegenseitig ausschließen. (Diese Theorie ist widerlegt, unter anderem durch Bohrs Lieblingsbeispiel, das Zwei-Spalten-Experiment, in dem ja Teilchen erscheinen, deren Verteilung Wellencharakter hat.) Ich bin ein Anhänger von de Broglies Pilotenwellen; also der viel einfacheren Hypothese, daß es *sowohl* Teilchen *wie auch* Wellen gibt und daß die materiellen Teilchen von immateriellen Wellen gesteuert werden, deren Amplituden probabilistische *Tendenzen* bestimmen – *Propensitäten* (»Propensities«, wie ich sie auf Englisch genannt habe).* Das bedeutet, daß, wie bei Kepler, Resonanz – also Harmonie und Dissonanz – die Welt regieren. Und ich habe vor Jahren, und insbesondere damals, als ich mit Sir John Eccles das Buch *The Self and Its Brain* (deutsch: *Das Ich und sein Gehirn***) plante, die metaphysische Hypothese verfolgt, daß das Leib-Seele-Problem vielleicht durch die Annahme gelöst werden kann, daß die Seele das hochkomplizierte und sich dauernd ändernde System von Propensitäten ist, das durch die Wellenfunktion des Gehirns beschrieben wird. Diese metaphysische Hypothese kann man als den Versuch beschreiben, die berühmte Theorie von Simmias in Platons *Phaidon* weiterzu-

---

* Siehe meine Bücher *Logik der Forschung* (1934); *Quantum Theory and the Schism in Physics* (London 1982); und jetzt auch *A World of Propensities* (Bristol 1990).

** Piper, München 1982.

führen, also die pythagoräische Theorie, die die Seele als die Harmonie des Leibes ansieht.

Ich vermute, daß einige von meinen Zuhörern über meine begeisterte Zustimmung zu Keplers metaphysischen Hypothesen erstaunt sein werden, und vielleicht sogar ärgerlich. Denn ich bin ja – seit langem und noch immer – verschrien als ein typischer Positivist des Wiener Kreises und als ein Metaphysikgegner. Ein amerikanischer Psychologe und Gehirnforscher hat über mich noch vor kurzem sogar sehr lobend geschrieben: »Popper ist einer der einflußreichsten Erben von Machs Nachdruck auf Sinnesempfindung und des daraus folgenden Positivismus des Wiener Kreises« (Karl H. Pribram in *Mind and Brain*, Hrsg. Sir John Eccles, 1984). Es ist daher gar nicht unwahrscheinlich, daß einige auf die Idee kommen werden, meinen offenbar opportunistischen Gesinnungswechsel vom Positivismus zur Metaphysikfreundlichkeit als eine Altersverblödung zu diagnostizieren.

Nun, das mit der Altersverblödung mag ja wohl stimmen; aber der Gesinnungswechsel stimmt nicht. Denn schon in meiner ersten wissenschaftstheoretischen Veröffentlichung aus dem Jahre 1933, und seither immer wieder, habe ich gegen den Positivismus (in dessen Organ *Erkenntnis*) betont, daß die Naturwissenschaft, historisch gesehen, als eine Art Niederschlag von metaphysischen Ideen entstanden ist. Ich dachte natürlich schon damals, wie auch heute, vor allem an die Atomtheorie von Leukipp und Demokrit. Jene Veröffentlichung von mir aus dem Jahre 1933, in der ich meine *Logik der Forschung* ankündigte, war nur etwa zwei Seiten lang. Ich konnte deshalb in ihr nur solche Ideen besprechen, die mir als die allerwichtigsten erschienen. Und diese Ideen waren: erstens eine Widerlegung von Schlick und Wittgenstein, und zweitens die These, daß die naturwissenschaftlichen Theorien, historisch gesehen, oft aus der Metaphysik stammen, von der sie sich dadurch unterscheiden, daß sie deren falsifizierbare Niederschläge sind.

Meine ganze Methodologie besteht in der Bemerkung, daß die Naturwissenschaften eine Wirklichkeit zu finden suchen, die *hinter den Erscheinungen verborgen* ist, und daß wir überall dort, wo wir nichts wissen, eben raten müssen, genau wie es Kepler tat; und daß, wenn wir unsere prüfbaren Hypothesen an der Erfahrung streng überprüfen wollen, wie Kepler es tat, diese Hypothesen dann nicht mehr metaphysische Hypothesen sind, sondern zu wissenschaftlichen Hypothesen werden, die uns erlauben, von unseren Irrtümern zu lernen: So tat es Kepler, der seine Irrtümer eliminierte und dadurch lernte. Er entdeckte den wichtigsten von ihnen – die Hypothese der Kreisbahnen aller Gestirne, die ein altes Dogma war – dadurch, daß er diese Hypothese mit Tycho Brahes Beobachtungen konfrontierte.

Kepler selbst sagt wenigstens zehnmal, daß das, was er tue, *Widerlegungen* seien: Er sagt, immer wieder, von seiner eben zurückgewiesenen Hypothese, die er vor ganz kurzem erfunden hat, daß diese Hypothese durch Tychos Messungen *widerlegt* sei und daß er deshalb eine neue Hypothese erfinden und ausprobieren müsse.

So kommt er zur Widerlegung, zur Falsifikation, der Kreishypothese; und so kommt er, nach mehreren weiteren Widerlegungen, die er ausdrücklich als Widerlegungen bezeichnet, schließlich zur Ellipsenhypothese. Den Flächensatz erreicht er noch nicht ganz in der *Astronomia Nova*, auch nicht 10 Jahre später in der *Harmonice Mundi*, sondern erst in dem *Kurzen Lehrbuch der kopernikanischen Astronomie*, der *Epitome*, veröffentlicht im Jahre 1620.

Es wurde oft bemerkt, daß Kepler die zwei ersten Keplerschen Gesetze nicht allzusehr betont. Warum? Er wollte die Himmelsmechanik aufdecken, die Wahrheit, die Wirklichkeit hinter den Erscheinungen; nicht bloß eine bessere Beschreibung wollte er, sondern eine kausale Erklärung, eine Himmelsphysik. Er wollte genau das, was Newton nach weiteren

60 Jahren wirklich erreichte. Und er wußte, daß er es noch nicht erreicht hatte.

Was hielt ihn ab? Er hatte die Integralrechnung intuitiv erreicht, aber nicht die Differentialrechnung. Er verstand, daß die Körper einander anziehen, einander bewegen; und daß die große, von der Sonne ausgehende Kraft die Ursache ist, die die Bewegung der Planeten erklärt. Aber er sah noch nicht den subtilen Unterschied zwischen einer Ursache der Bewegung von Körpern und einer Ursache der Änderung ihres Bewegungszustandes. Das ist der Unterschied zwischen dem Keplerschen und dem Newtonschen Angriff auf das Problem, die *Ursache* hinter den Erscheinungen, hinter Keplers Gesetzen, zu entdecken. Das ließ Kepler hoffen, die Ursache in der Harmonie zu finden.

Erhard Oeser hat mich darauf aufmerksam gemacht, daß die Idee eines Zusammenhanges der Quantenmechanik mit Keplers Harmonielehre schon bei Arnold Sommerfeld zu finden ist. Das ist mir neu; aber diese Mitteilung, für die ich Oeser zu Dank verpflichtet bin, kam zu spät, um in meinen Ausführungen noch verarbeitet zu werden.

Um meine These kurz zusammenzufassen: Kepler war nicht, wie so oft behauptet wird, ein Mann, der eine halb wilde und primitive mittelalterliche Metaphysik mit der »modernen wissenschaftlichen Induktion« verband. Newton irrte sich, wenn er glaubte, daß Kepler seine drei Gesetze aus Tychos Beobachtungen induktiv gewonnen hatte. Kepler war, wie jeder Wissenschaftler, von Intuition geleitet; von Versuch (Hypothese) und Irrtum (empirische Widerlegung). Und er war, wie jeder Wissenschaftler, der etwas Neues sucht und findet, ein Metaphysiker, dem es gelang, aus seinen Fehlern zu lernen. Und das alles war ihm sonnenklar, während viele Wissenschaftler es auch heute noch immer nicht begreifen.

Ohne Intuition geht es nicht – obwohl die meisten unserer Intuitionen sich schließlich als falsch erweisen. Wir brauchen

Intuitionen, Ideen und womöglich konkurrierende Ideen; und weiter, Ideen, wie man jene Ideen kritisieren, verbessern und kritisch überprüfen kann. Und bis sie widerlegt sind (und wohl noch länger), müssen wir auch fragwürdige Ideen tolerieren. Denn auch die besten Ideen sind fragwürdig.

II. Gedanken über Geschichte und Politik

7. Zum Thema Freiheit

I

Wir wissen nur wenig über die Geschichte der Besiedelung der österreichischen, der schweizerischen und der französischen Hochalpen, die ja in prähistorischen Zeiten stattfand. Aber wir dürfen wohl darüber nachdenken, wie es dazu gekommen sein mag, daß Menschen, die Ackerbau und Viehzucht trieben, in die wilden und unwegsamen Täler der Hochalpen zogen, wo sie zunächst bestenfalls ein hartes, karges und gefährdetes Dasein fristen konnten. Es ist wohl am wahrscheinlichsten, daß diese Menschen in das Gebirge zogen, weil sie das ungewisse Dasein in der Wildnis der Unterjochung durch mächtigere Nachbarn vorzogen. Trotz der Unsicherheit, trotz der Gefahr wählten sie die Freiheit. Ich spiele oft und gerne mit dem Gedanken, daß insbesondere die schweizerische und die Tiroler Tradition der Freiheit bis auf jene Tage der prähistorischen Besiedelung der Schweiz zurückgeht.

Es ist jedenfalls interessant und auffallend, daß England und die Schweiz, die beiden ältesten Demokratien des gegenwärtigen Europa, heute einander so ähnlich sind in ihrer Freiheitsliebe und in ihrer Bereitschaft, ihre Freiheit zu verteidigen. Denn in vielen anderen Zügen und insbesondere in ihrem politischen Ursprung sind ja diese beiden Demokratien grundverschieden. Die englische Demokratie verdankt ihre Entste-

---

Referat, gehalten in Alpbach am 25. August 1958. Zuerst veröffentlicht in: *Die Philosophie und die Wissenschaften.* Simon Moser zum 65. Geburtstag. Meisenheim am Glan (Anton Hain) 1967.

hung dem Stolz und dem Unabhängigkeitssinn des Hochadels und, in ihrer späteren Entwicklung, der protestantischen Denkungsart, dem persönlichen Gewissen und der religiösen Toleranz – Folgen der großen religiösen und politischen Konflikte, die durch die Puritanische Revolution heraufbeschworen wurden. Die Schweizer Demokratie entstand nicht aus dem Stolz, dem Unabhängigkeitssinn und dem Individualismus eines Hochadels, sondern aus dem Stolz, dem Unabhängigkeitssinn und dem Individualismus von Hochgebirgsbauern.

Diese völlig verschiedenen geschichtlichen Anfänge und Traditionen haben zu ganz verschiedenen traditionellen Institutionen und zu ganz verschiedenen traditionellen Wertsystemen geführt. Was ein Schweizer – oder ein Tiroler – vom Leben erwartet oder erhofft, ist, glaube ich, im allgemeinen recht verschieden von dem, was ein Engländer vom Leben erwartet oder erhofft. Die Verschiedenheit dieser Wertsysteme ist wohl zum Teil in der Verschiedenheit der Erziehungssysteme begründet; aber es ist doch sehr interessant, daß die Verschiedenheit der Erziehungssysteme ihrerseits tief in jenen geschichtlichen und sozialen Gegensätzen begründet ist, auf die ich hingewiesen habe. Erziehung war in England bis tief in das gegenwärtige Jahrhundert hinein ein Privilegium des Adels und des Grundbesitzes – der Squirarchie; also nicht der Stadtbewohner und des Bürgertums, sondern der auf dem Lande lebenden Familien von Großgrundbesitzern. Diese Familien waren die Träger der Kultur; aus ihnen kamen auch die Privatgelehrten und Wissenschaftler (oft einflußreiche und originelle Amateure) und die Mitglieder der höheren Berufe – Politiker, Geistliche, Richter, Offiziere. Im Gegensatz dazu waren die wichtigsten Kulturträger des Kontinents Stadtbewohner; sie kamen zum großen Teil aus dem Stadtbürgertum. Erziehung und Kultur war nicht etwas, das man ererbte; es war etwas, das man sich selbst erarbeitete. Erziehung und Kultur waren kein Symbol einer ererbten sozialen Stellung einer Familie, sondern ein Mittel und ein

Symbol des sozialen Aufstiegs, der Selbstbefreiung durch das Wissen. Das erklärt es auch, warum der siegreiche Kampf gegen die Armut in England eine Art Fortsetzung der Religionskämpfe auf einer anderen Ebene war – ein Kampf, in dem der Appell des Adels und des Bürgertums an das religiöse Gewissen eine entscheidende Rolle spielte –, während der Kampf gegen die Armut und das Elend in der Schweiz und auch in Österreich von der Idee der Selbstbefreiung durch das Wissen inspiriert war, von der großen Erziehungsidee Pestalozzis.

Trotz aller dieser tiefliegenden Verschiedenheiten wissen beide, England und die Schweiz, daß es Werte gibt, die um jeden Preis verteidigt werden müssen, und zu diesen Werten gehören vor allem die persönliche Unabhängigkeit, die persönliche Freiheit. Und beide haben gelernt, daß die Freiheit erkämpft werden muß und daß man auch dann für sie einstehen muß, wenn die Wahrscheinlichkeit des Erfolges verschwindend klein zu sein scheint. Als England im Jahre 1940 allein für die Freiheit kämpfte, versprach Churchill den Engländern nicht den Sieg. »Ich kann euch nichts besseres versprechen«, sagte er, »als Blut und Tränen.« Und das waren die Worte, die England den Mut zum Weiterkämpfen gaben.

In der Schweiz war es gleichfalls nur die traditionelle Entschlossenheit zu kämpfen – auch gegen einen zweifellos übermächtigen Gegner, wie es zuerst die Habsburger und später das Dritte Reich war –, die den Schweizern ihre Unabhängigkeit während des Zweiten Weltkrieges bewahrte.

II

Ich fürchte, daß ich verleitet wurde – verleitet durch die herrliche Umgebung unseres lieben Alpbach, durch dieses wunderbare Zusammenspiel von Natur und Menschenhand, von Heimatliebe und menschlichem Fleiß –, meine einleitenden Worte ein wenig sentimental und romantisch zu gestalten, und ich fühle mich daher verpflichtet, diese sentimentalen und romantischen Einleitungsworte sofort durch eine zweite Einleitung zu neutralisieren, in der ich mich gegen die Romantik wende – und insbesondere gegen die Romantik in der Philosophie. Diese zweite Einleitung möchte ich mit einem Selbstbekenntnis beginnen.

Vor allem anderen liegt mir sehr daran, daß das, was ich im folgenden sagen werde, nicht gläubig hingenommen wird. Ich möchte ganz im Gegenteil, daß es mit der größten Skepsis behandelt wird. Ich bin nämlich keineswegs, wie so viele meiner philosophischen Kollegen, ein Führer, der auf neuen Wegen wandelt; ich bin kein Verkünder einer neuen Richtung in der Philosophie. Sondern ich bin ein ganz und gar altmodischer Philosoph, der an eine völlig veraltete und überholte Philosophie glaubt. Es ist die Philosophie eines längst vergangenen Zeitalters, des Zeitalters des Rationalismus und der Aufklärung. Als einer der letzten Nachzügler des Rationalismus und der Aufklärung glaube ich an die Selbstbefreiung des Menschen durch das Wissen – ebenso wie einst Kant, der letzte große Philosoph der Aufklärung, oder wie einst Pestalozzi, der die Armut durch das Wissen bekämpfte. Ich möchte also ganz deutlich sagen, daß ich hier Ansichten vertrete, die schon vor etwa 150 Jahren als überholt und als völlig verfehlt erkannt wurden. Denn die Aufklärung wurde ja schon kurz vor 1800 von der Romantik als Aufklärerei (oder »Aufkläricht«, eine Anspielung auf Kehricht) entlarvt. Aber leider bin ich so rückständig, daß ich noch immer an dieser veralteten und überholten Philosophie festhalte. In meiner Rückständigkeit kann ich nämlich in der Philosophie der Romantik und insbesondere in der Philosophie der drei großen Führer des deutschen Idealismus, Fichte, Schelling und Hegel, nichts anderes sehen als eine intellektuelle und moralische Katastrophe – die größte intellektuelle und moralische Katastrophe, von der die deutsche und die europäische Intelligenz jemals heimgesucht wurden. Diese Katastrophe, diese intellektuelle und moralische Kettenreaktion hatte, wie ich glaube, eine verheerende und verdummende Wirkung, die noch immer wie eine Atomwolke im Anwachsen begriffen ist. Sie brachte das hervor, was vor Jahren Konrad Heiden in seinem Buch über Hitler »das Zeitalter der intellektuellen und moralischen Unredlichkeit« nannte.

Es ist das ein Zeitgeist und eine vom Zeitgeist inspirierte Bewegung, die wohl von niemandem so leicht zum Stillstand gebracht werden wird; am allerwenigsten aber von einem verspäteten Nachzügler der Aufklärung, wie ich es bin; von einem, der die Macht der Mode oder des Zeitgeistes sehr wohl erkennt, aber dennoch nicht bereit ist, ihr Konzessionen zu machen. Im Gegensatz zu den größten romantischen und zeitgenössischen Autoritäten glaube ich nämlich nicht, daß es die Aufgabe eines Philosophen ist, dem Geist seiner Zeit Ausdruck zu geben. Ich glaube (wie übrigens auch Nietzsche), daß ein Philosoph sich selbst immer wieder daraufhin prüfen sollte, ob er nicht am Ende beginnt, dem Zeitgeist Konzessionen zu machen, die seine geistige Unabhängigkeit gefährden. Ich stimme ganz mit Hugo von Hofmannsthal überein, wenn er in seinem *Buch der Freunde* sagt: »Die Philosophie ist die Richterin eines Zeitalters; es steht schlimm, wenn sie statt dessen sein Ausdruck ist.«

III

Meine gegen mich selbst gerichteten Wahrnehmungen und mein Bekenntnis, daß ich ein Rationalist und Aufklärer bin, hätten wenig Sinn, wenn ich nicht auch kurz erklären würde, was ich unter Rationalismus und Aufklärung verstehe.

Wenn ich vom Rationalismus spreche, so habe ich *nicht* eine philosophische Theorie im Auge, wie zum Beispiel die von Descartes, und schon gar nicht den höchst unvernünftigen

Glauben, daß der Mensch ein reines Vernunftwesen sei. Was ich meine, wenn ich von der Vernunft spreche oder vom Rationalismus, ist weiter nichts als die Überzeugung, daß wir durch die Kritik unserer Fehler und Irrtümer *lernen* können und insbesondere durch die Kritik anderer und schließlich auch durch Selbstkritik. Ein Rationalist ist einfach ein Mensch, dem mehr daran liegt zu lernen, als recht zu behalten; der bereit ist, von anderen zu lernen, nicht etwa dadurch, daß er die fremde Meinung einfach annimmt, sondern dadurch, daß er gerne seine Ideen von anderen kritisieren läßt und gerne die Ideen anderer kritisiert. Der Nachdruck liegt hier auf der Idee der Kritik oder genauer der *kritischen Diskussion*. Der echte Rationalist glaubt also nicht, daß er selbst oder sonst jemand im Besitze der Weisheit ist. Auch glaubt er nicht, daß die bloße Kritik als solche uns schon zu neuen Ideen verhilft. Aber er glaubt, daß nur die kritische Diskussion uns dazu helfen kann, im Gebiete der Ideen den Hafer von der Spreu zu sondern. Er weiß wohl, daß die Annahme oder Verwerfung einer Idee niemals eine rein rationale Angelegenheit ist; aber er glaubt, daß nur die kritische Diskussion uns die Reife geben kann, die nötig ist, um eine Idee von mehr und mehr Seiten zu sehen und sie gerecht zu beurteilen.

Diese Wertschätzung der kritischen Diskussion hat auch ihre menschliche Seite. Selbstverständlich weiß der Rationalist sehr wohl, daß sich die menschlichen Beziehungen nicht in der kritischen Diskussion erschöpfen. Er weiß ganz im Gegenteil, daß eine rationale, kritische Diskussion zu den Seltenheiten unseres Lebens gehört. Dennoch glaubt er, daß die Einstellung des Gebens und Empfangens, des »give and take«, wie es im Englischen heißt, also die Einstellung, die der kritischen Diskussion zugrunde liegt, rein menschlich von größter Bedeutung ist. Denn der Rationalist weiß, daß er seine Vernunft den anderen Menschen verdankt. Er weiß, daß die vernünftige, die rationale, die kritische Einstellung nur das Ergebnis der Kritik anderer sein kann und daß man nur durch die Kritik anderer zur Selbstkritik kommen kann.

Man könnte wohl die rationalistische Einstellung folgendermaßen ausdrücken; vielleicht habe ich unrecht, und du hast recht, jedenfalls können wir beide hoffen, nach unserer Diskussion etwas klarer zu sehen als vorher, und jedenfalls können wir ja beide voneinander lernen, solange wir nur nicht vergessen, daß es nicht so sehr darauf ankommt, wer recht behält, als vielmehr darauf, der Wahrheit näherzukommen. Nur zu diesem Zweck verteidigen wir uns in der Diskussion so gut, wie wir eben können.

Das ist, in Kürze, was ich meine, wenn ich vom Rationalismus spreche. Aber wenn ich von der Aufklärung spreche, so meine ich noch etwas mehr. Da denke ich vor allem an die Idee der Selbstbefreiung durch das Wissen – jene Idee, die Kant und Pestalozzi inspirierte; und ich denke an die Pflicht jedes Intellektuellen, anderen dazu zu helfen, sich geistig zu befreien und die kritische Einstellung zu verstehen; eine Pflicht, die die meisten Intellektuellen seit Fichte, Schelling und Hegel vergessen haben. Denn leider ist unter den Intellektuellen der Wunsch nur allzu weit verbreitet, anderen zu imponieren und sie, wie Schopenhauer sagt, nicht zu belehren, sondern zu betören. Sie treten als Führer auf, als Propheten; zum Teil, weil es von ihnen erwartet wird, daß sie als Propheten auftreten – als Verkünder der dunklen Geheimnisse des Lebens, der Welt und des Menschen, der Geschichte und der Existenz. Hier, wie so oft, erzeugt die ständige Nachfrage leider ein Angebot. Führer und Propheten wurden gesucht. Kein Wunder, daß Führer und Propheten gefunden wurden. Aber »erwachsene Menschen brauchen keine Führer«, wie H. G. Wells einst sagte; und Erwachsene sollten auch *wissen*, daß sie keine Führer brauchen. Und was das Prophetentum betrifft, so glaube ich an die Pflicht jedes Intellektuellen, sich davon auf das deutlichste zu distanzieren.

IV

Was ist das äußere Kennzeichen dieser beiden Einstellungen – der des Aufklärers und der des selbsternannten Propheten? Es ist die Sprache. Der Aufklärer spricht so einfach, wie es eben möglich ist. Er will verstanden werden. In dieser Hinsicht ist unter den Philosophen wohl Bertrand Russell unser unübertroffener Meister: Auch dann, wenn man ihm nicht beistimmen kann, muß man ihn bewundern. Er spricht immer klar, einfach und direkt.

Warum liegt uns Aufklärern so viel an der Einfachheit der Sprache? Weil der rechte Aufklärer, der rechte Rationalist, niemals überreden will. Ja, er will eigentlich nicht einmal überzeugen: Er bleibt sich stets dessen bewußt, daß er sich irren kann. Vor allem aber achtet er die Selbständigkeit, die geistige Unabhängigkeit des anderen zu hoch, um ihn in wichtigen Dingen überzeugen zu wollen. Viel eher will er Widerspruch herausfordern und am besten vernünftige und disziplinierte Kritik. Nicht überzeugen will er, sondern aufrütteln, zur freien Meinungsbildung herausfordern. Die freie Meinungsbildung ist ihm wertvoll; nicht nur darum wertvoll, weil wir alle mit der freien Meinungsbildung der Wahrheit näherkommen können, sondern auch darum, weil er die freie Meinungsbildung als solche respektiert. Er respektiert sie auch dann, wenn er die entwickelte Meinung als solche für grundfalsch ansieht.

Einer der Gründe, warum der Aufklärer nicht überreden und nicht einmal überzeugen will, ist der folgende. Er weiß, daß man außerhalb des engen Gebietes der Logik und vielleicht der Mathematik nichts beweisen kann. Man kann wohl Argumente vorbringen, und man kann Ansichten kritisch untersuchen. Aber außerhalb der elementaren Teile der Mathematik ist unsere Argumentation niemals zwingend und lückenlos. Wir müssen immer die Gründe abwägen, wir müssen immer entscheiden, welche Gründe mehr Gewicht haben: die

Gründe, die für eine Ansicht sprechen, oder die, die gegen sie sprechen. So enthält die Meinungsbildung in letzter Linie immer ein Element der freien Entscheidung. Und es ist die freie Entscheidung, die eine Meinung menschlich wertvoll macht.

Diese hohe Wertschätzung der freien, persönlichen Meinung hat die Aufklärung von John Locke übernommen und fortgebildet. Sie ist zweifellos das direkte Ergebnis der englischen und der kontinental-europäischen Religionskämpfe. Diese Kämpfe brachten schließlich die Idee der religiösen Toleranz hervor. Und diese Idee der religiösen Toleranz ist keineswegs eine bloß negative Idee, wie es so oft (z.B. von Arnold Toynbee) behauptet wird. Es ist nicht nur der Ausdruck der Kampfesmüdigkeit und der Einsicht, daß es aussichtslos ist, durch den Terror Konformität der religiösen Überzeugungen zu erzwingen. Ganz im Gegenteil, die religiöse Toleranz entspringt der positiven Erkenntnis, daß eine erzwungene religiöse Einstimmigkeit völlig wertlos ist; daß nur *der* religiöse Glaube von Wert sein kann, der frei angenommen wurde. Und diese Einsicht führt weiter. Sie führt dazu, jeden ehrlichen Glauben zu respektieren, und sie führt damit zum Respekt vor dem einzelnen und seiner Meinung. Sie führt, in den Worten Immanuel Kants, des letzten großen Philosophen der Aufklärung, zur Anerkennung der Würde der menschlichen Person.

Unter dem Satz von der Würde der Person verstand Kant das Gebot, jeden Menschen und seine Überzeugung zu respektieren. Kant verband diese Regel mit dem Hillelschen Prinzip, das die Engländer mit Recht die goldene Regel nennen und das im Deutschen etwas banal klingt: »Was du nicht willst, das man dir tu, das füg' auch keinem andern zu!« Kant verknüpfte dieses Prinzip aufs engste mit der Idee der Freiheit – der Gedankenfreiheit, die Schillers Marquis Posa von Philipp verlangte; der Gedankenfreiheit, die Spinoza damit zu begründen versuchte, daß es eine unveräußerliche Freiheit sei, die der Tyrann uns wohl zu entreißen sucht, die er aber uns nie entreißen kann.

Ich glaube, daß wir in diesem Punkt nicht mehr mit Spinoza übereinstimmen können. Vielleicht ist es richtig, daß die Gedankenfreiheit niemals völlig unterdrückt werden kann. Aber sie kann zumindest weitgehend unterdrückt werden. Denn ohne freien Gedankenaustausch kann es keine wirkliche Gedankenfreiheit geben. Wir brauchen andere, um an ihnen unsere Gedanken zu erproben; um herauszufinden, ob sie stichhaltig sind. Die kritische Diskussion ist die Grundlage des freien Denkens des einzelnen. Das bedeutet aber, daß ohne politische Freiheit Gedankenfreiheit unmöglich ist. Und es bedeutet weiter, daß die politische Freiheit eine Vorbedingung des freien Vernunftgebrauches jedes einzelnen ist.

Ich habe versucht, kurz zu erklären, was ich unter Rationalismus und Aufklärung verstehe. Gleichzeitig habe ich auch versucht, kurz anzudeuten, warum der Rationalismus, wie ich ihn verstehe, und ebenso die Aufklärung, die Gedankenfreiheit, die religiöse Freiheit, den Respekt vor der ehrlichen Meinung des anderen und schließlich die politische Freiheit verlangen. Aber es liegt mir ganz fern zu behaupten, daß nur der Rationalismus die Freiheit liebt oder die Forderung nach Freiheit begründen kann. Im Gegenteil, ich bin überzeugt, daß es ganz andere Einstellungen gibt und insbesondere religiöse Einstellungen, die die Gewissensfreiheit fordern und von dieser Forderung ebenfalls zur Achtung vor der Meinung des anderen und zu einer Begründung der Forderung nach politischer Freiheit gelangen. Und wenn ich früher, vielleicht ein wenig ironisch, vor meinem veralteten Rationalismus warnte, so möchte ich diese Warnung nun in allem Ernste wiederholen: Da ich ein Rationalist bin, so will ich niemanden bekehren. Ich will auch nicht den Namen der Freiheit dazu mißbrauchen, irgend jemanden zu einem Rationalisten zu machen. Aber ich möchte andere zum Widerspruch herausfordern; ich möchte, wenn möglich, andere dazu anregen, die Dinge in einem neuen Licht zu sehen, damit jeder in möglichst freier Meinungsbildung *seine* eigene Entscheidung treffen kann. Jeder Rationalist muß mit Kant sagen: Die Philosophie kann man nicht lehren – höchstens das Philosophieren; das heißt, die kritische Einstellung.

V

Woher dieses Philosophieren, diese kritische Einstellung stammt, das wissen wir natürlich nicht mit Sicherheit. Aber allem Anschein nach ist sie etwas sehr Seltenes, und so kann sie, abgesehen von anderen Werten, einen Seltenheitswert beanspruchen. Soviel wir wissen, stammt sie aus Griechenland und wurde von Thales von Milet erfunden, dem Begründer der Ionischen Schule der Naturphilosophie.

Schulen gibt es schon unter recht primitiven Völkern. Die Aufgabe einer Schule ist es immer, die Lehre des Gründers der Schule zu bewahren und weiterzugeben. Wenn ein Mitglied der Schule die Lehre zu ändern versucht, dann wird es als Ketzer ausgeschlossen, und die Schule spaltet sich. Schulen vermehren sich also im allgemeinen durch Spaltungen. Aber natürlich muß sich die traditionelle Lehre der Schule manchmal doch an neue äußere Verhältnisse anpassen, zum Beispiel an neu erworbene Erkenntnisse, die Allgemeingut werden. In solchen Fällen wird die Abänderung der offiziellen Schullehre fast immer auf eine versteckte Weise eingeführt, durch eine Uminterpretation der alten Lehre, so daß man nachher sagen kann, daß sich ja in der Lehre nichts geändert hat: Man schreibt die neue geänderte Lehre (da man ja nicht zugibt, daß sie geändert wurde) dem Meister, dem Stifter der Schule zu. »Der Meister hat es selbst gesagt«, so hören wir es immer wieder in der Schule der Pythagoräer.

Es ist daher gewöhnlich unmöglich oder doch ungemein schwierig, die Ideengeschichte einer solchen Schule zu rekonstruieren. Denn es liegt im Wesen dieser Methode, daß alle Ideen dem Gründer zugeschrieben werden. Meines Wissens ist die einzige Schultradition, die von diesem starren Schema abweicht, die Tradition der Ionischen Schule des Thales, die mit der Zeit zur Tradition der griechischen Philosophie und, nach der Wiedergeburt dieser Philosophie in der Renaissance, schließlich zur Tradition der europäischen Wissenschaft wurde.

Versuchen wir einen Augenblick, uns vorzustellen, was es bedeutet, mit der dogmatischen Tradition der *einen* reinen Schullehre zu brechen und an ihre Stelle die Tradition der kritischen Diskussion zu setzen, der Vielheit der Lehren, des Pluralismus, der verschiedenen konkurrierenden Lehren, die doch alle versuchen, der einen Wahrheit näherzukommen.

Daß es Thales war, der diesen wahrhaft epochalen Schritt machte, sehen wir daraus, daß in der Ionischen Schule, allein unter allen Schulen, die Schüler die Lehre des Meisters ganz offen zu verbessern suchten. Das ist nur dann verständlich, wenn wir uns vorstellen, daß Thales seinen Schülern sagte: »Das ist meine Lehre. So denke ich mir die Sache. Versucht, sie zu verbessern.«

Damit schaffte Thales eine neue Tradition – sozusagen eine zweistufige Tradition. Erstens wurde seine eigene Lehre durch die Schultradition weitergegeben und auch die abweichenden Lehren jeder neuen Schülergeneration; zweitens wurde die Tradition erhalten, daß man seinen Lehrer kritisiert und versucht, es besser zu machen. In dieser Schule gilt also die Änderung, die Überwindung der Lehre als ein Erfolg; und eine solche Änderung wird mit der Nennung des Namens dessen festgehalten, der sie eingeführt hat. Damit wird zum erstenmal eine wirkliche Ideengeschichte möglich.

Die zweistufige Tradition, die ich hier beschrieben habe, ist die unserer modernen Wissenschaft. Sie ist eines der wichtigsten Elemente unserer westlichen Welt. Sie wurde meines Wissens nur einmal erfunden. Sie wurde nach etwa zwei- oder dreihundert Jahren verloren, aber nach anderthalb Jahrtausenden von der Renaissance wiederentdeckt – im wesentlichen von Galileo Galilei. Sie kann also sehr wohl vernichtet und vergessen worden sein. Und sie kann nur dort sich voll entfalten, wo es politische Freiheit gibt.

Obwohl der Rationalismus, wie ich ihn hier geschildert habe, auch in Europa noch immer etwas sehr Seltenes ist und wohl kaum als eine der charakteristischen Religionen Europas betrachtet werden kann, und obwohl die Ideen des Rationalismus heutzutage von fast allen Intellektuellen nur mit der größten Verachtung behandelt werden, so ist doch der Rationalismus des Thales eine Idee und eine Tradition, ohne die unsere europäische Zivilisation gar nicht existieren würde. Denn nichts ist so charakteristisch für unsere europäische Zivilisation wie die Tatsache, daß sie eine wissenschaftsbeflissene Zivilisation ist. Sie ist die einzige Zivilisation, die eine Naturwissenschaft hervorgebracht hat und in der diese Wissenschaft eine geradezu entscheidende Rolle spielt. Aber diese Naturwissenschaft ist das unmittelbare Produkt des Rationalismus; sie ist das Produkt des Rationalismus der antiken griechischen Philosophie.

VI

Bisher habe ich nur mich selbst als einen Rationalisten und Aufklärer vorgestellt und zu erklären versucht, was ich meine, wenn ich vom Rationalismus und von der Aufklärung spreche. Ich habe auch versucht kurz anzudeuten, daß der Rationalismus und die Aufklärung die politische Freiheit postulieren. Aber es wäre lächerlich, die Liebe zur Freiheit mit dem Rationalismus oder der Aufklärung zu identifizieren oder auch nur in sehr nahe Beziehung zu bringen.

Der Wunsch nach Freiheit ist ja etwas ganz Primitives, das wir schon bei Tieren finden – sogar bei Haustieren – und bei kleinen Kindern, und zwar in sehr verschiedenem Grade. Aber im politischen Gebiet wird die Freiheit zum Problem. Denn die unbeschränkte Freiheit jedes einzelnen wird natürlich durch das Zusammenleben der Menschen unmöglich. Wenn es mir frei steht, alles zu tun, was ich will, dann steht es mir auch frei, andere ihrer Freiheit zu berauben.

Kant löst diese Frage durch die Forderung, daß durch den Staat die Freiheit des einzelnen so weit, und nur so weit, beschränkt werden soll, wie es durch das Zusammenleben der Menschen notwendig wird, und daß diese notwendige Freiheitsbeschränkung alle Staatsbürger möglichst gleich treffen soll. Dieses echt Kantische Prinzip zeigt, daß das Problem der politischen Freiheit wenigstens begrifflich lösbar ist. Aber es gibt uns kein Kriterium der politischen Freiheit. Denn oft können wir in Einzelfällen weder feststellen, ob eine bestimmte Freiheitsbeschränkung wirklich notwendig ist, noch ob sie eine Last ist, die allen Staatsbürgern gleichmäßig auferlegt ist. Wir brauchen daher ein anderes, leichter anwendbares Kriterium. Als solches habe ich vorgeschlagen: *Ein Staat ist politisch frei, wenn seine politischen Institutionen es seinen Bürgern praktisch möglich machen, ohne Blutvergießen einen Regierungswechsel herbeizuführen, falls die Mehrheit einen solchen Regierungswechsel wünscht.* Oder kürzer ausgedrückt: Wir sind frei, wenn wir unsere Herrscher ohne Blutvergießen loswerden können.

Hier haben wir ein Kriterium, das uns gestattet, die politische Freiheit von der politischen Unfreiheit zu unterscheiden oder, wenn man will, eine Demokratie von einer Tyrannis.

Auf die *Worte* »Demokratie« und »Tyrannis« kommt es dabei natürlich überhaupt nicht an. Sollte zum Beispiel jemand gewisse unfreie Staaten »Demokratien« nennen und die Verfassung Englands oder der Schweiz eine Tyrannis, so würde ich mich nicht auf einen Streit darüber einlassen, ob diese Namen richtig oder falsch angewandt sind, sondern ich würde einfach sagen: »Wenn ich mich Ihrer Terminologie bedienen müßte, dann müßte ich mich als einen Gegner der Demokratie und als einen Freund der Tyrannis bekennen.« Auf diese Weise kann man es vermeiden, sich in Wortstreitigkeiten zu verlieren; es geht uns ja nicht um Worte, sondern um wirkliche Werte.

Das Kriterium der politischen Freiheit, das ich soeben gegeben habe, ist ein einfaches, aber natürlich ein etwas grobes Instrument. Vor allem sagt es uns nichts über die so wichtige Frage des Schutzes von Minoritäten, zum Beispiel von religiösen, sprachlichen oder ethnischen Minderheiten.

VII

Mit allem, was ich bisher gesagt habe, habe ich versucht, so etwas zu schaffen wie einen Rahmen, innerhalb dessen wir nun einige mehr aktuelle Fragen der heutigen Situation der Freiheit und der freien Welt des Westens besprechen können. Die zentrale Frage, die wir uns hier stellen wollen, möchte ich so formulieren:

Was hat uns die Freiheit gebracht? Gutes oder Böses? Was überwiegt? Wie sieht die Bilanz des Guten und Bösen aus?

Ich finde diese Frage höchst anregend, und ich will versuchen, meine Antwort in möglichst scharfer und prägnanter Weise in einer Reihe von Thesen zu formulieren.

Meine *erste These* ist die folgende. Ich behaupte, daß unsere Welt, die Welt der westlichen Demokratien, zwar nicht die beste aller denkbaren oder logisch möglichen politischen Welten ist, aber doch die beste aller politischen Welten, von deren historischer Existenz wir Kenntnis haben. In dieser Hinsicht bin ich also ein wilder Optimist.

Um diese meine optimistische erste These zu erklären und zu begründen, will ich zunächst sagen, daß es nicht die Hochkonjunktur ist, nicht das Wirtschaftswunder unserer Zeit, an das ich denke, wenn ich unsere Zeit lobe, obwohl es sicher keine Kleinigkeit ist, daß in unserer Gesellschaft weniger Leute Hunger leiden als je zuvor. Woran ich denke, ist etwas ganz anderes. Um es durch ein Kontrastmittel deutlich zu machen, möchte ich auf eine Bemerkung des früheren Bischofs von Bradford hinweisen, der im Jahre 1942 unsere westliche Welt als eine Welt des Satans verdammte und alle gläubigen Diener der christlichen Religionen aufforderte, an der Vernichtung dieses Teufelswerkes mitzuarbeiten und Stalins Kommunismus zum Sieg zu verhelfen. Seitdem ist der Satanismus Stalins von den Kommunisten selbst eingestanden worden, und für eine zwar kurze, aber sehr erfrischende Periode war der Satanismus Stalins eine wichtige Komponente der Generallinie der Partei, wenn auch nicht geradezu des Parteiprogramms. Dennoch gibt es noch immer gläubige Menschen, und in England sogar tiefgläubige, echte Christen, die noch immer so denken wie der frühere Bischof von Bradford.

Um nun meine erste optimistische These scharf zu formulieren, möchte ich sagen, daß ich genau von demselben Standpunkt aus, von dem der Bischof unsere westliche Welt als ein Teufelswerk verurteilte, unsere Welt als die beste aller Welten bezeichne, von denen wir geschichtliche Kenntnis haben.

Denn dem Bischof ging es vor allem um rein menschliche Werte – um das, was Kant die Menschenwürde nannte, und um die menschliche Hilfsbereitschaft. Diese, so glaubte er, waren im Westen gefährdet und in Rußland gesichert. Aber es scheint mir, daß er in seinem Idealimus die Tatsachen nicht richtig sah. Nie vorher gab es eine Gesellschaft, in der es so wenig Unterdrückung gab, so wenig Erniedrigte und Beleidigte, wie bei uns. Nie vorher gab es so viele, die bereit waren,

Opfer zu bringen, um den Hunger und das Elend anderer zu lindern.

Ich glaube also, daß wir im Westen keinen Grund haben, uns vor dem Osten zu schämen. Aber damit will ich nicht sagen, daß wir im Westen unsere Einrichtungen nicht kritisieren sollen. Im Gegenteil, wenn auch unsere Welt die beste aller bisherigen Welten ist, so ist doch vieles recht schlimm in ihr bestellt. Und das, was wir erreicht haben, können wir jederzeit wieder verlieren: Diese Gefahr ist groß und wird es wohl immer bleiben. Damit komme ich zu meiner *zweiten These*:

Obwohl ich unsere politische Welt für die beste aller Welten halte, von der wir historische Kenntnis haben, so müssen wir uns davor hüten, diese Tatsache der Demokratie oder der Freiheit zuzuschreiben. Die Freiheit ist kein Lieferant, der uns die Güter des Lebens ins Haus zustellt. Die Demokratie schafft nichts – auch nicht ein Wirtschaftswunder. Es ist falsch und überaus gefährlich, die Freiheit dadurch anzupreisen, daß man den Menschen erzählt, es werde ihnen sicher gutgehen, wenn sie nur erst frei sind. Wie es einem im Leben ergeht, ist hauptsächlich Sache des Glücks oder der Gnade, und zu einem verhältnismäßig kleinen Teil vielleicht auch Sache der Tüchtigkeit, des Fleißes und anderer Tugenden. Was man über Demokratie oder Freiheit sagen kann, ist, bestenfalls, daß sie den Einfluß unserer persönlichen Tüchtigkeit auf unser Wohlergehen ein wenig wirksamer macht. Damit komme ich zu meiner *dritten These:*

Wir dürfen nicht die politische Freiheit wählen, weil wir uns ein bequemeres Leben versprechen, sondern weil sie selbst einen letzten Wert darstellt, der nicht auf materielle Werte zurückgeführt werden kann. Wir müssen sie wählen wie einst Demokrit, der sagt: »Ich ziehe das karge Leben in einer Demokratie dem Reichtum unter einer Tyrannis vor«, und »Die Armut einer Demokratie ist besser als aller Reichtum unter einer

Aristokratie oder einer Alleinherrschaft, denn die Freiheit ist besser als die Knechtschaft.«

In meiner *vierten These* möchte ich noch einen Schritt weiter gehen. Die Freiheit, die Demokratie und unser Glaube an sie können für uns zur Katastrophe werden. Es ist falsch, daß der Glaube an die Freiheit immer zum Sieg führt. Wir müssen darauf gefaßt sein, daß er zur Niederlage führen kann; wenn wir die Freiheit wählen, so müssen wir darauf gefaßt sein, mit ihr unterzugehen. Polen kämpfte für die Freiheit wie nur irgendein Land. Das tschechische Volk war bereit, 1938 für seine Freiheit zu kämpfen: Es war nicht die Mutlosigkeit des Volkes, die sein Schicksal besiegelte. Die Ungarische Revolution von 1956 – ein Werk von jungen Menschen, die nichts zu verlieren hatten als ihre Ketten – siegte und mißlang.

Und der Kampf um die Freiheit kann auf andere Weise mißlingen: Er kann in einen Terrorismus ausarten wie in der Französischen und in der Russischen Revolution. Er kann zur äußersten Knechtschaft führen. Die Demokratie, die Freiheit, garantiert nicht das Millennium. Nein, wir wählen die politische Freiheit nicht, weil sie uns das oder jenes verspricht. Wir wählen sie, weil sie die einzig menschenwürdige Form des menschlichen Zusammenlebens möglich macht; die einzige Form, in der wir für uns selbst voll verantwortlich sein können. Ob wir ihre Möglichkeiten verwirklichen, das hängt von allerlei Dingen ab; vor allem auch von uns selbst.

8. Über Geschichtsschreibung und über den Sinn der Geschichte

Es ist nicht möglich, Geschichte zu schreiben, ohne Stellung zu nehmen zu den Grundproblemen der Gesellschaft, der Politik und der Sitten. Eine solche Stellungnahme wird immer ein stark persönliches Element enthalten. Das heißt nicht, daß der Inhalt eines Geschichtswerkes ganz oder auch nur zum Teil Ansichtssache ist. Was der Historiker schreibt, soll wahr, objektiv sein, und wo er seine persönlichen Ansichten über moralische und politische Dinge hereinbringt, muß er es immer klarmachen, daß seine Ansichten, Vorschläge und Entscheidungen nicht denselben Charakter haben wie seine Behauptungen über die geschichtlichen Tatsachen. Aber die Auswahl der behandelten Tatsachen ist immer in einem hohen Grade eine Sache persönlicher Entscheidung, jedenfalls in einem höheren Grade, als dies in einer naturwissenschaftlichen Darstellung der Fall sein würde, nachdem deren Thema einmal festgelegt ist.

In gewisser Hinsicht ist jedoch dieser Unterschied nur ein Unterschied dem Grade nach. Auch eine Naturwissenschaft ist nicht *nur* eine »Gesamtheit von Tatsachen«. Sie ist zumindest eine Sammlung von Tatsachen und als solche abhängig von den Interessen des Sammlers, abhängig von einem Gesichtspunkt. In der Wissenschaft ist dieser Gesichtspunkt gewöhn-

---

In: *Geist und Gesicht der Gegenwart.* Gesehen durch das Spektrum Alpbach. Hg. O. Molden. Europa Verlag, Zürich 1962. Dieser Text besteht zum großen Teil aus Formulierungen aus dem letzten Kapitel des Buches: *Die offene Gesellschaft und ihre Feinde*, Band II, Seite 304–328, 7. Auflage, Tübingen (Mohr/Siebeck) 1992.

lich durch eine wissenschaftliche Theorie bestimmt; das heißt, wir wählen aus der unendlichen Mannigfaltigkeit der Tatsachen und aus der unendlichen Mannigfaltigkeit der Aspekte der Tatsachen jene Tatsachen und jene Aspekte aus, die uns interessieren, weil sie mit einer mehr oder weniger vorgefaßten wissenschaftlichen Theorie verbunden sind. Eine gewisse Schule von Wissenschaftstheoretikern hat aus Überlegungen wie dieser geschlossen, daß die Wissenschaft sich immer im Kreis bewegt und daß wir immer nur unserem eigenen Schwanz nachjagen, wie es Eddington ausdrückt; denn wir können aus dem Tatsachenwissen nur das herausbekommen, was wir selbst in Form unserer Theorien in dieses hineingelegt haben. Aber das Argument ist unhaltbar. Obgleich es im allgemeinen zutrifft, daß wir nur solche Tatsachen auswählen, die mit irgendeiner vorgefaßten Theorie zusammenhängen, so stimmt es doch nicht, daß wir nur solche Tatsachen auswählen, die die Theorie bestätigen oder die sie gleichsam wiederholen.

Die Methode der Wissenschaft besteht vielmehr darin, daß man sich nach Tatsachen umsieht, die zur Widerlegung der Theorie dienen könnten. Diesen Vorgang nennen wir die Überprüfung der Theorie – wir sehen nach, ob die Theorie nicht einen Fehler enthält. Zugegeben, daß die Tatsachen im Hinblick auf die Theorie ausgewählt werden, und zugegeben, daß sie die Theorie bestätigen: Wenn die Theorie den Überprüfungen, den Widerlegungsversuchen standhält, so ist sie jedenfalls mehr als eine leere Wiederholung einer vorgefaßten Meinung. Denn sie bestätigen die Theorie nur dann, wenn sie das Ergebnis erfolgloser Versuche sind, deren Voraussagen als ungültig zu erweisen, und wenn sie daher ein sprechendes Zeugnis zugunsten der Theorie ablegen. Es ist also meiner Ansicht nach die Möglichkeit, sie zu widerlegen, ihre Falsifizierbarkeit, die die Möglichkeit der Überprüfung einer Theorie und damit ihre Wissenschaftlichkeit bestimmt. Und die Tatsache, daß alle Prüfungen einer Theorie Versuche zur Widerlegung von Voraussagen sind, die mit ihrer Hilfe abgeleitet wurden, diese Tatsache ist der Schlüssel zur wissenschaftlichen Methode. Diese Auffassung von der wissenschaftlichen Methode wird durch die Geschichte der Wissenschaften bestätigt, die uns zeigt, daß wissenschaftliche Theorien oft durch Experimente verworfen werden und daß die Verwerfung von Theorien das Vehikel des wissenschaftlichen Fortschritts ist. Deshalb kann also die Behauptung der Zirkelhaftigkeit der Wissenschaft nicht aufrechterhalten werden.

Aber die Behauptung enthält einen wahren Kern: Es ist richtig, daß jede wissenschaftliche Beschreibung von Tatsachen in höchstem Maße selektiv ist, daß sie stets von Theorien abhängt. Die Situation kann am besten durch den Vergleich mit einem Scheinwerfer verdeutlicht werden (die »Scheinwerfertheorie der Wissenschaft«, wie ich sie gewöhnlich nenne, im Gegensatz zur »Kübeltheorie des Bewußtseins«). Was der Scheinwerfer sichtbar macht, das hängt von seiner Position ab, von der Weise, in der wir ihn einstellen, von seiner Intensität, Farbe und so fort; es hängt natürlich auch weitgehend von den Dingen ab, die von ihm beleuchtet werden. In ähnlicher Weise hängt eine wissenschaftliche Theorie zum Großteil von unserem Standpunkt, von unseren Interessen ab, und *diese* sind in der Regel mit der Theorie oder der Hypothese verbunden, die wir überprüfen wollen. Aber sie hängt auch von den zu beschreibenden Tatsachen ab. Man könnte eine Theorie oder eine Hypothese sehr gut als die Kristallisation eines Gesichtspunktes oder einer Ansicht bezeichnen. Sobald wir nämlich unsere Ansichten zu formulieren versuchen, erhalten wir in der Regel so etwas wie eine Arbeitshypothese; das heißt, eine vorläufige Annahme, deren Funktion darin besteht, uns bei der Auswahl und der Anordnung der Tatsachen behilflich zu sein. Aber wir sollten uns darüber im klaren sein, daß es keine Theorie und keine Hypothese geben kann, die nicht in diesem Sinn eine Arbeitshypothese ist und bleibt. Denn keine Theorie ist endgültig, aber jede Theorie hilft uns, die Tatsachen zu ordnen und auszuwählen. Dieser selektive Charakter jeder Beschreibung macht sie in einem gewissen Sinn »relativ«; relativ allerdings einzig in dem Sinn, daß wir eine andere Beschreibung und nicht diese vorbrächten, wenn unser Standpunkt ein anderer wäre. Sie kann auch unseren *Glauben* an die Wahrheit der Beschreibung beeinflussen; aber sie beeinflußt nicht die Frage der Wahrheit oder der Falschheit der Beschreibung. Die Wahrheit ist *nicht* »relativ« in diesem Sinn.

Der Grund für den selektiven Charakter aller unserer Beschreibungen liegt, grob gesprochen, in dem unendlichen Reichtum und in der Mannigfaltigkeit der möglichen Aspekte der Tatsachen unserer Welt. Zur Beschreibung dieser unendlichen Fülle steht uns nur eine endliche Anzahl von Worten zur Verfügung. Also können wir beschreiben, solange wir nur immer wollen – unsere Beschreibung wird immer unvollständig bleiben, sie wird eine bloße Auswahl (und noch dazu eine dürftige Auswahl) der Tatsachen sein, die sich uns zur Beschreibung bieten. Es ist daher nicht nur unmöglich zu vermeiden, die Auswahl von einem bestimmten Standpunkt aus vorzunehmen, sondern man sollte so etwas gar nicht versuchen. Denn wenn es uns gelingen sollte, würden wir nicht etwa eine »objektivere« Beschreibung erhalten, sondern ein bloße Anhäufung von völlig zusammenhanglosen Sätzen. Die Entwicklung eines bestimmten Standpunktes oder Gesichtspunktes ist also unvermeidbar; und der naive Versuch, ihn zu umgehen, kann nur dazu führen, daß man sich selbst täuscht und, *unkritisch*, einen *unbewußten* Gesichtspunkt anwendet.

Alles das trifft ganz besonders auf eine *historische Beschreibung* mit der »Unendlichkeit ihres Stoffes« zu, wie Schopenhauer es nennt. Somit ist es uns in der Geschichte ebenso wie in den übrigen Wissenschaften unmöglich, einen Gesichtspunkt zu vermeiden; und die Annahme, daß wir ohne einen Gesichtspunkt auskommen können, muß zu Selbsttäuschung und zu

Mangel an kritischer Sorgfalt führen. Das bedeutet natürlich nicht, daß es uns gestattet ist, zu falsifizieren, was uns beliebt, oder daß wir in Fragen der Wahrheit sorglos vorgehen können. Jede besondere historische Beschreibung von Tatsachen wird einfach wahr oder falsch sein, wie schwer es auch immer sein mag, über ihre Wahrheit oder Falschheit zu einer Entscheidung zu kommen.

Soweit ist die Lage in der Geschichte analog zur Lage in den Naturwissenschaften, zum Beispiel in der Physik. Aber wenn wir die Rolle, die ein solcher »Gesichtspunkt« in der Geschichte spielt, mit der Rolle vergleichen, die einem solchen »Gesichtspunkt« in der Physik zukommt, dann finden wir einen großen Unterschied. Wie wir gesehen haben, tritt der »Gesichtspunkt« in der Physik gewöhnlich in Form einer physikalischen Theorie auf, die sich durch Suche nach neuen Tatsachen überprüfen läßt. In der Geschichte sind die Verhältnisse nicht ganz so einfach.

Betrachten wir nun zunächst etwas näher die Rolle von Theorien in einer Naturwissenschaft wie etwa der Physik. Hier haben die Theorien verschiedene, miteinander verbundene Aufgaben. Sie helfen uns, die Wissenschaft zu vereinheitlichen, und sie helfen uns auch, Ereignisse zu erklären und sie vorherzusagen.

Zum Problem der Erklärung und Vorhersage sei es mir gestattet, aus einer meiner eigenen Publikationen folgendes anzuführen: »Einen Vorgang ›kausal erklären‹ heißt, einen Satz, der ihn beschreibt (einen solchen Satz werden wir eine *Prognose* nennen), aus *Gesetzen* und *Randbedingungen* deduktiv ableiten. Wir haben zum Beispiel das Zerreißen eines Drahtes ›kausal erklärt‹, wenn wir festgestellt haben, daß der Draht eine Zerreißfähigkeit von einem Kilogramm hat und mit zwei Kilogramm belastet wurde. Diese Erklärung enthält zwei verschiedene Bestandteile:

(i) nehmen wir Hypothesen an, die den Charakter allgemeiner Naturgesetze haben. Also etwa: ›Jedesmal, wenn ein Draht mit einer Last von einer gewissen Mindestgröße belastet wird, zerreißt er.‹ (ii) nehmen wir spezifische Sätze an (die Anfangsbedingungen), die sich auf das besondere Ereignis beziehen, das gerade untersucht wird. Etwa: ›Für diesen Draht hier beträgt die charakteristische Mindestgröße ein Kilogramm‹, und ›Das an diesen Draht angehängte Gewicht ist ein Zweikilogrammgewicht‹. Aus den allgemeinen Sätzen (i) kann man mit Hilfe der Randbedingungen (ii) den folgenden Satz (iii) deduzieren: ›Dieser Draht wird reißen.‹ Wir nennen diesen Schluß (iii) eine (besondere oder singuläre) *Prognose*. –

Die Randbedingungen (oder genauer, die von ihnen beschriebene Situation) pflegt man gewöhnlich die ›Ursache‹ des fraglichen Ereignisse zu nennen, die Prognose (oder genauer, das durch die Prognose beschriebene Ereignis) die ›Wirkung‹: Zum Beispiel sagen wir, daß das Anhängen eines Gewichtes von zwei Kilogramm an einen Draht, der nur ein Kilogramm zu tragen fähig ist, die Ursache des Zerreißens des Drahtes darstellt.«

Aus dieser Analyse einer kausalen Erklärung können wir Verschiedenes ersehen. Erstens, daß wir von Ursache und Wirkung nie in einer absoluten Weise sprechen können; vielmehr ist ein Ereignis nur mit Rücksicht auf ein universelles Gesetz die *Ursache* eines anderen Ereignisses, das seine *Wirkung* darstellt. Diese universellen Gesetze sind jedoch im allgemeinen (wie auch in unserem Beispiel) so trivial, daß wir sie in der Regel einfach hinnehmen, statt sie bewußt zu verwenden. Zweitens sehen wir, daß die Verwendung einer Theorie zum Zweck der Vorhersage eines bestimmten Ereignisses nur ein anderer Aspekt ihrer Verwendung zum Zweck der *Erklärung* eines derartigen Ereignisses ist. Und da wir eine Theorie überprüfen, indem wir die vorausgesagten Ereignisse mit den tatsächlich beobachteten Ereignissen vergleichen, so zeigt unsere

Analyse weiterhin, wie wir Theorien *überprüfen*. Ob wir nun eine Theorie zur Vorhersage, zur Erklärung oder zur Nachprüfung verwenden, das hängt von unserem Interesse ab und auch davon, welche Sätze wir als gegeben oder als angenommen voraussetzen.

So sind wir im Fall der sogenannten theoretischen oder *generalisierenden Wissenschaften* (wie Physik, Biologie, Soziologie und so weiter) vorwiegend an den universellen Gesetzen oder Hypothesen interessiert. Wir möchten wissen, ob sie wahr sind, und da wir uns ihrer Wahrheit niemals direkt versichern können, so bedienen wir uns der Methode der Elimination von falschen Hypothesen. Unser Interesse an den spezifischen Ereignissen, zum Beispiel an den Experimenten, die durch die Anfangsbedingungen und die Prognosen beschrieben werden, ist einigermaßen beschränkt. Wir sind an ihnen hauptsächlich insofern interessiert, als sie Mittel für bestimmte Zwecke sind: Mittel, durch die wir die universellen Gesetze überprüfen können, die ihrerseits als für sich interessant und als Mittel zur Vereinheitlichung unseres Wissens gelten.

Im Falle der angewandten Wissenschaften richtet sich unser Interesse auf etwas anderes. Der Ingenieur, der die Physik verwendet, um eine Brücke zu bauen, ist vor allem an einer Prognose interessiert: ob eine Brücke von bestimmter (durch die Anfangsbedingungen beschriebener) Art eine gewisse Last tragen wird oder nicht. Für ihn sind die universellen Gesetze Mittel für einen Zweck, und sie werden als gegeben hingenommen.

Dementsprechend sind die reinen und die angewandten generalisierenden Wissenschaften an der *Überprüfung* von universellen Hypothesen und an der *Voraussage* spezifischer Ereignisse interessiert. Es gibt aber ein weiteres Interessengebiet, nämlich die *Erklärung eines spezifischen oder besonderen Ereignisses*. Wenn wir ein solches Ereignis, zum Beispiel einen bestimmten Verkehrsunfall, erklären wollen, dann nehmen wir gewöhnlich stillschweigend eine ganze Menge ziemlich trivialer universeller Gesetze an (wie zum Beispiel, daß ein Knochen unter einem bestimmten Druck bricht und so weiter), und wir sind vorwiegend an den Anfangsbedingungen oder an der Ursache interessiert, die zusammen mit diesen trivialen universellen Gesetzen das fragliche Ereignis erklären könnte. Hierauf nehmen wir gewöhnlich gewisse Anfangsbedingungen hypothetisch an. Und wir versuchen dann, weitere Zeugnisse aufzufinden, um festzustellen, ob diese hypothetisch angenommenen Anfangsbedingungen wahr sind oder nicht; das heißt, wir überprüfen diese spezifischen Hypothesen, indem wir aus ihnen (mit Hilfe anderer und gewöhnlich ebenso trivialer universeller Gesetze) neue Vorhersagen ableiten, die sich mit beobachtbaren Tatsachen vergleichen lassen.

Um die in einer solchen Erklärung verwendeten universellen Gesetze brauchen wir uns nur in den seltensten Fällen den Kopf zu zerbrechen. Wir tun das nur dann, wenn wir eine neue und seltsame Art von Vorgängen beobachten, wie zum Beispiel eine unerwartete chemische Reaktion. Wenn ein solches Ereignis zur Aufstellung und Überprüfung neuer Hypothesen führt, dann ist es vor allem vom Standpunkt einer generalisierenden Wissenschaft aus von Interesse. Aber wenn wir an spezifischen Ereignissen und ihrer Erklärung interessiert sind, so nehmen wir in der Regel alle die vielen universellen Gesetze, die wir gerade brauchen, als gegeben hin.

Jene Wissenschaften nun, die dieses Interesse an spezifischen Ereignissen und an ihrer Erklärung besitzen, können wir im Gegensatz zu den generalisierenden Wissenschaften die *historischen Wissenschaften* nennen.

Diese Auffassung der Geschichte macht es klar, warum so viele Historiker behaupten, daß sie an besonderen Ereignissen interessiert seien und nicht an sogenannten »historischen Gesetzen«. Denn nach unserer Auffassung kann es keine historischen Gesetze geben. Gesetze oder Generalisationen gehören einfach einem anderen Interessengebiet an, das deutlich verschieden ist von jenem Interesse an spezifischen Ereignissen und an ihrer kausalen Erklärung, das die Geschichte charakterisiert. Wer an Gesetzen interessiert ist, der muß sich den generalisierenden Wissenschaften zuwenden (zum Beispiel der Soziologie). Unsere Darstellung macht es auch klar, warum die Geschichte so oft als die Gesamtheit der vergangenen Ereignisse, so, »wie es tatsächlich gewesen ist«, beschrieben wurde. Wenn wir auch später gewisse Einwände gegen sie erheben werden, so kennzeichnet diese Beschreibung doch ziemlich gut das spezifische Interesse des Geschichtsforschers im Gegensatz zum Interesse eines Menschen, der sich mit den generalisierenden Wissenschaften beschäftigt. Und unsere Auffassung erklärt auch, warum wir dem Problem des »unendlichen Gegenstandes« in der Geschichte eher begegnen als in den generalisierenden Wissenschaften. Denn die Theorien oder die universellen Gesetze führen sowohl Einheit als auch einen »Gesichtspunkt« in die generalisierenden Wissenschaften ein. Für jede einzelne generalisierende Wissenschaft schaffen sie die Probleme, die Interessenzentren, sowie die Brennpunkte für die Forschung, für die logische Konstruktion und für die Darstellung. Aber in der Geschichte gibt es keine solchen vereinheitlichenden Theorien: Die unzähligen trivialen universellen Gesetze, die wir hier verwenden, werden einfach als gegeben hingenommen; sie können das Interesse des Historikers nicht erwecken, und sie können ihm in keiner Weise helfen, sein Material zu organisieren. Wenn wir zum Beispiel die erste Teilung Polens im Jahre 1772 durch den Hinweis erklären, daß Polen keinesfalls der vereinten Macht Rußlands, Preußens und Österreichs widerstehen konnte, dann nehmen wir stillschweigend einige triviale universelle Gesetze an, wie etwa dieses: »Wenn die eine von zwei ungefähr gleich geführten und gleich gut ausgerüsteten Armeen einen ungeheuren Überschuß an Soldaten besitzt, dann kann die andere niemals gewinnen.« Wir können ein solches Gesetz ein Gesetz der Soziologie der militärischen Macht nennen; aber es ist zu trivial, um für die Soziologen je ein ernsthaftes Problem darzustellen oder um ihre Aufmerksamkeit zu erregen. Und wenn wir den Entschluß Caesars, den Rubikon zu überschreiten, etwa auf seinen Ehrgeiz und seine Energie zurückführen, dann verwenden wir einige sehr triviale psychologische Verallgemeinerungen, die kaum je die Aufmerksamkeit der Psychologen auf sich ziehen würden. (In Wirklichkeit verwenden die meisten historischen Erklärungen stillschweigend nicht so sehr triviale soziologische und psychologische Gesetze als vielmehr die Logik der Situation, über die ich anderswo ausführlich geschrieben habe; das heißt, sie nehmen, abgesehen von Anfangsbedingungen, wie die persönlichen Interessen, Ziele und andere Situationsfaktoren – wie etwa die der betreffenden Person zugängliche Information –, stillschweigend als eine Art erster Annäherung das triviale allgemeine Gesetz an, daß geistig normale Menschen in der Regel mehr oder weniger vernünftig und zweckmäßig handeln.)

Wir sehen also, daß die historischen Gesetze, welche die historische Erklärung verwendet, kein Prinzip der Auswahl und Vereinheitlichung, keinen »Gesichtspunkt« für die Geschichte liefern. In einem sehr beschränkten Sinn ergibt sich aber ein solcher Gesichtspunkt, wenn man die Geschichte auf die Geschichte *von etwas* beschränkt: Beispiele sind die Geschichte der Machtpolitik, der ökonomischen Beziehungen, der Technologie oder der Mathematik. In der Regel brauchen wir aber weitere Auswahlprinzipien, das heißt, *Gesichtspunkte, die zur gleichen Zeit Interessenzentren sind.* Einige von ihnen werden von vorgefaßten Ideen geliefert, die in gewisser Hinsicht den allgemeinen Gesetzen gleichen, wie etwa von der Idee, daß der Charakter des »großen Mannes« oder der »Nationalcharakter« oder daß gewisse moralische Ideen, ökonomische Bedingungen und so fort für die Geschichte von Bedeutung sind. Es ist nun wichtig, sich darüber klar zu werden, daß viele »historische Theorien« (man sollte sie vielleicht besser »Quasitheorien« nennen) sich von wissenschaftlichen Theorien beträchtlich unterscheiden. Denn in der Geschichte (die historische Naturgeschichte wie etwa die historische Geologie eingeschlossen) sind die Tatsachen, die uns zur Verfügung stehen, oft streng begrenzt und lassen sich nicht willkürlich wiederholen oder herbeiführen. Und sie sind nach einem vorgefaßten Gesichtspunkt gesammelt worden: Die sogenannten Geschichts»quellen« zeichnen nur jene Tatsachen auf, deren Aufzeichnung genügend interessant war, so daß sie oft nur Tatsachen enthalten, die zu einer vorgefaßten Theorie passen. Und da keine weiteren Tatsachen zur Verfügung stehen, so ist es dann oft nicht mehr möglich, diese oder irgendeine nachfolgende Theorie zu überprüfen. Solchen unprüfbaren Theorien kann man dann mit Recht Zirkelhaftigkeit vorwerfen in dem Sinn, in dem sie ungerechterweise den wissenschaftlichen Theorien vorgeworfen worden ist. Ich werde solche historische Theorien im Gegensatz zu wissenschaftlichen Theorien *»Geschichtsauffassungen«* oder *»historische Interpretationen«* nennen.

Geschichtsauffassungen sind wichtig; denn sie liefern uns einen Gesichtspunkt. Aber wir haben gesehen, daß ein Gesichtspunkt immer unvermeidlich ist und daß man in der Geschichte nur selten auf eine Theorie trifft, die sich überprüfen läßt und darum wissenschaftlichen Charakter besitzt. Wir dürfen daher nicht annehmen, daß eine Geschichtsauffassung als wahr erwiesen oder bestätigt werden könne. Das ist auch dann nicht der Fall, wenn sie mit allem unserem Quellenmaterial in Übereinstimmung steht; denn wir müssen uns ihre Zirkelhaftigkeit sowie auch den Umstand vor Augen halten, daß es immer zahlreiche andere (und vielleicht unvereinbare) Geschichtsauffassungen geben wird, die mit denselben Quellen übereinstimmen, und daß uns neue Daten zur Ausführung von entscheidenden Experimenten, wie sie in der Physik beschafft werden können, nur selten zur Verfügung stehen. Die Historiker sehen oft keine andere Geschichtsauffassung, die so gut auf die Tatsachen paßt, wie ihre eigene; aber wenn wir in Betracht ziehen, daß sogar in der Physik mit ihrem größeren und verläßlicheren Tatsachenmaterial immer und immer wieder neue entscheidende Experimente *notwendig* sind, weil die alten Experimente mit zwei rivalisierenden und unvereinbaren Theorien übereinstimmen (ich denke etwa an die Untersuchung der Beugung des Lichtes von Fixsternen am Sonnenrand während einer Sonnenfinsternis, die nötig ist, um zwischen der Newtonschen und der Einsteinschen Gravitationstheorie zu entscheiden), dann werden wir die naive Ansicht aufgeben, daß sich irgendeine Reihe historischer Aufzeichnungen jemals nur auf eine Weise interpretieren läßt.

Das bedeutet natürlich nicht, daß alle Interpretationen oder Geschichtsauffassungen gleich wertvoll sind. Erstens gibt es immer Interpretationen, die nicht mit den anerkannten Aufzeichnungen übereinstimmen. Zweitens gibt es Interpretationen, die einer Anzahl mehr oder weniger plausibler Hilfshypothesen bedürfen, um der Falsifikation durch die Aufzeichnungen zu entgehen. Drittens gibt es Interpretationen, denen es nicht gelingt, eine Reihe von Tatsachen zu verbinden, die eine andere Interpretation verbinden und insofern »erklären« kann. Dementsprechend ist auch auf dem Gebiet historischer Interpretationen ein beträchtlicher Fortschritt möglich. Außerdem sind alle Arten von Zwischenstationen zwischen mehr oder weniger allgemeinen »Gesichtspunkten« und den oben erwähnten spezifischen oder singulären historischen Hypothesen möglich, die bei der Erklärung historischer Ereignisse die Rolle hypothetischer Anfangsbedingungen und nicht die Rolle allgemeiner Gesetze spielen. Diese lassen sich oft genug recht gut überprüfen und sind daher wissenschaftlichen Theorien vergleichbar. Aber einige dieser spezifischen Hypothesen sind jenen universellen Quasitheorien sehr ähnlich, die ich Interpretationen oder Geschichtsauffassungen genannt habe, und sie können aus diesem Grunde mit ihnen als »spezifische Interpretationen« zu einer Klasse vereinigt werden. Denn die Zeugnisse zugunsten einer solchen spezifischen Interpretation sind oft genug ebenso zirkulär wie die Zeugnisse zugunsten eines allgemeinen »Gesichtspunktes«. Es ist ja zum Beispiel nicht selten der Fall, daß unsere einzige Quelle über bestimmte Ereignisse gerade jene Information gibt, die zu ihrer eigenen spezifischen Interpretation paßt. Die meisten unserer spezifischen Interpretationen der Tatsachen werden daher in dem Sinn zirkulär sein, daß sie mit der Interpretation zusammenpassen müssen, die bei der ursprünglichen Auswahl der Tatsachen verwendet wurde. Wenn wir jedoch unserem Material eine Interpretation geben können, die von der Interpretation unserer Quellen radikal abweicht (und das ist zum Beispiel bei meiner Interpretation der Schriften Platons sicher der Fall), dann wird unsere Interpretation vielleicht eine gewisse Ähnlichkeit mit einer wissenschaftlichen Hypothese annehmen. Aber man muß sich immer vergegenwärtigen, daß die leichte Anwendbarkeit einer gewissen Interpretation und die Tatsache, daß sie alles erklärt, was wir wissen, ein sehr zweifelhaftes Argument zu ihren Gunsten ist; denn wir können eine Theorie nur dann prüfen, wenn wir nach einem Gegenbeispiel suchen können. (Dieser Umstand wird von den Bewunderern der verschiedenen »Enthüllungsphilosophien«, insbesondere von den Psycho-, Sozio- und den Historioanalytikern, fast immer übersehen; sie werden oft durch die Leichtigkeit verführt, mit der sich ihre Theorien überall anwenden lassen.)

Ich sagte vorhin, daß Interpretationen unvereinbar sein können; dies ist aber nicht der Fall, solange wir sie nur als Kristallisationen von *Gesichtspunkten* auffassen. So zum Beispiel ist die Interpretation, daß die Menschheit ständig fortschreitet (auf die offene Gesellschaft oder ein anderes Ziel zu), mit der Interpretation unvereinbar, daß sie fortwährend zurückgleitet oder zurückschreitet. Aber der Gesichtspunkt eines Historikers, für den die menschliche Geschichte eine Geschichte des Fortschritts ist, ist nicht notwendigerweise unvereinbar mit dem Gesichtspunkt eines Historikers, der sie als eine Geschichte des Rückschritts auffaßt; das heißt, es gibt eine Geschichte des menschlichen Fortschritts auf die Freiheit zu (sie würde zum Beispiel die Geschichte des Kampfes gegen die Sklaverei enthalten) und andererseits eine Geschichte des menschlichen Rückschritts und der Unterdrückung (die zum Beispiel von solchen Ereignissen wie vom Zusammenstoß der weißen Rasse und der farbigen Rassen berichten würde). Beide Geschichten können geschrieben werden; und diese beiden geschichtlichen Darstellungen brauchen einander nicht zu widersprechen: Es ist durchaus möglich, daß sie sich ergänzen, wie sich zwei Ansichten derselben Landschaften von zwei verschiedenen Punkten aus ergänzen.

Diese Überlegung ist von großer Wichtigkeit. Denn da jede Generation ihre eigenen Schwierigkeiten und Probleme und daher auch ihre eigenen Interessen und ihren eigenen Gesichtspunkt besitzt, so folgt daraus, daß jede Generation ein Recht hat, die Geschichte auf ihre Weise zu betrachten und neu zu deuten, komplementär zur Deutung vorhergehender Generationen. Schließlich studieren wir die Geschichte, weil wir ein Interesse an ihr haben, und auch, weil wir etwas über unsere eigenen Probleme lernen möchten. Aber die Geschichte kann keinem dieser beiden Zwecke dienen, wenn wir unter dem Einfluß einer unanwendbaren Idee von Objektivität zögern, die historischen Probleme von unserm Standpunkt aus darzustellen. Und wir sollten nicht glauben, daß unser Gesichtspunkt, wenn wir ihn nur bewußt und kritisch auf das Problem anwenden, dem Gesichtspunkt eines Historikers unterlegen sein wird, der in naiver Weise annimmt, daß er nicht interpretiert hat und daß er einen Grad von Objektivität erreicht hat, der es ihm gestattet, die Vergangenheit so darzustellen, wie sie gewesen ist. (Das ist der Grund, warum ich glaube, daß sogar die zugestandenermaßen persönlichen Bemerkungen, die sich in dieser Betrachtung finden, ihre Berechtigung haben; sie entsprechen ja der historischen Methode.) Die Hauptsache ist, daß man seinen Gesichtspunkt kennt und daß man kritisch ist; das heißt, daß man, soweit dies möglich ist, eine unbewußte und damit unkritische Voreingenommenheit bei der Darstellung der Tatsachen vermeidet. In jeder anderen Hinsicht muß die Interpretation für sich selbst sprechen. Ihr Verdienst wird in ihrer Fruchtbarkeit liegen – in ihrer Fähigkeit, die Tatsachen der Geschichte zu erhellen; und in ihrem aktuellen Interesse – in ihrer Fähigkeit, die Probleme des Tages zu erhellen.

Ich fasse zusammen: Es kann keine Geschichte »der Vergangenheit« geben, wie sie tatsächlich gewesen ist. Es kann nur historische Interpretationen geben, und von diesen ist keine endgültig; und jede Generation hat das Recht, sich ihre eigenen Interpretationen zu schaffen. Aber sie hat nicht nur ein Recht dazu, sondern fast auch eine Pflicht; denn hier ist wirklich ein dringendes Bedürfnis zu erfüllen. Wir möchten nicht nur wissen, in welcher Beziehung unsere Schwierigkeiten zur Vergangenheit stehen, sondern wir brauchen dieses Wissen dringend. Und wir möchten den Weg sehen, auf dem wir zur Lösung der von uns gewählten Hauptaufgaben fortschreiten können. Wenn dieses Bedürfnis nicht in einer vernünftigen und kritischen Form erfüllt wird, so erzeugt es historizistische Interpretationen. Unter dem Druck dieses Bedürfnisses ersetzt der Historizist die rationale Frage: »Was sollen wir als die für uns dringendsten Probleme ansehen, wie sind sie zustande gekommen und wie können wir sie lösen?« durch die irrationale und nur dem Scheine nach sich auf Tatsachen beziehende Frage: »Welchen Weg gehen wir? Welche Richtungen und Tendenzen verfolgt unsere Zeit? Was ist die wesentliche Rolle, die uns die Geschichte zu spielen bestimmt hat?«

Aber darf ich dem Historizisten das Recht absprechen, die

Geschichte auf seine Weise zu interpretieren? Habe ich nicht soeben erklärt, daß jedermann dieses Recht besitzt? Meine Antwort auf diese Frage lautet, daß die historizistischen Interpretationen Interpretationen besonderer Art sind. Jene Interpretationen, die nötig und berechtigt sind und von denen wir die eine oder die andere annehmen müssen, können, wie ich sagte, mit einem Scheinwerfer verglichen werden. Diesen Scheinwerfer lassen wir über unsere Vergangenheit streichen, und wir hoffen durch seinen Widerschein die Gegenwart zu erhellen. Im Gegensatz dazu gleicht die historizistische Interpretation einem Scheinwerfer, den wir auf uns selbst richten. Sie macht es uns schwierig, wenn nicht unmöglich, unsere Umgebung zu sehen, und sie paralysiert unsere Handlungen. Um dieses Gleichnis zu deuten: Der Historizist sieht nicht, daß wir es sind, die die Tatsachen der Geschichte auswählen und ordnen, sondern er glaubt, daß »die Geschichte selbst« oder »die Geschichte der Menschheit« durch ihre inhärenten Gesetze uns, unsere Probleme, unsere Zukunft und sogar unseren Gesichtspunkt bestimmt. Statt zu erkennen, daß die historische Interpretation einem Bedürfnis entgegenkommen sollte, daß sie von den praktischen Problemen und den Entscheidungen abhängt, denen wir gegenüberstehen, glaubt der Historizist, daß sich in unserem Wunsche nach historischer Interpretation die profunde Intuition ausdrückt, wir könnten durch die Betrachtung der Geschichte das Geheimnis, das Wesen des menschlichen Schicksals entdecken. Der Historizismus ist auf der Suche nach dem Weg, den die Menschheit zu wandeln bestimmt ist; er will den Schlüssel zur Geschichte (wie es John Macmurray * nennt) oder den Sinn der Geschichte entdecken.

---

* s. S. 195.

Aber gibt es denn einen solchen Schlüssel? *Hat die Weltgeschichte einen Sinn?*

Ich will mich hier nicht mit dem Problem des Sinnes des Wortes »Sinn« beschäftigen; ich setze voraus, daß die meisten Menschen mit hinreichender Klarheit wissen, was sie meinen, wenn sie vom »Sinn der Geschichte« oder vom »Sinn des Lebens« sprechen. Und in diesem Sinn, in dem Sinn, in dem die Frage nach dem Sinn der Geschichte gewöhnlich gestellt wird, gebe ich zur Antwort: *Die Weltgeschichte hat keinen Sinn.*

Um meine Gründe für diese Ansicht zu geben, muß ich zunächst etwas über jene Art von »Geschichte« sagen, an die man denkt, wenn man die Frage nach ihrem Sinn stellt. Bisher habe ich selbst über »die Geschichte« gesprochen, als bedürfe dies keiner weiteren Erklärung. Das ist jetzt nicht mehr möglich; denn ich möchte es klarmachen, daß es eine *»Geschichte« in dem Sinn, in dem die meisten Menschen davon sprechen, einfach nicht gibt*; und das ist zumindest ein Grund, warum ich sage, daß sie keinen Sinn hat.

Wie kommen die meisten Menschen dazu, das Wort »Geschichte« zu verwenden? (Ich meine hier »Geschichte« in dem Sinn, in dem wir sagen, daß ein Buch die Geschichte Europas *betrifft* – nicht in dem Sinne, in dem wir sagen, daß es eine Geschichte Europas *ist.*) Sie lernen es in der Schule und an der Universität. Sie lesen Bücher darüber. Sie sehen, was in Büchern behandelt wird, die den Titel »Weltgeschichte« oder »Geschichte der Menschheit« tragen, und sie gewöhnen sich daran, in der Geschichte eine mehr oder weniger bestimmte Reihe von Tatsachen zu sehen. Die Abfolge dieser Tatsachen, so glauben sie, bildet die Geschichte der Menschheit.

Wir haben aber bereits gesehen, daß der Bereich der Tatsachen unendlich groß ist und daß wir daher eine Auswahl treffen müssen. Unseren Interessen entsprechend könnten wir zum Beispiel die Geschichte der Sprache erforschen, oder die Geschichte von Speiseverboten, oder die Geschichte des Typhusfiebers (wie zum Beispiel Hans Zinsser in seinem Buch *Rats, Lice and History* *). Sicher ist keine dieser Darstellungen eine Geschichte der Menschheit (noch sind sie es alle zusammengenommen). Wenn von der Geschichte der Menschheit gesprochen wird, so denkt man vielmehr an die Geschichte des ägyptischen, des babylonischen, des persischen, des mazedonischen und des römischen Reiches und so weiter, bis in die Gegenwart. Mit anderen Worten: Man spricht von der *Geschichte der Menschheit*, und was man meint und was man in der Schule gelernt hat, ist die *Geschichte der politischen Macht*.

In der Tat, es gibt keine Geschichte der Menschheit, es gibt nur eine unbegrenzte Anzahl von Geschichten, die alle möglichen Aspekte des menschlichen Lebens betreffen. Und eine von ihnen ist die Geschichte der politischen Macht. Sie wird zur Weltgeschichte erhoben. Aber das ist ein Affront gegen alle Menschlichkeit und Sittlichkeit. Es ist kaum besser, als wenn man die Geschichte der Unterschlagung oder des Raubes oder des Giftmordes zur Geschichte der Menschheit machen wollte. Denn *die Geschichte der Machtpolitik ist nichts anderes als die Geschichte der nationalen und internationalen Verbrechen und Massenmorde* (einige Versuche zu ihrer Unterdrückung eingeschlossen). Diese Geschichte wird in der Schule gelehrt, und einige der größten Verbrecher werden als ihre Helden gefeiert.

Aber gibt es wirklich keine Universalgeschichte im Sinne einer konkreten Geschichte der Menschheit? Eine solche Geschichte kann es nicht geben. Dies muß die Antwort jedes humanitär gesinnten Menschen und insbesondere jedes Christen sein. Eine konkrete Geschichte der Menschheit – wenn es sie gäbe – müßte die Geschichte aller Menschen sein. Sie müßte

---

* Boston 1935. Deutsche Ausgabe: *Ratten, Läuse und die Weltgeschichte*. Stuttgart/Lahr 1949.

die Geschichte aller menschlichen Hoffnungen, Kämpfe und Leiden sein. Denn kein Mensch ist wichtiger als irgendein anderer. Diese konkrete Geschichte kann nicht geschrieben werden. Wir müssen Abstraktionen machen, wir müssen vernachlässigen und auswählen. Aber damit kommen wir zu den vielen Geschichten – und unter ihnen zu jener Geschichte internationaler Verbrechen und Massenmorde, die als die Geschichte der Menschheit, als die »Weltgeschichte« angeboten worden ist.

Aber warum wurde gerade die Geschichte der Macht und nicht zum Beispiel die Geschichte der Religion oder der Dichtkunst ausgewählt? Dafür gibt es verschiedene Gründe. Einer dieser Gründe ist, daß die Macht uns alle, die Dichtung aber nur wenige von uns beeinflußt. Ein anderer ist, daß die Menschen geneigt sind, die Macht anzubeten. Aber die Anbetung der Macht ist eine der verächtlichsten Formen der Idolatrie und des Knechtsgeistes. Die Anbetung der Macht ist aus der Furcht geboren: aus einem Gefühl, das wir mit Recht verachten. Ein dritter Grund dafür, daß die Machtpolitik zum Zentrum des Interesses der Geschichtsschreiber wurde, ist, daß die Mächtigen oft den Wunsch hatten, angebetet zu werden, und daß sie die Mittel besaßen, ihre Wünsche durchzusetzen. Viele Historiker schrieben im Auftrag und unter der Aufsicht der Kaiser, der Generäle und der Diktatoren.

Ich weiß, daß diese Ansicht an vielen Stellen auf den stärksten Widerspruch stoßen wird, auch von seiten einiger Apologeten des Christentums. Denn die Ansicht, daß Gott sich in der Geschichte offenbare, gilt oft als ein Teil des christlichen Dogmas, obgleich sich im Neuen Testament kaum ein Satz findet, der diese Lehre unterstützen könnte. Dasselbe gilt von der Ansicht, daß die Geschichte sinnvoll ist und daß ihr Sinn der Zweck Gottes ist. Der Historizismus wird auf diese Art also als ein notwendiges Element der Religion hingestellt. Aber ich behaupte, daß diese Ansicht reine Idolatrie und Aberglaube ist, nicht nur vom Stand eines Rationalisten und Humanisten aus, sondern auch vom christlichen Standpunkt aus betrachtet.

Was steckt hinter dem theistischen Historizismus? Mit Hegel betrachtet er die Geschichte – die politische Geschichte – als einen Schauplatz, eine Schaubühne, als eine Art Shakespeareschen Schauspiels. Und die Zuschauer sehen die Helden des Schauspiels entweder in den »großen historischen Persönlichkeiten« oder in den Nationen oder vielleicht in der ganzen Menschheit als solcher. Und dann fragen sie: »Wer hat dieses Schauspiel geschrieben?« Und sie glauben, daß sie eine fromme Antwort geben, wenn sie sagen »Gott«. Aber sie irren sich. Ihre Antwort ist die reinste Lästerung, denn das Schauspiel wurde (und das wissen wir) nicht von Gott geschrieben, sondern von Geschichtsschreibern unter der Aufsicht von Generälen und Diktatoren.

Ich bestreite nicht, daß die Betrachtung der Geschichte vom christlichen Standpunkt aus ebenso gerechtfertigt ist wie ihre Betrachtung von jedem anderen Standpunkt aus; und es sollte sicher betont werden, daß wir zahlreiche Ziele und Ideale unserer abendländischen Kultur, wie die der Freiheit und der Gleichheit, dem Einfluß des Christentums verdanken. Aber gleichzeitig besteht die einzige rationale und auch die einzige christliche Einstellung, sogar zur Geschichte der Freiheit, in dem Eingeständnis, daß wir selbst für sie die Verantwortung tragen – in demselben Sinn, in dem wir für den Aufbau unseres Lebens verantwortlich sind –, daß nur unser Gewissen unser Richter sein kann, nicht aber der weltliche Erfolg. Die Lehre, daß Gott sich und seinen Urteilsspruch in der Geschichte offenbart, ist von der Lehre ununterscheidbar, daß der weltliche Erfolg der letzte Richter und die letzte Rechtfertigung unserer Handlungen ist. Sie läuft auf dasselbe hinaus wie die Lehre, daß die Geschichte uns richten wird, das heißt, daß *zukünftige Macht Recht ist*; eine Lehre, die ich »moralischen Futurismus« genannt habe. Die Behauptung, daß Gott sich in dem offenbart, was man gewöhnlich »Geschichte« nennt, in der Geschichte internationaler Verbrechen und Massenmorde, diese Behauptung ist eine Lästerung; und sie bleibt es, wenn wir statt an die Machthaber der Vergangenheit an die *zukünftigen* Machthaber und Massenmörder als unsere Richter appellieren. Was sich wirklich im Bereich des menschlichen Lebens ereignet – das wird durch diese grausame und zugleich kindliche Affäre kaum je berührt. Das Leben des vergessenen, des unbekannten individuellen Menschen: seine Sorgen, seine Freuden, seine Leiden und sein Tod – sie sind der wirkliche Gehalt der menschlichen Erfahrung durch alle Zeiten.

Könnte die Geschichte das erzählen, dann würde ich sicher nicht sagen, daß es Lästerung ist, den Finger Gottes in ihr zu sehen. Aber eine solche Geschichte gibt es nicht und kann es nicht geben; und was von der Geschichte existiert, die Geschichte der Großen und Mächtigen, ist bestenfalls eine schale Komödie, eine Opera buffa, aufgeführt von den Machthabern (ähnlich wie die Opera buffa Homers – der kleinlichen Streitigkeiten der olympischen Leiden und Kämpfe). Sie ist, was einer unserer schlechtesten Instinkte, die götzenhafte Anbetung der Macht, uns als die Wirklichkeit vorspiegelt. Und in dieser vom Menschen nicht einmal geschaffenen, sondern von ihm gefälschten »Geschichte« wagen einige Christen den Finger Gottes zu sehen! Sie wagen es, verstehen und wissen zu wollen, was sein Wille ist, während sie ihm ja nur ihre erbärmlich kleinen historischen Interpretationen unterzuschieben versuchen. »Im Gegenteil«, sagt der Theologe Karl Barth in seinem *Credo*, »wir müssen mit dem Eingeständnis beginnen... daß alles, was wir zu wissen glauben, wenn wir ›Gott‹ sagen, ihn nicht erreicht oder erfaßt... sondern immer nur eines unserer selbsterdachten und selbstverfertigten Idole ist, sei es nun der ›Geist‹, die ›Natur‹, das ›Schicksal‹ oder die ›Idee‹...« (Es entspricht dieser Einstellung, wenn Barth die »neuprotestantische Lehre von der Offenbarung Gottes in der

Geschichte« als »unzulässig« und als einen Eingriff in das »königliche Amt Christi« charakterisiert.) Aber vom christlichen Standpunkt aus betrachtet, liegt derartigen Versuchen nicht nur Arroganz zugrunde; was ihnen zugrunde liegt, ist, genauer gesagt, eine antichristliche Einstellung. Denn das Christentum lehrt, daß der weltliche Erfolg nicht entscheidend ist. Christus »litt unter Pontius Pilatus«. Ich zitiere wieder Barth: »Wie kommt Pontius Pilatus in das Credo? Die einfache Antwort läßt sich sogleich geben: Es ist eine Sache des Datums.« Auf diese Weise spielt der Mann des Erfolges, der Mann, der die historische Macht seiner Zeit darstellte, hier die rein technische Rolle eines Anzeigers der Zeit, zu der sich diese Ereignisse abspielten. Und welche Ereignisse waren das? Die Ereignisse waren nichts anderes als die Leiden eines Menschen. Barth betont, daß sich das Wort »leiden« auf das ganze Leben Christi und nicht nur auf seinen Tod bezieht; er sagt: »Christus *leidet*. Daher erobert er nicht. Er triumphiert nicht. Er hat keinen Erfolg... Er erreicht nichts als... seine Kreuzigung. Dasselbe kann man von seiner Beziehung zu seinem Volke und zu seinen Schülern sagen.« Mit diesen Zitaten aus den Schriften Barths will ich zeigen, daß die Anbetung des historischen Erfolges nicht nur von meinem »rationalistischen« und »humanistischen« Standpunkt aus unvereinbar zu sein scheint mit dem Geist des Christentums. Nicht die historischen Taten der mächtigen römischen Eroberer, sondern (um einen Ausdruck Kierkegaards zu verwenden) »was einige Fischer der Welt gegeben haben«, ist für das Christentum entscheidend. Und doch versuchen alle theistischen Interpretationen der Geschichte in ihr, so wie sie aufgezeichnet vorliegt, das heißt, in der Geschichte der Macht und des historischen Erfolges, die Manifestation des göttlichen Willens zu sehen.

Gegen diesen Angriff auf die »Lehre von der Offenbarung Gottes in der Geschichte« wird aller Wahrscheinlichkeit nach eingewendet werden, daß es doch der Erfolg ist, sein Erfolg *nach* seinem Tode, durch den sich das erfolglose Leben Christi auf Erden schließlich der Menschheit als der größte Sieg kundgetan hat; daß es der Erfolg war, daß es die Früchte seiner Lehre waren, die sie bewiesen und gerechtfertigt haben, und daß es auch der Erfolg war, durch den die Weissagung bestätigt wurde, daß »die Letzten die Ersten und die Ersten die Letzten sein werden«. Daß es mit anderen Worten der historische Erfolg der christlichen Kirche war, in dem sich der Wille Gottes offenbarte. Aber das ist eine höchst gefährliche Methode der Verteidigung. Die stillschweigende Annahme, daß der weltliche Erfolg der Kirche als ein Argument zugunsten des Christentums betrachtet werden kann, offenbart einen Mangel an Glauben. Die frühen Christen besaßen keine weltliche Aufmunterung dieser Art. (Sie glaubten, daß das Gewissen die Macht und nicht die Macht das Gewissen zu richten habe.) Wer behauptet, daß die Geschichte des Erfolgs der christlichen Lehren den Willen Gottes enthüllt, der sollte sich fragen, ob dieser Erfolg wirklich ein Erfolg des Geistes des Christentums war und ob dieser Geist zu einer Zeit, in der die Kirche verfolgt wurde, nicht mehr triumphierte als zu einer Zeit, da sie siegreich war. Welche Kirche verkörperte wohl diesen Geist in reinerer Form, die Kirche der Märtyrer oder die triumphierende Kirche der Inquisition?

Viele, die das zugeben und sogar mit Nachdruck betonen, daß die Botschaft Christi an die Sanftmütigen gerichtet ist, halten jedoch diese Botschaft noch immer für eine Botschaft des Historizismus, für eine historische Prophezeiung. Ein hervorragender Vertreter dieser Ansicht ist John Macmurray, der in seinem Buch *The Clue to History** das Wesen der christlichen Lehre im historischen Prophezeien findet und für den der Begründer dieser Lehre der Entdecker eines historisch-dialekti-

* London 1938.

schen Gesetzes der »menschlichen Natur« ist. Macmurray behauptet, daß die politische Geschichte nach diesem Gesetz unvermeidlich zum »sozialistischen Weltreich« führen müsse. »Das fundamentale Gesetz der menschlichen Natur kann nicht durchbrochen werden... Die Sanftmütigen werden die Erde besitzen«. Aber dieser Historizismus, der eine Sicherheit an Stelle einer Hoffnung setzt, muß zu einem moralischen Futurismus führen. »Das Gesetz *kann nicht* durchbrochen werden«. Somit können wir – aus psychologischen Gründen – sicher sein, daß dasselbe Ergebnis zustande kommen wird, was immer wir auch tun mögen; daß sogar der Faschismus am Ende zu jenem sozialistischen Weltreich führen muß, so daß das schließliche Ergebnis nicht von unserer moralischen Entscheidung abhängt und kein Grund besteht, sich über die eigene Verantwortlichkeit den Kopf zu zerbrechen. Wenn man uns sagt, daß wir aus wissenschaftlichen Gründen *sicher* sein können, daß »die Ersten die Letzten und die Letzten die Ersten sein werden«, was ist das anderes als die Ersetzung des Gewissens durch eine historische Prophezeiung? Kommt nicht diese Theorie (sicher gegen die Absicht ihres Autors) der Aufforderung gefährlich nahe: »Schließt euch rechtzeitig den Letzten an, der Partei der Sanftmütigen; denn nach den unerbittlichen wissenschaftlichen Gesetzen der menschlichen Natur ist dies der sicherste Weg, ganz obenauf herauszukommen!« Ein solcher Schlüssel zur Geschichte setzt voraus, daß wir alle Anbeter des Erfolges sind; er bedeutet, daß die Sanftmütigen dadurch gerechtfertigt sind, daß sie sich auf der Seite der Sieger befinden werden. Er übersetzt den Marxismus in die Sprache einer Psychologie der menschlichen Natur und einer religiösen Prophezeiung. Es ist eine Interpretation, die implizit die größte Errungenschaft des Christentums darin sieht, daß sein Gründer ein Vorläufer Hegels war, zugestandenermaßen ein überlegener Vorläufer.

Wenn ich darauf bestehe, daß wir den Erfolg nicht anbeten

sollten, daß er nicht unser Richter sein kann, daß wir uns nicht von ihm blenden lassen dürfen – wenn ich insbesondere zu zeigen versuche, daß ich in dieser Einstellung mit dem meiner Ansicht nach wahren Christentum übereinstimme, so sollte man mich nicht mißverstehen. Diese Bemerkungen haben nicht das Ziel, eine nichtweltliche Haltung zu verteidigen. Ich weiß nicht, ob das Christentum »nicht von dieser Welt« ist; aber das eine ist sicher: Es lehrt, daß die einzige Weise, in der wir unseren Glauben zeigen können, darin besteht, daß wir den Leidenden und Bedürftigen praktische (und weltliche) Hilfe zukommen lassen. Und es ist sicher möglich, eine Haltung äußerster Reserve und sogar der Verachtung für weltliche Erfolge im Sinne von Macht, Ruhm und Reichtum mit einem Versuch zu vereinen, in dieser Welt sein Bestes zu tun und die menschlichen Ziele, zu deren Annahme man sich entschlossen hat, mit der klaren Absicht zu fördern, sie zum Erfolg zu führen; nicht um des Erfolges willen, nicht, weil uns die Geschichte rechtfertigen wird, sondern um des Zieles selbst willen.

In Kierkegaards Kritik an Hegel finden wir eine kräftige Unterstützung einiger dieser Ansichten und insbesondere der Unvereinbarkeit des Historizismus mit dem Christentum. Kierkegaard hat sich zwar nie selbst von der Hegelschen Tradition befreit, in der er erzogen wurde; dennoch gab es kaum jemanden, der klarer erkannte, was der Hegelsche Historizismus eigentlich bedeutet. »Es haben ja vor Hegel Philosophen gelebt«, so schreibt Kierkegaard, »die sich's vornahmen, das Dasein, die Geschichte zu erklären. Und bei jedem solchen Versuche muß wohl eigentlich die Vorsehung lächeln. Aber sie hat darüber doch vielleicht nicht gelacht, denn es war ja doch ein menschlich redlicher Ernst.

Aber Hegel – oh, laß mich griechisch denken! –: wie haben sich die Götter vor Lachen geschüttelt! So ein ekliger Professor, der die Notwendigkeit von allem ganz durchschaut hat und das Ganze ableiern kann: ihr Götter!« Und Kierkegaard setzt fort, indem er auf den Angriff des Atheisten Schopenhauer auf den christlichen Apologeten Hegel verweist: »Es hat mich unaussprechlich gefreut, Schopenhauer zu lesen. Was er sagt, ist ganz wahr, und dann wieder, was ich den Deutschen gönne, so grob, wie nur ein Deutscher sein kann.« Kierkegaards eigene Ausdrücke sind aber nicht viel weniger grob als die Schopenhauers; denn er schreibt über die Hegelei: »Von aller Ausschweifung ist doch dies geistreiche Wesen der pantheistischen Fäulnis die widerwärtigste«, und er spricht vom »Schimmel der Aufgeblasenheit«, von seiner »intellektuellen Wollust« und dem »elenden Glanze des Verderbens«.

Und in der Tat – unsere intellektuelle wie auch unsere sittliche Erziehung ist verdorben. Sie ist verdorben durch die Anbetung des glänzenden Scheins und des geistreichen Wesens; durch die Bewunderung der Art und Weise, in der Dinge gesagt und getan werden, die an Stelle dessen tritt, was gesagt und getan wird. Sie ist verdorben durch die romantische Idee des Glanzes, der sich auf der Schaubühne der Geschichte entfaltet, auf der wir unsere Rollen spielen. Wir werden dazu erzogen, bei allen unseren Handlungen die Galerie im Auge zu behalten.

Das Problem, wie ein Mensch zu einer gesunden Einschätzung seiner eigenen Bedeutung in bezug auf die Bedeutung anderer Individuen erzogen werden kann, ist gründlich verwirrt durch diese Ruhmes- und Schicksalsethiken, durch eine Moralität, die ein Erziehungssystem fortsetzt, das noch immer auf den Klassikern der Weltgeschichte und ihren romantischen Vorstellungen von der Macht beruht sowie auf ihrer romantischen Hordenmoral, die bis auf Heraklit zurückreicht. Es ist verwirrt durch den Einfluß eines Moralsystems, das im Grunde auf der Anbetung der Macht beruht. Statt einer nüchternen Kombination von Individualismus und Altruismus – das heißt, statt einer Position, die etwa sagt: »Wirklich wichtig sind nur die menschlichen Individuen, aber daraus schließe ich nicht, daß meine Person sehr wichtig ist« – wird eine romantische

Kombination von Egoismus und Kollektivismus als gegeben hingenommen. Das heißt, die Bedeutung des »Selbst«, seines Gefühlslebens und seines »Selbstausdrucks« und damit die Spannung zwischen der »Persönlichkeit« und der Gruppe, dem Kollektiv, wird romantisch übertrieben. Dieses Kollektiv nimmt nun den Platz der anderen Individuen, der andern Menschen ein, läßt aber keine vernünftigen persönlichen Beziehungen zu. »Herrsche oder unterwirf dich« – so lautet im Grunde der Wahlspruch dieser Einstellung; sei entweder ein großer Mann, ein Held, der sich mit dem Schicksal herumschlägt und der Ruhm verdient (»Je größer der Fall, desto größer der Ruhm«, so sagt Heraklit), oder gehöre zu den »Massen«, unterwirf dich der Führerschaft und opfere dich für die höhere Sache deines Kollektivs. Ein neurotisches, ein hysterisches Element liegt in diesem übertriebenen Nachdruck auf der Bedeutung der Spannung zwischen dem Selbst und dem Kollektiv, und ich bezweifle nicht, daß diese Hysterie, diese Reaktion auf die Last der Zivilisation, das Geheimnis der starken emotionellen Anziehungskraft ist, die die Ethik der Heldenverehrung, die Ethik der Beherrschung und Unterwerfung besitzt.

All dem liegt eine wirkliche Schwierigkeit zugrunde. Während es ziemlich klar ist, daß sich der Politiker auf einen Kampf gegen die Übel beschränken und nicht versuchen sollte, »positive« oder »höhere« Werte wie die Glückseligkeit zu erkämpfen, befindet sich der Lehrer in einer prinzipiell anderen Lage. Zwar sollte er es nicht versuchen, seine Skala »höherer« Werte den Schülern *aufzuzwingen*; aber er sollte doch sicher den Versuch machen, ihr Interesse an diesen Werten *anzuregen*. Er sollte sich um die Seelen seiner Schüler sorgen. (Als Sokrates seinen Freunden sagte, sie sollten um ihre Seelen besorgt sein, war offenbar *er* um ihre Seelen besorgt.) Es gibt also wohl so etwas wie ein romantisches oder ästhetisches Element in der Erziehung; ein Element, das in der Politik keinen Eingang finden sollte. Aber obgleich dies im Prinzip zutrifft, läßt es sich doch kaum auf unser Erziehungssystem anwenden. Denn es setzt eine Freundschaftsbeziehung zwischen Lehrer und Schüler voraus, bei welcher es jedem der beiden Teile freistehen müßte, sie fortzusetzen oder sie zu beenden. (Sokrates wählte sich seine Gefährten, und sie wählten ihn.) Schon die Zahl der Schüler macht dies in unseren Schulen unmöglich. Dementsprechend sind alle organisatorischen Versuche, höhere Werte zu übertragen, nicht nur erfolglos, sondern, wie man nachdrücklich betonen muß, sie richten außerdem noch *Schaden* an – sie führen also zu konkreteren Dingen als die Ideale, die man erreichen wollte. Und das Prinzip, daß wir jenen Menschen, die man uns anvertraut hat, vor allem nicht schaden dürfen, sollte in der Erziehung ebenso grundlegend sein wie in der Medizin. »Füge keinen Schaden zu« (und daher »gib den jungen Menschen das, was sie am dringendsten brauchen, um von uns unabhängig und fähig zu werden, für sich selbst zu wählen«) wäre ein höchst wertvolles Ziel, dessen Verwirklichung ziemlich fern liegt, obwohl es so bescheiden klingt. Statt dessen sind »höhere« Ziele die Mode, Ziele, die typisch romantisch und in Wirklichkeit unsinnig sind, wie etwa »die volle Entwicklung der Persönlichkeit«.

Es ist der Einfluß solcher romantischer Ideen, der, wie bereits bei Platon, noch immer zur Identifikation des Individualismus mit dem Egoismus und des Altruismus mit dem Kollektivismus (das heißt mit der Ersetzung des individuellen Egoismus durch den Gruppenegoismus) führt. Aber dadurch wird sogar der Weg zu einer klaren Formulierung des erzieherischen Hauptproblems versperrt, des Problems nämlich, wie es möglich ist, zu einer gesunden Einschätzung der Bedeutung der eigenen Person relativ zur Bedeutung anderer Individuen zu kommen. Da man mit Recht fühlt, daß wir uns ein Ziel wählen müssen, das über uns hinausweist, ein Ziel, dem wir uns widmen und dem wir Opfer bringen können, so zieht man den Schluß, daß das Kollektiv mit seiner »historischen Mission«

dieses Ziel sein müsse. Es wird uns also gesagt, daß wir Opfer bringen müssen, und zur gleichen Zeit erfahren wir, daß wir auf diese Weise einen ausgezeichneten Handel machen. Wir sollen Opfer bringen – aber wir gewinnen dadurch Ruhm und Ehre; wir werden »Hauptdarsteller«, Helden auf der Bühne der Geschichte; für einen kleinen Einsatz gewinnen wir großen Lohn. Dies ist die zweifelhafte Moral einer Zeit, in der nur eine winzige Minorität wirklich zählte und in der sich niemand um das Volk kümmerte. Das ist die Moral jener Menschen, die als politische oder intellektuelle Oligarchen eine Chance hatten, in die Lehrbücher der Geschichte einzugehen. Sie kann aber keinesfalls die Moral derjenigen sein, die sich für Gerechtigkeit und Gleichberechtigung einsetzen; denn der historische Ruhm kann nicht gerecht sein, und er kann nur von wenigen errungen werden. Die große Zahl der Menschen, die ebensoviel und mehr wert sind, wird immer vergessen bleiben.

Man sollte vielleicht zugeben, daß die heraklitische Ethik – die Lehre, daß der höhere Lohn etwas ist, was nur die Nachwelt bieten kann – ein wenig besser sein mag als die Lehre, die uns auffordert, uns schon jetzt nach unserer Belohnung umzusehen. Aber sie ist nicht das, was wir brauchen. Wir brauchen eine Ethik, die Erfolg und Belohnung überhaupt ablehnt. Und eine solche Ethik braucht nicht erst erfunden zu werden. Sie ist nicht neu. Sie wurde, zumindest in seinen Anfängen, vom Christentum gelehrt. Sie wird, wieder, von der industriellen wie auch der wissenschaftlichen Zusammenarbeit der Gegenwart gelehrt. Die romantische historizistische Ruhmesmoral scheint glücklicherweise im Abnehmen begriffen zu sein. Der Unbekannte Soldat zeigt dies. Wir beginnen einzusehen, daß ein Opfer ebensoviel und vielleicht noch mehr wert ist, wenn es anonym gebracht wird. Unsere moralische Erziehung muß nachfolgen. Wir müssen lernen, unsere Arbeit zu tun, unsere Opfer um dieser Arbeit willen zu bringen und nicht um des Ruhmes willen oder um Schande zu vermeiden. (Daß wir alle eine gewisse Ermunterung, Hoffnung, Lohn und sogar Tadel brauchen, ist eine andere Sache.) Wir müssen unsere Rechtfertigung in unserer Arbeit finden, in dem, was wir selbst tun, und nicht in einem fiktiven »Sinn der Geschichte«.

Die Geschichte hat keinen Sinn, ist meine These. Aber aus dieser Behauptung folgt nicht, daß wir nichts tun können, daß wir die Geschichte der politischen Macht akzeptieren müssen oder daß wir gezwungen sind, sie als einen grausamen Scherz hinzunehmen. Denn wir können sie interpretieren mit dem Blick auf jene Probleme der Machtpolitik, deren Lösung wir in unserer eigenen Zeit versuchen wollen. Wir können die Geschichte der Machtpolitik interpretieren vom Standpunkt unseres Kampfes für die offene Gesellschaft, für die Herrschaft der Vernunft und des Rechts, für Gerechtigkeit, Freiheit, Gleichheit und für die Abschaffung des Krieges. Obwohl die Geschichte keinen Endzweck hat, können wir ihr dennoch diese unsere Zwecke auferlegen; und *obwohl die Geschichte keinen Sinn hat, können wir ihr einen Sinn geben.* (Schon Theodor Lessing hat von der »Geschichte als Sinngebung des Sinnlosen« gesprochen, wenn auch in einer etwas anderen Bedeutung.)

Es ist das Problem von Natur und Konvention, auf das wir hier stoßen. Weder die Natur noch die Geschichte kann uns sagen, was wir tun sollen. Tatsachen, seien es nun Tatsachen der Natur oder Tatsachen der Geschichte, können die Entscheidungen nicht für uns treffen, sie können nicht die Zwecke bestimmen, die wir wählen werden. Wir sind es, die Zweck und Sinn in die Natur und in die Geschichte einführen. Die Menschen sind einander nicht gleich; aber wir können uns entschließen, für gleiches Recht zu kämpfen. Menschliche Institutionen, wie etwa der Staat, sind nicht rational; aber wir können uns entschließen zu kämpfen, um sie rationaler zu machen. Wir selbst wie auch unsere Sprache sind im großen und ganzen eher emotional als rational; wir können aber versuchen, etwas rationaler zu werden, und wir können uns darin üben, unsere Sprache nicht als ein Ausdrucksmittel (wie unsere romantischen Erziehungstheoretiker sagen würden), sondern als Mittel der rationalen Verständigung zu verwenden. Die Geschichte selbst – ich meine hier natürlich die Geschichte der Machtpolitik und nicht die nicht-existierende Geschichte der Entwicklung der Menschheit – hat weder ein Ziel noch einen Sinn; aber wir können uns entschließen, ihr beides zu geben. Wir können sie zum Kampf für die offene Gesellschaft und ihre Feinde machen, und wir können sie dementsprechend interpretieren. Schießlich läßt sich dasselbe auch über den »Sinn des Lebens« sagen. An uns liegt es, zu entscheiden, was der Zweck unseres Lebens sein soll, und unsere Ziele zu bestimmen.

Ich halte diesen Dualismus von Tatsachen und Entscheidungen für fundamental. Tatsachen als solche haben keinen Sinn; sie können einen Sinn nur durch unsere Entscheidungen erhalten. Der Historizismus ist nur einer der vielen Versuche, über diesen Dualismus hinwegzukommen. Er ist aus der Furcht geboren; denn er scheut vor der Einsicht zurück, daß wir selbst die Verantwortung tragen für die ethischen Maßstäbe, die wir anerkennen. Aber ein solcher aus der Furcht geborener Versuch scheint mir genau das zu sein, was man gewöhnlich einen Aberglauben nennt. Denn er nimmt an, daß wir dort ernten können, wo wir nicht gesät haben; er versucht uns einzureden, daß alles gut ausgehen wird und muß, wenn wir nur mit der Geschichte Schritt halten; daß wir selbst keine grundlegende Entscheidung zu treffen brauchen; und er versucht, unsere Verantwortlichkeit auf die Geschichte und damit auf ein sich über uns abwickelndes dämonisches Spiel der Mächte abzuwälzen. Er versucht, unsere Handlungen auf die verborgenen Absichten dieser Mächte zu gründen, auf Absichten, die uns nur in mystischen Inspirationen und Intuitionen geoffenbart werden können; und er stellt damit uns und unsere Handlungen auf das moralische Niveau eines Menschen, der, durch

Horoskope und Träume inspiriert, seine Glückszahl in der Lotterie wählt. Wie das Glücksspiel, so ist auch der Historizismus aus unserer Verzweiflung an der Rationalität und der Verantwortlichkeit unserer Handlungen geboren. Er ist eine entartete Hoffnung und ein entarteter Glaube, ein Versuch, die Hoffnung und den Glauben, der in unserem moralischen Enthusiasmus und in der Verachtung des Erfolges begründet ist, durch eine Sicherheit zu ersetzen, die einer Pseudowissenschaft entspringt. Und es macht keinen Unterschied, ob das eine Pseudowissenschaft von den Sternen ist, von der »menschlichen Natur« oder von unserem historischen Schicksal.

Der Historizismus, so behaupte ich, ist nicht nur rational unhaltbar, sondern er widerspricht auch jeder Religion, die an das Gewissen appelliert. Denn eine solche Religion muß mit der rationalistischen Einstellung zur Geschichte insofern übereinstimmen, als sie betont, daß wir für unsere Handlungen und für den Einfluß dieser Handlungen auf den Lauf der Geschichte unumschränkte Verantwortung tragen. Es ist wahr – wir brauchen Hoffnung; ohne Hoffnung zu handeln oder zu leben, übersteigt unsere Kraft. Aber *wir brauchen nicht mehr*, und man darf uns nicht mehr versprechen. Wir brauchen nicht Gewißheit. Insbesondere die Religion sollte kein Ersatz für Träume und für Wunscherfüllungen sein. Sie sollte weder dem Besitz eines Loses in einer Lotterie noch dem Besitz einer Police in einer Versicherungsgesellschaft gleichen. Der Historizismus in der Religion ist ein Element der Idolatrie und des Aberglaubens.

Dieser Nachdruck auf den Dualismus von Tatsachen und Entscheidungen bestimmt auch unsere Einstellung zu Ideen, wie zum Beispiel der Idee des »Fortschrittes«. Wenn wir glauben, daß die Geschichte fortschreitet oder daß wir selbst fortschreiten müssen, dann begehen wir denselben Fehler wie ein Mensch, der die Geschichte für sinnvoll hält und der glaubt, daß sich dieser Sinn in ihr entdecken lasse und ihr nicht verliehen zu werden brauche. Denn fortschreiten heißt, sich auf ein bestimmtes Ziel hinzubewegen, auf ein Ziel, das für uns als menschliche Wesen besteht. »Die Geschichte« kann dies nicht tun; nur wir, die menschlichen Individuen, können es tun. Wir können es tun, indem wir jene demokratischen Institutionen verteidigen und stärken, von denen die Freiheit und mit ihr der Fortschritt abhängt. Und wir werden es viel besser tun, wenn wir einmal die Tatsache besser erkannt haben, daß der Fortschritt von uns abhängt, daß er abhängt von unserer Wachsamkeit, von unseren Anstrengungen, von der Klarheit, mit der wir uns unsere Ziele vorstellen, und vom Realismus unserer Entscheidungen.

Statt als Propheten zu posieren, müssen wir zu Schöpfern unseres Geschickes werden. Wir müssen lernen, unsere Aufgaben zu erfüllen, so gut wir es eben können, und wir müssen lernen, unsere Fehler einzusehen. Und wenn wir einmal von der Idee abgekommen sind, daß die Geschichte der Macht unser Richter sein wird; wenn wir nicht mehr von der Frage besessen sind, ob uns die Geschichte wohl rechtfertigen wird; dann, vielleicht, wird es uns eines Tages gelingen, die geschichtlichen Mächte zu zähmen. Vielleicht können wir in dieser Weise am Ende sogar die Weltgeschichte rechtfertigen: Sie hat eine solche Rechtfertigung dringend nötig.

9. Zur Theorie der Demokratie

Mein größtes Interesse ist die Natur – und die Naturwissenschaft: die Kosmologie. Seit ich im Juli 1919 den Marxismus aufgegeben hatte, war ich an der Politik und ihrer Theorie nur als Staatsbürger interessiert – und als Demokrat. Aber die in den 20er und frühen 30er Jahren anschwellenden totalitären Bewegungen von links und von rechts und schließlich die Machtergreifung Hitlers in Deutschland zwangen mich dazu, über das Problem der Demokratie nachzudenken.

Obwohl mein Buch *The Open Society and Its Enemies* (deutsch: *Die offene Gesellschaft und ihre Feinde*) Hitler und die Nazis mit keinem Wort erwähnte, war es als mein Beitrag zum Krieg gegen Hitler gedacht: Das Buch ist eine Theorie der Demokratie und eine Verteidigung der Demokratie gegen die alten und neuen Angriffe ihrer Feinde; es kam 1945 heraus und wurde immer wieder aufgelegt. Aber das, was ich für seinen wichtigsten Punkt halte, wurde, so scheint mir, nur selten ganz verstanden.

Wie ein jeder weiß, heißt »Demokratie« auf deutsch »Volksherrschaft« oder »Volkssouveränität«, im Gegensatz zu »Aristokratie« (Herrschaft der Besten oder der Vornehmsten) und »Monarchie« (Herrschaft eines einzelnen). Aber der Wortsinn hilft uns nicht weiter. Denn nirgends herrscht das Volk: Überall herrschen die Regierungen (und leider auch die Bürokratie, das heißt die Beamten, die nur schwer oder gar

---

In: DER SPIEGEL, Nr. 32, 3. August 1987, S. 54/55.

nicht zur Verantwortung gezogen werden können). Außerdem sind Großbritannien, Dänemark, Norwegen und Schweden Monarchien und gleichzeitig sehr gute Beispiele von Demokratien (vielleicht mit Ausnahme von Schweden, wo eine unverantwortliche Steuerbürokratie jetzt die diktatorische Gewalt ausübt); ganz im Gegensatz zur DDR, die sich selbst als Demokratie bezeichnet – aber, leider, zu Unrecht.

Worauf kommt es denn wirklich an?

Es gibt eigentlich nur zwei Staatsformen: solche, in denen es möglich ist, die Regierung ohne Blutvergießen durch eine Abstimmung loszuwerden, und solche, in denen das nicht möglich ist. Darauf kommt es an, nicht aber darauf, wie man diese Staatsform benennt. Gewöhnlich nennt man die erste Form »Demokratie« und die zweite Form »Diktatur« oder »Tyrannei«. Aber es steht nicht dafür, über Worte (wie DDR) zu streiten. Das Entscheidende ist allein die Absetzbarkeit der Regierung, ohne Blutvergießen.

Für diese Absetzbarkeit gibt es verschiedene Methoden. Die beste Methode ist die einer Abstimmung: Eine Neuwahl oder ein Votum in einem gewählten Parlament kann die Regierung stürzen. Darauf kommt es an. Es ist daher falsch, wenn man die Betonung auf die Frage legt (wie es von Platon bis Marx und auch später immer wieder getan wurde): »Wer soll regieren? Das Volk (der Pöbel) oder die wenigen Besten? Die (guten) Arbeiter oder die (bösen) Kapitalisten? Die Mehrheit oder die Minderheit? Die Partei von links oder die Partei von rechts oder eine Partei der Mitte?« Alle diese Fragen sind falsch gestellt. Denn es kommt nicht darauf an, wer regiert, solange man die Regierung ohne Blutvergießen loswerden kann. Jede Regierung, die man wieder loswerden kann, hat einen starken Anreiz, sich so zu verhalten, daß man mit ihr zufrieden ist. Und dieser Anreiz fällt weg, wenn die Regierung weiß, daß man sie nicht so leicht loswerden kann.

Um zu zeigen, wie wichtig diese einfache Theorie der Demokratie in der Praxis ist, möchte ich sie auf das Problem des Proportionalwahlrechts anwenden. Wenn ich hier ein Wahlrecht kritisiere, das in der so gut bewährten Verfassung der Bundesrepublik verankert ist, so soll das nur als ein Versuch betrachtet werden, eine Diskussion über eine Ansicht zu eröffnen, die meines Wissens selten in Frage gestellt wird. Verfassungen soll man nicht leichtfertig ändern; aber es ist gut, kritisch über sie zu diskutieren, schon um das Bewußtsein ihrer Bedeutung lebendig zu erhalten.

In den Demokratien des westeuropäischen Kontinents ist ein Wahlrecht verbreitet, das sich wesentlich von jenem Wahlrecht unterscheidet, das zum Beispiel in Großbritannien und in den Vereinigten Staaten gültig ist und das auf der Idee der lokalen Repräsentation beruht. In Großbritannien entsendet jeder Wahlkreis einen Repräsentanten ins Parlament: den, der die meisten Stimmen bekommen hat. Welcher Partei und ob er einer Partei angehört oder nicht, wird offiziell nicht zur Kenntnis genommen. Seine Pflicht ist es, nach bestem Wissen und Gewissen die Interessen jener zu vertreten, die in seinem Wahlkreis wohnen, ob sie einer Partei angehören oder nicht. Natürlich gibt es Parteien, und sie spielen eine große Rolle bei der Regierungsbildung. Aber wenn der Repräsentant eines Wahlkreises glaubt, daß es im Interesse seines Wahlkreises ist (vielleicht auch des ganzen Volkes), gegen seine Partei zu stimmen oder sogar mit ihr zu brechen, so ist er verpflichtet, es zu tun. Winston Churchill, der größte Staatsmann unseres Jahrhunderts, war niemals ein Gefolgsmann, und er hat zweimal die Partei gewechselt. Ganz anders ist die Lage im kontinentalen Europa. Der Proporz besagt, daß jede Partei so viele Vertreter im Parlament – etwa im Bundestag – bekommt, daß die Zahl der Abgeordneten der verschiedenen Parteien in möglichst genauem Verhältnis zu den für die Parteien abgegebenen Stimmen steht.

Die Parteien sind damit von der Verfassung des Staates anerkannt und im Grundrecht verankert. Und der individuelle Abgeordnete wird ganz offiziell als Repräsentant seiner Partei gewählt. Daher kann er nicht die Pflicht haben, unter Umständen gegen seine Partei zu stimmen: Er ist, ganz im Gegenteil, moralisch an seine Partei gebunden, da er ja nur als Repräsentant dieser Partei gewählt wurde. (Und sollte er das nicht länger mit seinem Gewissen vereinbaren können, so hätte er wohl die moralische Pflicht, zurückzutreten; auch dann, wenn die Verfassung das nicht vorschreibt.)

Ich weiß natürlich, daß man Parteien braucht: Niemand hat bisher ein demokratisches System erfunden, das ohne Parteien auskommt. Aber politische Parteien sind keine allzu erfreulichen Erscheinungen. Andererseits ohne Parteien geht es nicht. Alle unsere Demokratien sind keine Volksregierungen, sondern Parteiregierungen. Das heißt Regierungen der Parteiführer; denn je größer eine Partei ist, um so weniger ist sie einig, um so weniger ist sie demokratisch, um so weniger Einfluß haben die, die für sie stimmen, auf die Parteiführung und auf das Parteiprogramm. Der Glaube, ein nach dem Proporz gewählter Bundestag oder ein Parlament sei ein besserer Spiegel des Volkes und seiner Wünsche, ist falsch. Er repräsentiert nicht das Volk und seine Meinungen, sondern lediglich den Einfluß der Parteien (und der Propaganda) auf die Bevölkerung am Wahltag. Und er macht es schwieriger, daß der Wahltag zu dem wird, was er sein könnte und sollte: ein Tag des Volksgerichts über die Tätigkeit der Regierung.

Es gibt also keine gültige Theorie der Volksherrschaft; keine gültige Theorie, die den Proporz fordert. So müssen wir fragen: Wie wirkt sich der Proporz in der Praxis aus. Erstens auf die Regierungsbildung, zweitens auf die so entscheidend wichtige Möglichkeit, eine Regierung zu entlassen?

1. Je mehr Parteien, um so schwieriger die Regierungsbildung. Das ist erstens eine Tatsache der Erfahrung, und zweitens ist es auch eine Tatsache der Vernunft: Wenn es nur zwei Parteien gäbe, dann wäre die Regierungsbildung leicht. Aber der Proporz macht es auch kleinen Parteien möglich, einen großen – oft einen entscheidenden – Einfluß auf die Regierungsbildung zu gewinnen und damit sogar auf die politischen Entscheidungen der Regierung.

Jeder wird das zugeben; und jeder weiß, daß der Proporz die Anzahl der Parteien vermehrt. Aber solange man annimmt, daß das »Wesen« der Demokratie in der Volksherrschaft besteht, muß man, als Demokrat, diese Schwierigkeiten in Kauf nehmen, da der Proporz dann ja als »wesentlich« erscheint.

2. Doch der Proporz, und damit die Vielzahl der Parteien, wirkt sich womöglich noch schlimmer aus, was die so wichtige Entlassung einer Regierung durch Volksentscheid angeht, also zum Beispiel durch Neuwahl des Parlaments – erstens, da man weiß, daß es viele Parteien gibt und daher kaum erwarten kann, daß eine der vielen Parteien die absolute Mehrheit erreichen wird. Wenn daher diese Erwartung eintrifft, so hat sich eben der Volksentscheid gegen keine der Parteien ausgesprochen. Keine der Parteien wurde entlassen, keine der Parteien wurde verurteilt.

Zweitens erwartet man nicht, daß der Wahltag ein Tag des Volksgerichts über die Regierung ist. Manchmal war die Regierung eine Minderheitsregierung und daher nicht in der Lage zu tun, was für sie richtig hielt, sondern zu Konzessionen gezwungen; oder sie war eine Koalitionsregierung, in der keine der regierenden Parteien voll verantwortlich war.

So gewöhnt man sich daran, keine der politischen Parteien und keinen ihrer Führer für die Entscheidung der Regierung verantwortlich zu machen. Und daß eine Partei etwa fünf oder zehn Prozent ihrer Stimmen verliert, wird von niemandem als

Schuldspruch angesehen; am wenigsten von den Wählern, den Regierten: Es deutet nur auf ein momentanes Schwanken in der Popularität.

Drittens: Auch dann, wenn die Mehrheit der Wähler eine bestehende Mehrheitsregierung entlassen will, kann sie das nicht unbedingt erreichen. Denn selbst wenn eine Partei, die bisher die absolute Mehrheit hatte (so daß sie verantwortlich gemacht werden konnte), ihre Mehrheit verliert, so wird sie unter einem Proporz höchstwahrscheinlich noch immer die größte Partei bleiben. Daher wird sie mit der Unterstützung einer der kleinsten Parteien eine Koalitionsregierung bilden können. So wird der entlassene Führer der großen Parteien weiterregieren – gegen den Mehrheitsbeschluß und aufgrund der Entscheidung einer kleinen Partei, die meilenweit davon entfernt sein kann, den »Willen des Volkes« zu repräsentieren. Natürlich kann eine solche kleine Partei auch ohne Neuwahl, ohne einen neuen Auftrag von der Wählerschaft eine Regierung stürzen und zusammen mit den Oppositionsparteien eine neue Regierung bilden – in groteskem Gegensatz zu der Idee, die dem Proporz zugrunde liegt: der Idee, daß der Einfluß einer Partei der Anzahl ihrer Wähler entsprechen soll.

Solche Dinge kommen häufig vor. Und dort, wo es eine Vielzahl von Parteien gibt und wo daher Koalitionen die Regel sind, sind sie geradezu selbstverständlich geworden.

Es ist ganz richtig, daß Ähnliches auch in einem Land geschehen kann, in dem es keinen Proporz gibt. Aber in solchen Ländern – etwa in Großbritannien oder in den Vereinigten Staaten – hat sich eine Tendenz entwickelt, daß sich hauptsächlich zwei große Parteien gegenüberstehen, die miteinander konkurrieren.

Mir scheint eine Form, die das Zweiparteiensystem möglich macht, die beste Form der Demokratie zu sein. Denn sie führt immer wieder zur Selbstkritik der Parteien. Wenn eine der beiden großen Parteien in einer Wahl eine richtige Schlappe erlitten hat, dann kommt es gewöhnlich zu einer radikalen Reform innerhalb der Partei. Das ist eine Folge der Konkurrenz und des eindeutigen Verdammungsurteils der Wähler, das nicht übersehen werden kann. So werden die Parteien durch dieses System von Zeit zu Zeit gezwungen, aus ihren Fehlern zu lernen oder unterzugehen. Meine Bemerkungen gegen den Proporz bedeuten nicht, daß ich allen Demokratien den Rat erteile, den Proporz aufzugeben. Ich wünsche nur, der Diskussion darüber eine neue Richtung zu geben. Der Gedanke, daß aus der Idee der Demokratie die moralische Überlegenheit des Proporzsystems logisch abgeleitet werden könne und daß die kontinentalen Systeme wegen des Proporzes besser, gerechter oder demokratischer seien als die angelsächsischen Systeme, ist naiv und hält einer etwas eingehenderen Überlegung nicht stand.

Zusammenfassend: Die Ansicht, daß der Proporz demokratischer sei als das britische oder das amerikanische System, ist unhaltbar, da sie sich auf eine überholte Theorie der Demokratie als Volksregierung berufen muß (die ihrerseits auf die sogenannte Souveränitätstheorie des Staates zurückgeht). Diese Theorie ist moralisch verfehlt und sogar unhaltbar. Sie ist durch die Theorie der Entlassungsgewalt der Majorität überholt.

Dieses moralische Argument ist wohl noch wichtiger als das praktische Argument, daß wir nicht mehr als zwei voll verantwortliche und konkurrierende Parteien brauchen, um den Wählern die Macht zu geben, in ihrer Wahl über die Regierung zu Gericht zu sitzen. Der Proporz schafft die Gefahr, daß der Wahlentscheid der Mehrheit bagatellisiert wird und damit auch der Einfluß einer Wahlniederlage auf die Parteien – ein wohltätiger Einfluß, den die Demokratie brauchen kann. Und für einen klaren Mehrheitsentscheid ist es wichtig, daß es eine möglichst gute und starke Oppositionspartei gibt. Sonst sind die Wähler oft gezwungen, eine schlechte Regierung weiter regieren zu lassen, weil sie Grund haben anzunehmen: »Es kommt nichts Besseres nach.«

Widerspricht nicht meine Verteidigung des Systems der zwei Parteien der Idee einer offenen Gesellschaft? Ist nicht die Toleranz einer Vielheit von Meinungen und Theorien, also ein Pluralismus, charakteristisch für die offene Gesellschaft und ihre Wahrheitssuche, und soll sich dieser Pluralismus nicht in einer Vielzahl von Parteien ausdrücken? Meine Antwort: Es ist die Funktion einer politischen Partei, eine Regierung zu stellen oder als Opposition die Arbeit der Regierung kritisch zu überwachen. Zur kritischen Überwachung gehört es, die Toleranz der Regierung gegenüber den verschiedenen Meinungen, Ideologien und Religionen zu überwachen (soweit diese nicht intolerant sind: Denn Ideologien, die Intoleranz predigen, verlieren ihren Anspruch auf Toleranz). Manche Ideologien werden versuchen – mit oder ohne Erfolg –, eine Partei zu dominieren oder eine neue Partei zu gründen. So wird es ein Wechselspiel geben zwischen Meinungen, Ideologien, Religionen auf der einen Seite und den großen konkurrierenden Parteien auf der anderen Seite.

Aber der Gedanke, daß die Vielzahl der Ideologien oder Weltanschauungen sich in einer Vielzahl der Parteien spiegeln soll, dieser Gedanke scheint mir politisch verfehlt zu sein. Und nicht nur politisch, sondern auch weltanschaulich. Denn eine zu nahe Verbindung zur Parteipolitik verträgt sich kaum mit der Reinheit einer Lehre.

10. Bemerkungen zur Theorie und Praxis des demokratischen Staates

I. Literatur, Wissenschaft, Demokratie: eine Verbindung?

In Athen gab es etwa seit dem Jahre 530 vor Christi Geburt einen Markt, den es vorher nie, zumindest nirgendwo in Europa, gegeben hatte: einen freien Büchermarkt, einen Platz, an dem handgeschriebene und für den Verkauf hergestellte Bücher in der Form von Papyrusrollen angeboten wurden. Die ersten Bücher, die so zum Verkauf angeboten wurden, waren die beiden großen Epen Homers: die *Ilias* und die *Odyssee*.

Einem Bericht von Cicero zufolge, der 500 Jahre später lebte, war es Peisistratos, der damals die Tyrannis von Athen innehatte, dem die Niederschrift der Homerischen Epen zu verdanken ist. Peisistratos war ein großer Reformator. Er begründete unter anderem die dramatischen Aufführungen in Athen – die Institution, die wir Theater nennen. Vielleicht – ja, vermutlich – war er selbst der erste Verleger von Homer, der das Schreibmaterial – Papyrus aus Ägypten – einführte und die vielen gebildeten Sklaven kaufte, denen Homers Text diktiert werden konnte. Er war ein reicher Mann, der den Athenern Festspiele und viele kulturell wichtige Dinge zum Geschenk machte. Etwas später gab es auch andere Athener, Unternehmer, die als Verleger fungierten. Sie waren angelockt durch die

---

Vortrag, gehalten am 9. Juni 1988 in München.

Tatsache, daß die Nachfrage nach Homers Schriften in Athen anscheinend unersättlich geworden war: Jedermann lernte lesen, jedermann las Homer. In einer erstaunlich kurzen Zeit wurde sein Werk die Bibel und die Fibel Athens. Bald wurden auch andere Bücher veröffentlicht. Man beachte, daß es ohne Büchermarkt keine Veröffentlichung gibt. Das Vorhandensein eines Manuskripts (oder heutzutage auch eines gedruckten Buches) in einer Bibliothek ersetzt in keiner Weise sein Angebot auf einem Büchermarkt; und als die erste Veröffentlichung eines Manuskriptes betrachten wir mit Recht sein erstes Angebot auf dem Büchermarkt. Einen Büchermarkt gab es in Europa für längere Zeit nur in Athen (ich schätze für fast 200 Jahre). Vermutlich waren Korinth und Theben die ersten Städte, deren Märkte dem Beispiel Athens folgten.

Dichter hatte es natürlich schon viel früher gegeben und auch Niederschriften. Aber erst in Athen konnten sich eine Literatur entwickeln (denn das setzt die Institution der Veröffentlichung voraus), gab es Schriftsteller wie Historiker, Politologen, Philosophen, Naturwissenschaftler, Mathematiker. Nur wenige von diesen Schriftstellern waren in Athen geboren, wie Thukydides. Aber Athen übte eine unwiderstehliche Anziehungskraft auf sie aus. Unter den fremden Autoren, die nach Athen kamen und dort ihre Bücher veröffentlichten, waren der Naturforscher und Philosoph Anaxagoras und sein nur wenig jüngerer Zeitgenosse Herodot, der erste große Historiker. Beide kamen nach Athen als politische Flüchtlinge aus Kleinasien. Ich vermute, daß Herodot sein sehr umfangreiches Geschichtswerk nicht mit dem Plan niederschrieb, es zu veröffentlichen, wohl aber Anaxagoras seine kürzere Naturgeschichte. Wenn das richtig ist, so illustriert es die noch unsichere Haltung dieser Schriftsteller gegenüber der erst kürzlich erfundenen Praxis der Veröffentlichung, einer Praxis, deren Bedeutung damals wohl noch niemandem bewußt geworden war.

II. Vom ersten publizierten Buch Europas zu Gutenbergs Revolution

Ich vermute, daß das kulturelle Wunder, das Athen im 5. Jahrhundert vor Christus darstellt, zum großen Teil durch die athenische Erfindung des Büchermarkts zu erklären ist; und diese Erfindung erklärt wohl auch die athenische Demokratie.

Die Vermutung, daß die Vertreibung des Tyrannen Hippias aus Athen im Jahre 510 und die Errichtung der Demokratie mit der Erfindung des Büchermarkts zusammenhängen, läßt sich natürlich nicht beweisen. Aber es spricht viel für sie. Die Kunst des Lesens und des Schreibens, die sich in Athen schnell verbreitete, und die große Popularität Homers und – wohl eine Folge – die der großen athenischen tragischen Dramatiker; die Maler und Bildhauer, die vielen neuen Ideen, die nun diskutiert wurden; der intellektuelle Aufschwung: Alles das sind Tatsachen. Aber nehmen wir auch an, daß die Errichtung der Demokratie unabhängig war von allen diesen Dingen, die ja alle von der Erfindung des Büchermarkts stark beeinflußt waren – der große Erfolg der jungen athenischen Demokratie in den Freiheitskriegen gegen die Angriffe des Riesenreiches der Perser war sicher *nicht* davon unabhängig. Dieser Erfolg kann nur verstanden werden im Licht des neuen Selbstbewußtseins, das ihr einzigartiges und selbsterworbenes Kultur- und Bildungsgut den Athenern gab, sowie auch ihre selbsterworbene Begeisterung und ihr Verständnis für eine noch nie erreichte Schönheit und Klarheit in der Kunst und in der Dichtung.

Es ist jedenfalls merkwürdig, daß die Erfindung Gutenbergs im 15. Jahrhundert und die durch den Buchdruck ausgelöste große Erweiterung des Büchermarkts zu einer ähnlichen kulturellen Revolution führten: zum Humanismus. Durch die Neubelebung der antiken Literatur wurden alle Künste befruchtet. Eine neue Naturwissenschaft entstand; und in England führte die Reformation zu den beiden Revolutionen, der blutigen Revolution von 1648–49 und der unblutigen von 1688, mit der die stetige demokratische Entwicklung des englischen Parlaments begann. Hier jedenfalls lag ein deutlich sichtbarer Zusammenhang vor.

III. Leistungen und Untaten der Athenischen Demokratie

Das athenische Wunder besteht aus den ungeheuerlichen kulturellen, politischen und militärischen Ereignissen des 5. und des Anfangs des 4. Jahrhunderts vor Christi Geburt, die der Erfindung des Büchermarkts folgten. Diese großen Ereignisse gehen gleichzeitig vor sich mit der schnellen Entwicklung einer im wörtlichsten Sinn beispiellosen und beispielgebenden Literatur – beispielgebend für die europäische Zukunft. Diese großen Ereignisse schließen zwei fast 30jährige Kriege ein. Im ersten dieser Kriege wurde Athen zerstört, aber es siegte. Im zweiten erlitt es eine vernichtende Niederlage. Ich gebe eine kurze chronologische Liste von einigen der wichtigsten Ereignisse:

507 Demokratie in Athen.
493 Rüstung, Flottenbau unter Themistokles.
490 Schlacht von Marathon.
480 Athen wird evakuiert und von den Persern verwüstet. Der Widerstand wird ganz auf die Flotte gestellt. Schlacht von Salamis.
479 Schlachten bei Platää und bei Mykale. Die bedrohten ionischen Griechen in Kleinasien und auf den Inseln bitten Athen um Hilfe, was zum Attisch-Delischen Seebund führt und zu dem sogenannten Athenischen Imperium. Befestigung Athens, Wiederaufbau.
ab 462 Das Perikleische Zeitalter. Die Akropolis. Der Parthenon-Tempel.

ab 431 Der Peloponnesische Krieg.
429 Die Pest. Perikles stirbt an der Pest. Der Krieg geht weiter, wird immer fürchterlicher.
413 Katastrophe von Sizilien: Vernichtung der athenischen Flotte und des Heeres.
411 Zusammenbruch der athenischen Demokratie.
404 Sieg Spartas über Athen und Einsetzung einer von Sparta abhängigen terroristischen und antidemokratischen Marionettenregierung, die in den acht Monaten, in denen sie regiert, mehr athenische Bürger tötet, als in den zehn letzten und schlimmsten Jahren des Krieges gefallen sind.

Hier endet gewöhnlich die Geschichte des zweiten fast 30jährigen Krieges, und so bekommt man leicht den Eindruck, daß das auch das Ende der athenischen Demokratie war. Aber der Eindruck ist falsch: Es war nicht das Ende.

Nach acht Monaten wurden die dreißig Tyrannen von einer Gruppe demokratischer Athener in der Schlacht von Piräus besiegt, und ein Friede wurde geschlossen zwischen Sparta und der athenischen Demokratie. So hatte die Demokratie die ärgsten Zeiten eines grauenhaften Krieges und des Landesverrats führender Bürger überlebt, und auch ihre Feinde betrachteten von nun an und für mehr als ein halbes Jahrhundert die athenische Demokratie als unbesiegbar.

Aber das demokratische Athen hatte furchtbare Fehler gemacht. Nicht nur taktische und strategische Fehler – auch Verbrechen gegen die Menschlichkeit, wie die Vernichtung der Inselstadt Melos, von Athen angegriffen, anscheinend ohne direkte Provokation. Alle Männer wurden getötet und alle Frauen und Kinder als Sklaven verkauft. Was ist das Fehlurteil im Prozeß des Sokrates (einem politischen Prozeß, in dem ein Parteiführer Ankläger war), verglichen mit diesem schauerlichen Verbrechen? Thukydides, selbst ein athenischer Feldherr, berichtet darüber ausführlich und stellt es dar als das, was es war: ein zynischer, unmenschlicher, unentschuldbarer Beschluß einer Mehrheit, die sehr wohl wußte, was sie tat, und die seiner Meinung nach für ihre Untat büßen mußte. Es gab mehrere ähnliche Fälle.

Für diese Untaten gibt es keine Entschuldigung. Aber es gab zum Glück auch andere Entscheidungen, von denen uns Thukydides berichtet. Mytilene hatte seinen Bündnisvertrag mit Athen gebrochen und sich gegen Athen gewandt; und es war von Athen erobert worden. Die Athener sandten ein Schiff aus mit einem Befehl an ihren General, alle Mytilener zu töten. Aber am nächsten Tag packt die Athener die Reue. Eine neue Volksversammlung wird einberufen, die Thukydides beschreibt, mit einer Rede des Diodotus, der für Milde plädiert. Die Abstimmung gibt ihm nur eine kleine Majorität. Aber sofort wird dem ersten ein zweites Schiff nachgeschickt, und mit solcher Kraft rudert die Besatzung Tag und Nacht ohne Unterbrechung, daß der erste Befehl gerade noch widerrufen werden kann. So nahe war Mytilene der Vernichtung, schreibt Thukydides.

IV. Demokratie war nie Volksherrschaft, kann es nicht sein, soll es nicht sein

Man sieht, daß es große Probleme der Demokratie gibt. Es hat sie von Anfang an gegeben, und es gibt sie noch immer. Die wichtigsten und schwierigsten Probleme sind die moralischen.

Ein Problem, das noch immer zur Verwirrung führt und das wie ein moralisches Problem aussieht, aber es nicht ist, ist ein rein verbales: »Demokratie« heißt, ins Deutsche übersetzt, »Volksherrschaft«; und daher glauben so viele, daß dieser Name für die Theorie der Staatsformen, die wir im Westen heute so nennen, von Bedeutung ist.

Die Griechen führten verschiedene Namen ein für die verschiedenen Formen der Staatsverwaltung; offenbar weil sie darüber reden wollten, welche der möglichen Regierungsformen gut oder schlecht, besser oder schlechter ist. So kamen sie zu fünf Verfassungsnamen, je nach den moralischen Qualitäten der Regierenden. Diese Idee wurde dann von Platon viel verwendet und in das folgende System gebracht:

1 + 2 *Monarchie* – die Herrschaft eines einzelnen guten Menschen, und ihre verfälschte Form, die *Tyrannis* – die Herrschaft eines einzelnen Bösen.

3 + 4 *Aristokratie* – die Herrschaft von einigen wenigen Guten, und ihre verfälschte Form, *Oligarchie* – die Herrschaft von einigen wenigen nicht so Guten.

5 *Demokratie* – die Herrschaft des Volkes, der vielen, der Menge. Hier gibt es nach Platon nur *eine* Form, und die ist schlecht, denn unter den vielen gibt es immer viele Schlechte.

Es ist nun von großer Bedeutung, die Fragestellung zu suchen, die diesem System zugrunde liegt. Da findet man, daß Platon von der etwas naiven Frage ausgeht:

Wer soll über den Staat herrschen?

Wer soll die Herrschermacht ausüben?

Diese naive Frage mag sich in einem kleinen Staatswesen wie dem athenischen Stadtstaat, wo alle wichtigen Persönlichkeiten sich gut kennen, wohl aufdrängen. Es ist bemerkenswert, daß die Frage, wohl unbewußt, der politischen Diskussion noch heute zugrunde liegt. Marx und Lenin, Mussolini und Hitler, auch die meisten demokratischen Politiker werden immer, wenn auch oft unbewußt, von dieser höchstpersönlichen Fragestellung bewegt. Und wenn sie allgemeine Regeln formulieren, so sind diese gewöhnlich Antworten auf die Frage »*Wer* soll herrschen?« Platons Antwort war: »Der Beste soll herrschen.« Das war offenbar eine moralische Antwort. Marx und Lenin: »Die Proletarier sollen herrschen« (nicht, wie jetzt, die Kapitalisten); und sie sollen wirklich über den Staat herrschen:

sie sollen diktieren! Hier ist das moralische Element etwas versteckt, aber es sind natürlich die guten Proletarier, die herrschen sollen, nicht die bösen Kapitalisten.

Über Hitler brauche ich kaum zu reden. Seine Antwort ist einfach: »Ich«. Es ist klar, daß er, wie seine Vorgänger, die Frage »Wer soll herrschen?« als grundlegend betrachtet.

Ich habe vor etwa 50 Jahren den Vorschlag gemacht, die Platonische Frage »Wer soll herrschen?« als verfehlt zu verwerfen und für immer zu begraben. Sie ist ein Scheinproblem, das zu lächerlichen Scheinlösungen führt: zu Lösungen, die scheinbar moralisch gefordert sind. Und was die Moral anbelangt, so ist es äußerst unmoralisch, seine politischen Gegner als moralisch schlecht oder böse anzusehen (und seine eigene Partei als gut). Es führt zu Haß, und der ist immer schlecht. Und es führt zu einer Einstellung, die die Macht der Regierenden betont, statt daran zu arbeiten, wie die Macht eingeschränkt werden kann.

Denn wir waren ja ursprünglich, so schien es, an einem Vergleich der Regierungs*formen* interessiert, nicht an angeblich guten oder schlechten Personen, Klassen, Rassen und vielleicht Religionen!

Ich schlage daher vor, das Platonische Problem »Wer soll herrschen?« durch ein völlig anderes zu ersetzen, nämlich durch das folgende: Gibt es Regierungsformen, die aus moralischen Gründen verwerflich sind? Und umgekehrt: Gibt es Regierungsformen, die uns erlauben, eine verwerfliche oder auch nur inkompetente Regierung, die Schaden anrichtet, loszuwerden?

Ich behaupte, daß diese Fragen unbewußt in der Tat unseren sogenannten Demokratien zugrunde liegen; sie sind ganz anders als die Platonische Frage, ob das Volk regieren soll. Sie liegen sogar der Athenischen Demokratie zugrunde, ebenso wie unseren modernen westlichen Demokratien.

Wir, die wir uns Demokraten nennen, sehen eine Diktatur oder Tyrannis als moralisch böse an; nicht nur als unangenehm zu ertragen, sondern als moralisch untragbar, weil unverantwortbar. Indem wir sie ertragen, fühlen wir, daß wir etwas Schlechtes tun. Aber wir sind gezwungen, sie zu ertragen. Das war die Situation der Verschwörer des 20. Juli 1944. Sie versuchten, aus der furchtbaren moralischen Falle auszubrechen, in die sie geraten waren – durch die demokratische Beschlußfassung des Ermächtigungsgesetzes vom März 1933. Eine Diktatur zwingt uns eine Situation auf, die wir nicht verantworten, aber im allgemeinen auch nicht ändern können. Es ist eine menschlich untragbare Situation. Es ist daher einfach unsere moralische Pflicht, alles zu tun, um zu verhindern, daß eine solche Situation eintritt.

Das versuchen wir durch die sogenannten demokratischen Staatsformen, und das ist ihre einzig mögliche moralische Begründung. Demokratien sind also nicht Volksherrschaften, sondern sie sind in erster Linie gegen eine Diktatur gerüstete Institutionen. Sie erlauben keine diktaturähnliche Herrschaft, keine Akkumulation von Macht, sondern sie versuchen, die Staatsgewalt zu beschränken. Entscheidend ist, daß eine Demokratie in diesem Sinn die Möglichkeit offen hält, die Regierung ohne Blutvergießen loswerden zu können, wenn sie ihre Rechte und Pflichten verletzt; aber auch sonst, wenn wir ihre Politik als schlecht oder verfehlt beurteilen.

Es geht also nicht ums Herrschen und um die Frage »*Wer?*« des Herrschens, sondern ums Regieren und um das »*Wie?*« des Regierens; vor allem auch darum, daß die Regierung nicht zuviel regiert. Also besser: um das »*Wie?*« der Staatsverwaltung.

Das war, unbewußt, aber nachweisbar, auch die Einstellung, die hinter der Athenischen Demokratie stand. Es ist noch immer unsere Einstellung, oder es sollte sie sein. Wen immer man zum Volke zählt, ob das Militär, die Beamten, die Arbeiter und Angestellten (auch die Journalisten, Rundfunk- und Fernsehkommentatoren), die Priester, die Schriftgelehrten, die Terroristen, die Halbwüchsigen – wir wollen nicht ihre Macht, nicht ihre Herrschaft. Wir wollen sie nicht fürchten und schon gar nicht fürchten müssen. Wir wollen und müssen uns, wenn nötig, rechtzeitig gegen ihre Anmaßungen verteidigen. Das ist das Ziel unserer westlichen Regierungsformen, die wir aus einem verbalen Mißverständnis heraus oder aus Gewohnheit »Demokratien« nennen und die die persönliche Freiheit schützen wollen vor allen Formen der Herrschaft, mit *einer* Ausnahme: der Souveränität, der Herrschaft des Gesetzes.

V. Der Hauptpunkt: Die Regierung muß ohne Blutvergießen abgesetzt werden können (durch Abstimmung, zum Beispiel im Bundestag)

Ich vertrete also die Ansicht, daß das Wichtigste einer demokratischen Regierungsform darin besteht, daß sie es ermöglicht, die Regierung ohne Blutvergießen *abzusetzen*, worauf eine neue Regierung die Zügel übernimmt. Es scheint verhältnismäßig unwichtig, *wie* diese Absetzung zustande kommt – ob durch Neuwahl oder durch den Bundestag –, solange der Beschluß der einer Majorität ist, entweder von Wählern oder deren Vertretern oder auch von Richtern eines Staats- oder Verfassungsgerichtshofes. Nichts bezeugte deutlicher den demokratischen Charakter der Vereinigten Staaten als der Rücktritt des Präsidenten Richard Nixon, der ja de facto eine Absetzung war.

Bei einem Regierungswechsel ist diese negative Macht, die Drohung mit Entlassung, das Wichtige. Eine positive Macht zur Einsetzung einer Regierung oder ihres Chefs ist ein verhältnismäßig unwichtiges Korrelat. Das ist leider nicht die gängige Ansicht. Und zu einem gewissen Grad ist die falsche Betonung der Neueinsetzung gefährlich: Die Einsetzung der Regierung kann interpretiert werden als eine Lizenzerteilung durch die Wähler, eine Legitimierung im Namen des Volkes und durch den »Willen des Volkes«. Aber was wissen wir und was weiß das Volk, welchen Fehler – ja, welches Verbrechen – die von ihm gewählte Regierung morgen begehen wird?

Wir können eine Regierung oder eine Politik im nachhinein beurteilen und vielleicht unsere Zustimmung geben und sie wiederwählen. Im vorhinein können sie vielleicht unser Vertrauen haben; aber wir wissen nichts, wir können nicht wissen, wir kennen sie nicht; und wir dürfen darum nicht voraussetzen, daß sie unser Vertrauen nicht mißbrauchen werden.

Nach dem Bericht von Thukydides hat Perikles diese Gedanken in einfachster Weise formuliert: »*Wenn auch nur wenige von uns imstande sind, eine Politik zu entwerfen oder durchzuführen, so sind wir doch alle imstande, eine Politik zu beurteilen.*«

Ich halte diese knappe Formulierung für grundlegend und möchte sie wiederholen. Es ist zu beachten, daß hier die Idee einer Herrschaft des Volkes, ja sogar die Idee einer Initiative durch das Volk abgelehnt werden. Sie werden durch die ganz andere Idee einer *Beurteilung durch das Volk* ersetzt. Ich zitiere also Perikles noch einmal: »Wenn auch nur wenige von uns imstande sind, eine Politik zu entwerfen oder durchzuführen, so sind wir doch alle imstande, eine Politik zu beurteilen.«

Perikles – oder vielleicht war es Thukydides? vermutlich waren sie beide dieser Meinung – hat hier in aller Kürze gesagt, warum das Volk nicht regieren kann, auch wenn es sonst keine Schwierigkeiten gäbe. Ideen, insbesondere neue Ideen, können nur das Werk von einzelnen sein, vielleicht geklärt und verbessert in der Zusammenarbeit mit einigen wenigen anderen. Viele können wohl nachher sehen – insbesondere dann, wenn sie die Folgen durchlebt haben, zu denen diese Ideen geführt haben –, ob sie gut waren oder nicht. Und solche Beurteilungen, solche »Ja-Nein-Beschlüsse«, können auch von einer großen Wählerschaft durchgeführt werden.

Ein Ausdruck wie »Volksinitiative« ist daher irreführend und propagandistisch. Es ist in der Regel eine Initiative von wenigen, die sie bestenfalls dem Volk zur kritischen *Beurteilung* vorlegen. Und es ist daher in solchen Fällen wichtig, ob die vorgeschlagenen Maßnahmen nicht hinausgehen über die Kompetenz der Wählerschaft, sie zu beurteilen.

Bevor ich diese Dinge verlasse, möchte ich noch auf eine Gefahr aufmerksam machen, die dadurch entsteht, daß man das Volk und die Kinder lehrt, daß sie in einer Volksherrschaft leben – also etwas, was nicht wahr ist (und gar nicht wahr sein kann). Da sie das bald sehen, werden sie nicht nur unzufrieden, sondern sie fühlen sich belogen: Sie wissen ja nichts über die traditionelle verbale Verworrenheit. Das kann schlimme weltanschauliche und politische Konsequenzen haben und bis zum Terrorismus führen. In der Tat, ich bin solchen Fällen begegnet.

VI. Freiheit und Grenzen der Freiheit: der Staat

Wie wir gesehen haben, sind wir alle bis zu einem gewissen Grad mitverantwortlich für die Regierung, obwohl wir nicht mitregieren. Aber unsere Mitverantwortlichkeit verlangt Freiheit – viele Freiheiten: Redefreiheit; Freiheit des Zugangs zu Informationen und Freiheit, Informationen geben zu dürfen; Publikationsfreiheit und viele andere mehr. Ein »Zuviel« des Staates führt zu Unfreiheit. Aber es gibt auch ein »Zuviel« der Freiheit. Es gibt leider einen Mißbrauch der Freiheit, analog zu einem Mißbrauch der Staatsgewalt. Redefreiheit und Publikationsfreiheit können mißbraucht werden. Sie können zum Beispiel zu Fehlinformationen und zur Verhetzung benutzt werden. Und in genau analoger Weise kann jede Beschränkung der Freiheit durch die Staatsmacht mißbraucht werden.

Wir brauchen die Freiheit, um den Mißbrauch der Staatsgewalt zu verhindern, und wir brauchen den Staat, um den Mißbrauch der Freiheit zu verhindern. Das ist ein Problem, das offenbar niemals abstrakt und prinzipiell niemals durch Gesetze ganz gelöst werden kann. Es braucht einen Staatsgerichtshof und, mehr als alles andere, einen guten Willen.

Wir brauchen diese Einsicht, daß dieses Problem nie ganz zu lösen ist; oder genauer, daß es nur in einer Diktatur ganz zu lösen ist mit ihrer prinzipiellen Omnipotenz des Staates, die wir aus moralischen Gründen ablehnen müssen. Wir müssen uns mit Teillösungen und Kompromissen abfinden; und wir dürfen uns nicht von unserer Vorliebe für die Freiheit verleiten lassen, die Probleme ihres Mißbrauchs zu übersehen.

VII. Thomas Hobbes, Immanuel Kant, Wilhelm von Humboldt, John Stuart Mill

Diese Probleme wurden von einigen älteren und neueren Denkern gesehen, die nach allgemeinen Prinzipien suchten, die Notwendigkeit der Staatsmacht zu begründen und ihre Grenzen zu bestimmen.

Thomas Hobbes nahm an, daß ohne Staat jeder Mensch ein potentieller Todfeind jedes anderen ist (»Der Mensch ist des Menschen Wolf«: »Homo homini lupus«) und daß wir deshalb einen möglichst starken Staat brauchen, um Verbrechen und Gewaltanwendung im Zaum zu halten. Kant sah das Problem ganz anders. Er glaubte auch an die Notwendigkeit des Staates und der Freiheitsbeschränkung, aber er wollte die Beschränkung auf ein Minimum reduzieren; er verlangte »eine Verfassung von der *größten menschlichen Freiheit* nach Gesetzen, welche machen«, daß die Freiheit eines jeden mit der der anderen »zusammen bestehen kann...« * Er wollte den Staat nicht stärker haben, als unbedingt nötig ist, um sicherzustellen, daß ein jeder Staatsbürger so viel Freiheit hat, als vereinbar ist damit, daß er die Freiheit der anderen so wenig wie möglich beschränkt, und nicht mehr, als sie seine Freiheit beschränken. Die unvermeidliche Beschränkung der Freiheit sah Kant als eine Last an, die eine notwendige Folge des Zusammenlebens der Menschen ist.

Die Kantische Idee kann durch die folgende Anekdote illustriert werden. Ein Amerikaner war angeklagt, weil er einem anderen die Nase eingeschlagen hatte. Er verteidigte sich damit, daß er ein freier Bürger sei und deshalb die Freiheit habe, seine Fäuste in jede Richtung zu bewegen, in die er sie bewegen wollte. Worauf ihn der Richter belehrte: »Die Freiheit, Ihre Fäuste zu bewegen, hat Grenzen. Diese mögen sich manchmal ändern. Aber die Nasen Ihrer Mitbürger sind fast immer außerhalb der Grenzen.«

In einem späteren Werk von Kant (*Über den Gemeinspruch: Das mag in der Theorie richtig sein, taugt aber nicht für die Praxis*, 1793) finden wir eine viel weiter entwickelte Staats- und Freiheitstheorie. Kant gibt dort im Teil II, der gegen Hobbes gerichtet ist, eine Liste von »reinen Vernunftsprinzipien«. Das erste von diesen ist »die Freiheit als Mensch, deren Prinzip für die Konstitution eines Gemeinwesens ** ich in der Form ausdrücke: Niemand darf *** mich zwingen, auf

---

* Kants Wortlaut (*Kritik der reinen Vernunft*, Elementarlehre, 2. T., 2. Abt., 1. Buch; 1. Aufl., S. 316; 2. Aufl., S. 372): »...*daß jedes Freiheit mit der andern ihre zusammen bestehen kann*...« (im Original gesperrt gesetzt). Siehe auch *Zum ewigen Frieden* und andere Kantische Schriften.

** Kant schreibt »eines Gemeinen Wesens«.

*** Vgl. mein Buch *Auf der Suche nach einer besseren Welt* (Piper, München 1984, S. 169–170)

eine [bestimmte] Art... glücklich zu seyn, sondern ein jeder darf seine Glückseligkeit auf dem Wege suchen, welcher ihm selbst gut dünkt... Eine Regierung, die auf dem Prinzip des Wohlwollens gegen das Volk... errichtet wäre, d. i. eine *väterliche Regierung (imperium paternale)*..., ist der größte denkbare Despotismus...«. Obwohl mir diese letzte Bemerkung (nach Lenin und Stalin, nach Mussolini und Hitler) übertrieben vorkommt, so stimme ich doch mit Kant völlig überein.* Denn was er meint – gegen Hobbes –, ist, daß wir nicht einen allmächtigen Staat wollen, der so gütig oder so wohlwollend ist, unser Leben, das in seiner Hand liegt, gegen unsere Mitwölfe zu schützen, sondern einen Staat, dessen wesentliche Aufgabe es ist, unsere Rechte zu achten und zu garantieren.

Diese Aufgabe wäre auch dann entscheidend, wenn im Gegensatz zu Hobbes alle Menschen sich zueinander engelhaft gütig verhalten würden. Denn auch dann hätten die Schwächeren kein Recht gegenüber den Stärkeren, denen sie für ihre Duldung zur Dankbarkeit verpflichtet wären. Nur das Bestehen eines Rechtsstaates kann dieses Problem lösen und damit das herstellen, was Kant »die Würde der Person« nennt.

Hier liegen die Stärke der Staatsidee Kants und der eigentliche Grund für seine Ablehnung des Paternalismus. Kants Ideen wurden später von Wilhelm von Humboldt weiterentwickelt. Das ist wichtig, da viele meinen, daß nach Kant solche Ideen in Deutschland, insbesondere in Preußen und in politisch wichtigen Kreisen, nie einen Widerhall gefunden hätten. Humboldts Buch hieß *Ideen, die Grenzen der Wirksamkeit des Staates zu bestimmen*. Es wurde 1851 veröffentlicht, aber schon lange vorher geschrieben.

Durch Humboldts Buch gelangten Kants Ideen nach Eng-

---

* Ebd.

land. John Stuart Mills Buch *On Liberty* (1859) war inspiriert von Humboldt und damit von Kant, insbesondere auch von Kants Angriff auf den Paternalismus. Es wurde eines der einflußreichsten Bücher der englischen radikal-liberalen Bewegung.

Kant, Humboldt und Mill bemühten sich, die Notwendigkeit des Staates in einer Weise zu begründen, die den Staat in möglichst engen Grenzen hielt. Ihre Idee war: Wir brauchen einen Staat, aber wir wollen so wenig von ihm wie nur möglich, das Gegenteil eines Totalstaates – keinen paternalistischen, autoritären, bürokratischen Staat; kurz: wir wollen einen Ministaat.

VIII. Ministaat oder paternalistischer Staat? Grenzen beider. Der Ministaat als regulatives Prinzip

Wir brauchen einen Staat, einen Rechtsstaat, sowohl in dem Kantischen Sinn, daß er unseren Menschenrechten Wirklichkeit verleiht, als auch in dem anderen Kantischen Sinn, daß er jenes Recht – das juristische Recht – schafft und sanktioniert, das unsere Freiheit beschränkt, und zwar so wenig wie möglich und so gerecht wie möglich. Und dieser Staat soll auch so wenig wie möglich paternalistisch sein.

Aber ich glaube, daß jeder Staat ein paternalistisches Moment enthält oder sogar mehrere solcher Momente; und sie sind sogar ausschlaggebend.

Die Grundaufgabe, die wir dem Staat stellen – was wir von ihm vor allem anderen verlangen –, ist, daß er unser Recht auf Freiheit und Leben anerkennt und uns, wenn nötig, hilft, unsere Freiheit und unser Leben (mit allem Drum und Dran) als unser Recht zu verteidigen. Aber diese Aufgabe ist ja schon paternalistisch! Sogar das, was Kant als »Wohlwollen« bezeichnet, spielt schon hier im allerersten Schritt eine wichtige und nicht zu leugnende Rolle. Wenn wir in die Lage kommen, unsere Grundrechte verteidigen zu müssen, so *dürften* wir weder Feindseligkeit noch Gleichgültigkeit vom Staat (den Staatsorganen) erfahren, sondern Wohlwollen! In der Tat, die Situation ist paternalistisch, sowohl von oben (dem Staatsorgan, das wohlwollend sein *sollte*) wie von unten (dem Staatsbürger, der Hilfe sucht bei einem Stärkeren).

Es ist richtig, daß das Recht selbst, in seiner Objektivität, über diesen quasipersönlichen Beziehungen steht. Aber das im Staat und seinen Gesetzen verwirklichte Recht ist Menschenwerk. Es ist fehlbar. Und seine Organe sind fehlbare Menschen. Und die Tatsache, daß diese Menschen manchmal übelwollend sind und daß wir froh und sogar dankbar sein müssen, wenn sie das von Kant als allzu menschlich verachtete »Wohlwollen« zeigen – womöglich durch eine langjährige Dienstzeit –, alles das zeigt, daß in diesen Dingen das Moment des Paternalismus eine vielseitige Rolle spielt. Leider ist es so – ich mache dieses Zugeständnis nur ungern. Aber es ist, so scheint es mir, die Wahrheit, und die Vernachlässigung dieser Wahrheit hat in den Diskussionen der letzten Jahre zu logischen Spitzfindigkeiten geführt und geradezu zu Lächerlichkeiten.

Es handelt sich hier um den eben jetzt modernen Angriff gegen den Wohlfahrtsstaat. Ich halte diesen Angriff und die durch ihn neu belebte Diskussion für wichtig. Aber wie schon so oft – die gerade jetzt modische Philosophie kann leider wieder einmal nicht allzu ernst genommen werden. Sie versucht zu zeigen, daß die Theorie des Wohlfahrtsstaates, die sich viel auf ihre Moralität und ihre Menschlichkeit einbildet, in Wirklichkeit einen unethischen Angriff darstellt auf das wichtigste der Menschenrechte – das Recht der freien Selbstbestimmung, das Recht, auf unsere Art glücklich oder unglücklich zu werden, das Recht, das Kant gegen den Paternalismus verteidigt hat (siehe den vorhergehenden Abschnitt VII).

Der neue radikale Angriff gegen den Paternalismus greift gewöhnlich auf John Stuart Mills Buch *On Liberty* zurück, wo es heißt:

»Das einzige Ziel, das es Menschen gestattet – ob nun als Individuen oder als Kollektive –, in die Handlungsfreiheit eines der ihren einzugreifen, ist Selbstverteidigung... Der einzige Zweck, für den es rechtmäßig erlaubt ist, Gewalt über ein Mitglied einer zivilisierten Gemeinschaft gegen seinen Willen auszuüben, ist zu verhindern, daß andere einen Schaden erleiden. Die eigene Wohlfahrt jenes Mitgliedes – seine physische oder moralische Wohlfahrt – kann kein zulässiger Grund sein für einen solchen Eingriff [in seine Handlungsfreiheit]. Niemand kann rechtmäßig gezwungen werden, etwas zu tun oder zu lassen, weil es für ihn besser sein wird; weil es weise wäre, so vorzugehen (gemäß der Ansicht anderer); und nicht einmal, weil es nur so [rechtlich oder moralisch] richtig wäre.«

Diese Stelle, die übrigens schon im englischen Original sprachlich nicht besonders gut ist, wiederholt das Kantische Prinzip, daß ein jeder die Freiheit haben soll, auf seine Art glücklich oder unglücklich zu werden, und verdammt jeden paternalistischen Eingriff als unerlaubt – es sei denn, daß der Eingriff durch die Gefährdung der Interessen eines Dritten motiviert ist. Niemand – kein Verwandter, kein Freund und sicher kein Amt, keine Institution (wie ein Parlament), kein Funktionär, kein Beamter – darf sich das Recht anmaßen, einen Erwachsenen zu bevormunden und so seiner Freiheit zu berauben; es sei denn, daß ein Dritter gefährdet ist.

Schön und gut: Wer würde etwas gegen dieses Millsche Prinzip sagen? Aber was folgt daraus? Kann das Millsche Prinzip ernsthaft zur Verteidigung der Handlungsfreiheit verwendet werden?

Sehen wir uns ein vieldiskutiertes Beispiel an: Hat der Staat das Recht, den Staatsbürgern zu befehlen, beim Autofahren als Passagier einen Sicherheitsgurt anzulegen? Anscheinend nicht nach dem Millschen Prinzip; auch dann nicht, wenn die Experten der Überzeugung sind, daß es aus Sicherheitsgründen notwendig wäre; daß es gefährlich ist, als Passagier Auto zu fahren, ohne sich anzuschnallen.

Aber halt! Wenn das so ist, ist der Staat nicht geradezu *verpflichtet*, den Passagier *als Dritten* zu hindern, in diese Gefahrensituation zu geraten? Ist der Staat nicht *verpflichtet*, dem Fahrer zu verbieten zu fahren, solange der Passagier sich nicht – natürlich völlig freiwillig! – entschlossen hat, sich anzuschnallen?

Ein ähnlich vieldiskutiertes Beispiel ist das Rauchverbot. Es ist klar, daß nach dem Millschen Prinzip niemandem im eigenen Interesse das Rauchen verboten werden darf. Aber im Interesse anderer? Wenn die staatlichen Experten sagen, daß es ungesund ist – nein, gefährlich! –, den Rauch eines anderen einzuatmen, ist dann der Staat nicht verpflichtet, in allen Situationen, in denen ein Dritter in diese Lage geraten würde, das Rauchen zu verbieten?

Ähnlich steht es mit verschiedenen Formen der Versicherung, zum Beispiel der Unfallversicherung. Diese wäre nach dem Millschen Prinzip zwar nicht dadurch zu erzwingen, daß man den Gefährdeten durch Strafandrohung zwingt, sich zu versichern, aber dadurch, daß man einem Dritten, etwa dem Arbeitgeber, unter Strafandrohung verbietet, jemanden zu beschäftigen, der sich nicht vorher – freiwillig! – versichert hat.

Ein anderer vieldiskutierter Fall sind die Rauschgifte. Es ist klar, daß nach dem Millschen Prinzip ein jeder Zurechnungsfähige (14jährig? 20jährig? 21jährig?) das unverbrüchliche Recht hat, sich durch Rauschgifte in Freiheit zugrunde zu richten, und daß der Staat ihm diese Freiheit nicht beschneiden darf. Aber ist der Staat nicht verpflichtet, andere zu hindern, eine so ungemein gefährliche Situation herbeizuführen? Ist der Staat daher nicht verpflichtet, ebenso wie jetzt, den Verkauf von Rauschgiften zu verbieten, und zwar mit den strengsten Strafandrohungen?

Ich will nicht behaupten, daß man alle Fälle, die diskutiert werden, nach dieser Methode behandeln kann und mit ähnlichen Ergebnissen. Aber es scheint doch so zu sein. (Der Fall des Selbstfahrers, der zuerst schwierig schien, löst sich ganz leicht: Der Staat ist ja verpflichtet, jedermann, der einem Dritten einen Motorwagen zum Selbstfahren zur Verfügung stellt – durch Verkauf oder Verleih –, mit Strafandrohung zu zwingen, zum Schutze des Fahrers von diesem als eine Bedingung die freiwillige Unterschrift eines Dokumentes zu verlangen, in dem jener Dritte sich verpflichtet, eine größere Summe zu zahlen, wenn er je vergessen sollte, sich vor Beginn der Fahrt anzuschnallen).

Ich gebe gern zu, daß es unseren Staatsorganen ganz gut tun würde (nicht vom Standpunkt ihres eigenen Interesses, sondern von dem unseres Interesses), durch die Adoption dieser Methode des Verbietens immer wieder daran erinnert zu werden, daß sie kein Recht haben, jemanden »in seinem eigensten Interesse« zu etwas zu zwingen. Aber sie würden doch, wenn auch in einer verbesserten Form, (fast?) alle ihre paternalistischen Instinkte austoben können – fast genau wie jetzt; wenn auch unter der Flagge, zum Schutz Dritter zu handeln.

Steuern für den Wohlfahrtsstaat würden nicht zur Selbstsicherung, sondern immer nur zum Schutz von Dritten abverlangt werden; und es steht ja jedem völlig frei, die Steuern zu zahlen, aber von seinen Rechten auf Wohlfahrt keinen Gebrauch zu machen.

Das Millsche Prinzip (das ich etwa in der Form akzeptiere: Jeder soll frei sein, auf seine Art glücklich oder unglücklich zu werden, soweit das Dritte nicht gefährdet, aber der Staat ist dafür verantwortlich, daß seine Bürger nicht unaufgeklärt in vermeidbare Gefahren rennen, die sie selbst nicht beurteilen können) kann nur einen sehr kleinen Beitrag zur an sich sehr wichtigen Kritik des Wohlfahrtsstaates leisten; und unser berechtigtes Interesse an einem Ministaat hat mit dem Millschen

Prinzip überhaupt *nichts* zu tun. Aber unser Interesse am Ministaat hat sehr viel mit dem Wohlfahrtsstaat zu tun: Es führt zu dem Vorschlag, daß die Sozialversicherung privatisiert werden soll.

Zum Schluß möchte ich noch darauf aufmerksam machen, daß es noch eine althergebrachte Funktion des Staates gibt, die ich ebenso wie viele andere gern als überflüssig erklären würde, aber leider keineswegs als überflüssig erklären kann; sie ist noch immer von der allergrößten Bedeutung und kann keinem Privatunternehmen überlassen werden.

Ich meine die Landesverteidigung. Es ist klar, daß das eine in jedem Sinn durch und durch paternalistische Funktion ist; und es ist klar, daß ihre gegenwärtige Bedeutung alle antipaternalistischen Staatstheorien als wenig interessante Philosophien erscheinen läßt. Umgekehrt scheinen diese Philosophien hoffnungsvoll anzunehmen, das Problem der Landesverteidigung durch einfaches Ignorieren zum Verschwinden bringen zu können. Aber sie ist von überragender Wichtigkeit und ungemein kostspielig. Sie ist die schlimmste Bedrohung des Ministaates. Sie erinnert uns an eine andere, freilich viel billigere Funktion, die mit der Landesverteidigung eng zusammenhängt: die gleichfalls überaus wichtige Außenpolitik. Diese beiden haben Konsequenzen, die die Idee des Ministaates zu einem fernen, utopischen Ideal machen, das aber deshalb nicht aufgegeben werden sollte: Der Ministaat lebt weiter, wenn auch nur als ein regulatives Prinzip.

Ich will aber noch eines erwähnen: Ein Staat, der zur Landesverteidigung verpflichtet ist, muß die Wehrfähigkeit seiner Bürger kontrollieren und daher auch ihre Gesundheit. Ja, er muß sogar die Wirtschaft bis zu einem gewissen Grad kontrollieren, da er große Vorräte bereit haben muß und die Verkehrstechnik und die Signaltechnik und vieles andere.

IX. Das Recht der Unmündigen

Aber es geht leider auch *im Prinzip* und *aus moralischen Gründen* nicht ohne Paternalismus. Wenn der Staat die Rechte seiner Staatsbürger anerkennt, gegen Raubüberfälle von der Polizei verteidigt zu werden, so muß er auch die Rechte der Unmündigen anerkennen, in vielfacher Weise beschützt zu werden; wenn nötig, auch vor ihren Eltern. Und damit wird er natürlich im Prinzip paternalistisch. So tritt an die Stelle des Problems »Ministaat oder paternalistischer Staat?« das Problem »Nicht *mehr* Paternalismus als moralisch geboten.« Anstelle einer prinzipiellen moralischen Superiorität des Ministaates über den moralisch anmaßenden paternalistischen Staat kommen wir zurück auf den alten Gegensatz zwischen Staat und Freiheit und auf Kants antidiktatorische Regel, die Freiheit nicht *mehr* einzuschränken, als es unvermeidbar ist.

X. Lösbarkeit des Problems der Zivilbürokratie. Die Militärbürokratie

Ein wichtiger Punkt in jeder Theorie des nicht-tyrannischen (also »demokratischen«) Staates ist das Problem der Bürokratie. Denn unsere Bürokratien sind »undemokratisch« (in meinem Sinn des Wortes). Sie enthalten unzählige Westentaschendiktatoren, die praktisch nie für ihre Taten und Unterlassungen zur Verantwortung gezogen werden. Max Weber, ein großer Denker, hat dieses Problem für unlösbar gehalten, und er wurde darüber zum Pessimisten. Ich halte es im Prinzip für leicht lösbar, wenn man *unsere* demokratischen Grundsätze anerkennt – und wenn man das Problem ernstlich lösen will. Aber auch ich halte das Problem der *Militär*bürokratie für unlösbar. Die Gefahr der ins Unbegrenzte wachsenden, nicht öffentlich kontrollierbaren Militärmacht ist einer der vielen Gründe, warum ich als Optimist meine ganze Hoffnung auf einen Weltfrieden setze und setzen muß, auch wenn er noch in weiter Ferne liegt: auf Immanuel Kants »Ewigen Frieden«. Aber da ich davon spreche, muß ich es ganz klar machen, daß ich *im Interesse des Friedens* ein Gegner der sogenannten Friedensbewegung bin. Wir müssen aus unseren Erfahrungen lernen; und zweimal schon hat die Friedensbewegung dazu beigetragen, den Aggressor zu ermutigen. Kaiser Wilhelm II. erwartete, daß England sich trotz seiner Garantie für Belgien aus pazifistischen Gründen nicht zum Krieg entschließen würde; und ganz analog dachte Hitler, trotz Englands Garantie für Polen.

XI. Die Hoffnung der Jugend

Unsere westlichen Demokratien, allen voran die Vereinigten Staaten – die älteste der westlichen Demokratien –, sind ein beispielloser Erfolg: ein Erfolg von viel Arbeit, viel Bemühung, viel gutem Willen und vor allem von vielen schöpferischen Ideen auf vielen Gebieten. Das Resultat ist: Mehr glückliche Menschen leben ein freieres, schöneres, besseres und längeres Leben als je vorher.

Ich weiß natürlich, daß vieles verbessert werden sollte. Das Wichtigste ist wohl, daß unsere »Demokratien« von Mehrheitsdiktaturen nicht hinreichend klar unterschieden sind. Aber es hat niemals vorher in der Geschichte Staaten gegeben, in denen die Menschen so frei leben konnten und in denen sie die Möglichkeit hatten, ein ebenso gutes oder besseres Leben zu führen.

Ich weiß, daß viel zu wenige Menschen diese Meinung teilen. Ich weiß, daß es auch dunkle Seiten des Lebens in unserer Welt gibt: Verbrecher, Grausamkeiten, Drogen. Wir machen viele

Fehler; und obwohl viele von uns aus ihren Fehlern lernen, bleiben doch leider manche in ihnen stecken.

So ist die Welt. Sie stellt uns Aufgaben. Wir können zufrieden in ihr sein und glücklich. Aber das muß man auch aussprechen! Ich höre es fast nie. Statt dessen hört man täglich Gejammer und Geraunze über die angeblich so schlechte Welt, in der wir zu leben verdammt sind.

Ich halte die Verbreitung dieser Lügen für das größte Verbrechen unserer Zeit, denn es bedroht die Jugend und versucht, sie ihres Rechtes auf Hoffnung und Optimismus zu berauben. Es führt in einzelnen Fällen zu Selbstmord oder zu Drogen oder zum Terrorismus.

XII. Optimismus und die Gefahr der Medien

Glücklicherweise ist die Wahrheit leicht nachzuprüfen: die Wahrheit, daß wir im Westen in der besten Welt leben, die es je gegeben hat. Wir dürfen diese Wahrheit nicht länger unterdrücken lassen. Die Medien, die in dieser Hinsicht die größten Sünder sind, müssen überzeugt werden, daß sie schweres Unheil anrichten. Sie müssen zur Mitarbeit überredet werden.

Wir müssen die Medien dazu bringen, die Wahrheit zu sehen und zu sagen. Und wir müssen sie auch dazu bringen, ihre eigenen Gefahren zu sehen und, wie alle gesunden Institutionen, Selbstkritik zu entwickeln und sich selbst zu warnen. Es ist eine neue Aufgabe für sie. Der Schaden, den sie gegenwärtig anrichten, ist groß. Ohne ihre Mitarbeit ist es fast unmöglich, ein Optimist zu bleiben.

11. Freiheit und intellektuelle Verantwortung

Die Zukunft ist weit offen. Sie hängt von uns ab; von uns allen. Sie hängt davon ab, was wir und viele andere Menschen tun und tun werden; heute und morgen und übermorgen. Und was wir tun und tun werden, das hängt wiederum von unserem Denken ab; und von unseren Wünschen, unseren Hoffnungen, unseren Befürchtungen. Es hängt davon ab, wie wir die Welt sehen; und wir wir die weit offenen Möglichkeiten der Zukunft beurteilen.

Das bedeutet für uns alle eine große Verantwortung. Und die Verantwortung wird noch größer, wenn wir uns der Wahrheit bewußt werden, daß wir nichts wissen; oder daß wir so wenig wissen, daß wir berechtigt sind, dieses Wenige als »nichts« zu bezeichnen. Denn es ist nichts im Vergleich zu dem, was wir alles wissen müßten, um die richtigen Entscheidungen zu treffen.

Der erste, der das sah, war Sokrates. Er sagte, daß ein Staatsmann weise sein soll – weise genug, um zu wissen, daß er nichts weiß. Auch Platon sagte, daß ein Staatsmann, und vor allem ein König, weise sein soll; aber er meinte damit etwas ganz anderes als Sokrates. Er meinte, daß die Könige Philosophen sein und daß sie bei ihm, bei Platon, in die Schule gehen sollten, um die Platonische Dialektik zu lernen – etwas höchst Gelehrtes und Kompliziertes; oder noch besser, daß die vielwissenden und gelehrten Philosophen, wie zum Beispiel er selbst, Könige

---

Vortrag, gehalten in St. Gallen im Juni 1989.

werden und die Welt regieren sollten. Diesen Vorschlag legte Platon dem Sokrates in den Mund, was zu einigen Mißverständnissen führte. Die Philosophen waren ganz begeistert zu hören, daß sie Könige werden sollten, und der ungeheure Unterschied zwischen der Sokratischen Forderung und der Platonischen Forderung an den Staatsmann verschwand im Nebel der philosophischen Dialektik. Daher möchte ich den Unterschied nochmals klarmachen: Die Formel »Der Staatsmann soll weise sein« bedeutet für Platon einen Herrschaftsanspruch der gelehrten Philosophen – und daraus wurde der Herrschaftsanspruch der Gebildeten, der Intellektuellen, der »Elite«. Im krassen Gegensatz zu Platon bedeutet dieselbe Formel »Der Staatsmann soll weise sein« für Sokrates, daß der Staatsmann wissen sollte, wie wenig er weiß; und deshalb sollte er in seinen Ansprüchen äußerst bescheiden sein. So sieht er seine große Verantwortung für Krieg und Frieden, und er weiß, was für Unheil er anrichten kann. Er weiß, wie wenig er weiß. »Erkenne dich selbst!« ruft Sokrates, »erkenne dich, und gestehe dir ein, wie wenig du weißt!« (Vgl. Xenophons *Memorabilia*, Kapitel IX, 6.) Das ist die sokratische Haltung, die sokratische Weisheit. »Erkenne dich selbst, gestehe dir deine Unwissenheit ein!« Der Platoniker ist zwar gewöhnlich kein König, aber immer der allwissende Parteiführer; und obwohl gewöhnlich die Partei, die er führt, nur aus ihm selbst besteht, so sind doch, umgekehrt, fast alle Parteiführer, und insbesondere die Führer der aggressiven Parteien, und die Führer der erfolgreichen Parteien, Platoniker. Denn sie sind ja jene besten und am besten informierten und daher weisesten Menschen, von denen Platon lehrt, daß sie unsere Herrscher sein sollen.

»Wer soll herrschen?« ist die Grundfrage der Platonischen politischen Philosophie. Und Platons Antwort ist: »Der Beste und gleichzeitig Weiseste!« Auf den ersten Blick scheint diese Antwort unvermeidlich und offenbar richtig zu sein. Was aber, wenn der Beste und Weiseste sich nicht für den Besten und Weisesten hält, und daher die Herrschaft ablehnt? Das ist es aber, was ein Sokratiker vom Besten und Weisesten erwarten würde! Ein Sokratiker würde wohl auch denken, daß ein Mann, der sich für den Besten und Weisesten hält, größenwahnsinnig sein muß und daher sicher weder gut noch weise sein kann (vgl. die zitierte Stelle in Xenophon).

Offenbar ist die Frage »Wer soll herrschen?« eine gänzlich falsch gestellte Frage. Dennoch wurde sie bis heute immer wieder gestellt und immer ähnlich beantwortet, wie es Platon tat. Lange war die Antwort: der von den Soldaten gewählte Kaiser, denn nur er kann die Macht haben, sich an der Macht zu halten. Später hieß es: der legitime Prinz von Gottes Gnaden. Noch Marx fragte: Wer soll die Macht haben, die *diktatorische* Macht? Die Proletarier oder die Kapitalisten? Antwort: die guten, die klassenbewußten Proletarier. Sicher nicht die bösen, selbstsüchtigen Kapitalisten. Und auch sicher nicht die Lumpenproletarier! Die müssen sich, nach Marx, damit begnügen, beschimpft zu werden. (Bei uns sind sie verschwunden.)

Auch die meisten Theoretiker der Demokratie beantworten noch immer die Platonische Frage »Wer soll herrschen?« Ihre Theorie besteht darin, die seit dem Mittelalter selbstverständliche Antwort »der legitime Prinz von Gottes Gnaden« zu ersetzen durch: »das Volk von Gottes Gnaden«, wobei die Worte »von Gottes Gnaden« weggelassen werden oder ungefähr durch »das Volk, von des Volkes Gnaden« ersetzt werden. So heißt es schon in Rom: *Vox populi vox dei*; zu deutsch: Die Stimme des Volkes ist die Stimme Gottes.

Immer wieder sehen wir die Platonische Frage »Wer soll herrschen?«, sie spielt noch immer eine große Rolle in der politischen Theorie, in der Theorie der Legitimität, und insbesondere in der Theorie der Demokratie. Es wird gesagt, daß eine Regierung das Recht hat zu herrschen, wenn sie legitim ist, das heißt, gemäß den Regeln der Konstitution von einer Mehrheit des Volkes oder seiner Vertreter gewählt wurde. Aber wir dürfen nicht vergessen, daß Hitler auf legitime Weise an die Macht kam und daß das Ermächtigungsgesetz, das ihn zum Diktator machte, von einer parlamentarischen Mehrheit beschlossen wurde. Das Legitimitätsprinzip reicht nicht hin. Es ist eine Antwort auf die Platonische Frage »Wer soll herrschen?« Wir müssen die Frage selbst ändern.

Wir haben gesehen, daß auch das Prinzip der Volksherrschaft eine Antwort auf die Platonische Frage ist. Es ist ein gefährliches Prinzip. Eine Mehrheitsdiktatur kann für die Minderheit fürchterlich sein.

Ich habe vor 44 Jahren ein Buch veröffentlicht, *The Open Society and Its Enemies*, zu deutsch *Die offene Gesellschaft und ihre Feinde*. Es war als mein Beitrag zum Zweiten Weltkrieg geschrieben. In diesem Buch machte ich den Vorschlag, Platons Frage »Wer soll herrschen?« durch eine radikal verschiedene Frage zu ersetzen; durch die Frage »Wie können wir die Konstitution des Staates so gestalten, daß wir die Regierung ohne Blutvergießen loswerden können?«

Diese Frage legt die Betonung nicht auf die Art der *Einsetzung* der Regierung, sondern auf die Möglichkeit ihrer *Absetzung*.

Das Wort »Demokratie«, das »Volksherrschaft« bedeutet, ist, leider, eine Gefahr. Jedes Mitglied des Volkes weiß, daß es nicht herrscht, und fühlt deshalb, daß die Demokratie ein Schwindel ist. Darin liegt die Gefahr. Es ist wichtig, daß man schon in der Schule lernt, daß der Name »Demokratie« seit der Athenischen Demokratie der traditionelle Name für eine Verfassung ist, die eine Diktatur, eine »Tyrannis« *verhindern* soll. Die Diktatur, die Tyrannis, ist das Schlimmste, wie wir eben wieder in China gesehen haben. Man kann sie ohne Blutvergießen nicht loswerden, aber gewöhnlich auch nicht *mit* Blutvergießen: Die Diktatoren sind heutzutage wohl immer zu stark, wie wir auch schon beim Aufstandsversuch gegen Hitler vom 20. Juli 1944 sehen konnten.

Aber jede Diktatur ist unmoralisch. Jede Diktatur ist moralisch böse. Das ist das erste, das moralische Grundprinzip für die Demokratie als jene Staatsform, in der die Regierung ohne Blutvergießen abgesetzt werden kann. Die Diktatur ist moralisch böse, weil sie die Staatsbürger dazu verurteilt, gegen ihr besseres Wissen und Gewissen, gegen ihre moralische Überzeugung mit dem Übel mitzuarbeiten, zumindest durch ihr Schweigen. Sie enthebt den Menschen der menschlichen Verantwortung, ohne die er nur ein halber, nur ein hundertstel Mensch ist. Sie macht aus einem jeden Versuch, seine menschliche Verantwortung zu tragen, einen Selbstmordversuch.

Es kann geschichtlich gezeigt werden, daß schon die Athenische Demokratie, zumindest bis Perikles und Thukydides, nicht so sehr eine Volksherrschaft war als ein Versuch, eine Tyrannis um jeden Preis zu vermeiden. Der Preis war hoch, vielleicht zu hoch, und wurde nach weniger als 100 Jahren abgeschafft. Der Preis war das oft mißverstandene Scherbengericht, durch das jeder Bürger, wenn er zu populär wurde, eben wegen seiner Popularität verbannt werden konnte und sollte. So wurden die bewährtesten Staatsmänner verbannt, wie Aristides und insbesondere Themistokles. Es ist ein Unsinn zu sagen, daß Aristides verbannt wurde, weil er dem Themistokles im Wege war oder weil sein Beiname »der Gerechte« seine Mitbürger eifersüchtig machte. Die Sache liegt ganz anders: Der Beiname zeigt, daß Aristides populär war, er war zu populär, und die Funktion des Scherbengerichtes war es eben, einen populistischen Diktator nicht aufkommen zu lassen. Das allein war der Grund seiner Verbannung, ebenso wie der des Themistokles.

Perikles selbst schien sich darüber klar zu sein, daß die Athenische Demokratie keine Volksherrschaft war und daß es eine

Volksherrschaft nicht geben kann. Denn er sagte in seiner großen Rede, die wir bei Thukydides lesen können: »Obwohl nur einige wenige eine Politik entwerfen können, so sind wir doch alle fähig, über sie ein Urteil zu fällen.« Das heißt aber: Wir können nicht alle regieren und dirigieren, aber wir alle können über die Regierung zu Gericht sitzen, wir können als Geschworene fungieren.

Genau das sollte, nach meiner Ansicht, der Wahltag sein. Nicht ein Tag, der die neue Regierung legitimiert, sondern ein Tag, an dem wir über die alte Regierung zu Gericht sitzen. Der Tag, an dem sich die Regierung verantworten muß.

Ich möchte jetzt ganz kurz zeigen, daß der Unterschied, den ich hier betone, der Unterschied zwischen der Demokratie als Volksherrschaft und der Demokratie als Volksgericht, auch praktische Folgen hat:

Er ist keineswegs nur verbal. Das sieht man daraus, daß die Idee der Volksherrschaft dazu führt, eine proportionale Volksvertretung zu befürworten. Jede Meinungsgruppe, jede Partei, auch ziemlich kleine Parteien, sollen vertreten sein, damit die Volksvertretung ein Spiegel des Volkes wird und damit die Idee einer Volksregierung nach Möglichkeit verwirklicht wird. Ich habe sogar den fürchterlichen Vorschlag gelesen, daß jeder Bürger und jede Bürgerin mit einem elektrischen Druckknopf über jeden Punkt, der von der Volksvertretung vor dem Bildschirm diskutiert wurde, direkt abstimmen sollte. Außerdem wird gesagt, daß vom Standpunkt der Demokratie als Volksregierung die Bürgerinitiative sehr begrüßt werden muß.

Ganz anders sieht die Sache aus von dem von mir verteidigten Standpunkt der Demokratie als Volksgericht. Ich sehe die Vielzahl der Parteien als ein Unglück an; und daher auch das Proporzwahlrecht. Denn die Vielzahl der Parteien führt zu Koalitionsregierungen, in denen niemand die Verantwortung vor dem Volk als Gerichtshof trägt, da alles ein unvermeidbarer Kompromiß ist. Außerdem wird es ganz unsicher, ob man eine Regierung loswerden kann, denn sie braucht ja nur einen neuen kleinen Koalitionspartner zu finden, um weiterregieren zu können. Wenn es wenige Parteien gibt, dann sind die Regierungen eher Mehrheitsregierungen, und ihre Verantwortung ist klar und deutlich. Und ich sehe keinen Wert darin zu versuchen, die Meinungen der Bevölkerung proportional in der Volksvertretung abzuspiegeln, und schon gar nicht in der Regierung. Das führt zur Unverantwortlichkeit der Regierung, denn der Spiegel kann nicht seinem Original gegenüber verantwortlich sein.

Aber der vielleicht stärkste Einwand gegen die Theorie der Volksherrschaft ist, daß sie eine irrationale Ideologie, einen Aberglauben fördert: den autoritären und relativistischen Aberglauben, daß das Volk (oder die Majorität) nicht unrecht haben kann und nicht unrecht tun kann. Diese Ideologie ist unmoralisch und muß abgelehnt werden. Wir wissen von Thukydides, daß die Athenische Demokratie (die ich in vielem bewundere) auch verbrecherische Beschlüsse gefaßt hat. Sie überfiel (wenn auch nicht ohne Warnung) die neutrale Inselstadt Melos, tötete alle Männer und verkaufte alle Frauen und Kinder auf den großen Sklavenmärkten. Dazu war die Athenische Demokratie fähig.

Und das frei gewählte deutsche Parlament der Weimarer Republik war fähig, Hitler durch das Ermächtigungsgesetz auf legitimem Weg zum Diktator zu machen. Obwohl Hitler in Deutschland nie eine freie Wahl gewonnen hat, feierte er doch in Österreich nach dem gewaltsamen Anschluß einen ungeheuren Wahlsieg.

Wir sind alle fehlbar, und das Volk, oder jede andere Gruppe von Menschen, ist es genauso. Und wenn ich dafür spreche, daß ein Volk seine Regierung absetzen kann, so nur deshalb, weil ich keine *bessere* Methode kenne, die Tyrannis zu vermeiden. Auch die Demokratie als Volksgericht, wie ich sie verteidige, ist alles eher als fehlerlos. Für sie gilt Winston Churchills ironischer Ausspruch, der sagte: »Die Demokratie ist die schlechteste aller Regierungsformen, mit der alleinigen Ausnahme aller anderen Regierungsformen.«

Um diesen Punkt meiner Ausführungen zusammenzufassen: Der Unterschied zwischen den beiden Ideen, der Demokratie als Volksherrschaft und der Demokratie als Volksgericht – oder als Instrument zur Vermeidung einer Regierung, die man nicht loswerden kann, also einer Tyrannis – ist keineswegs verbal, sondern hat wichtige praktische Folgen; er ist auch für die Schweiz relevant. Dennoch wird im Unterricht, in den Volksschulen und Gymnasien, soviel ich weiß, noch sehr oft die verderbliche und ideologische Theorie der Volksherrschaft vertreten, anstelle der viel bescheideneren und realistischen Theorie der Vermeidung der moralisch untragbaren und unerträglichen Diktatur.

Von hier möchte ich nun zum Anfang zurückkehren. Die Zukunft ist weit offen, wir können sie beeinflussen. Auf uns ruht deshalb eine große Verantwortung, und wir wissen so gut wie nichts. Was sollen wir tun, um zu helfen? Können wir etwas tun, um die schrecklichen Geschehnisse, wie die im Fernen Osten, zu verhindern? Ich meine den Nationalismus, den Rassismus, die Opfer von Pol Pot in Kambodscha, die Opfer des Ayatollah im Iran, die Opfer der Russen in Afghanistan, die neuen Opfer in China? Was können wir tun, um diese unfaßbaren Geschehnisse zu verhindern? Können wir überhaupt etwas tun, etwas verhindern?

Meine Antwort auf diese Frage ist: Ja. Ich glaube, daß wir viel tun können.

Wenn ich sage »wir«, so meine ich die Intellektuellen, also Menschen, die an Ideen interessiert sind; also insbesondere die, die lesen und vielleicht auch schreiben.

Warum denke ich, daß wir, die Intellektuellen, helfen können?

Einfach deshalb, weil wir, die Intellektuellen, seit Jahrtausenden den gräßlichsten Schaden gestiftet haben. Der Massenmord im Namen einer Idee, einer Lehre, einer Theorie – das ist unser Werk, unsere Erfindung: die Erfindung von Intellektuellen. Würden wir nur damit aufhören, die Menschen gegeneinander zu hetzen – oft mit den besten Absichten –, damit allein wäre schon viel gewonnen. Niemand kann sagen, daß das für uns unmöglich ist.

Das wichtigste der zehn Gebote lautet: Du sollst nicht töten! Es enthält fast die ganze Ethik. Wie zum Beispiel Schopenhauer die Ethik formuliert, ist sie nur eine Erweiterung dieses wichtigsten Gebots. Schopenhauers Ethik ist einfach, direkt, klar. Er sagt: Schade keinem und verletze niemanden; sondern hilf allen, so gut du kannst.

Aber was geschah, als Moses das erste Mal vom Berg Sinai mit den steinernen Tafeln herunterkam, noch bevor er die zehn Gebote verkünden konnte? Er entdeckte eine todeswürdige Ketzerei, die Ketzerei des Goldenen Kalbes. Da vergaß er das Gebot »Du sollst nicht töten!« und rief:

> Her zu mir, wer dem Herrn angehöret... So spricht der Herr, der Gott Israels: Gürte ein jeglicher sein Schwerdt auf seine Lenden,... und erwürge ein jeglicher seinen Bruder, Freund und nächsten... und (so) fielen des Tages vom Volk drey tausend Mann.

Das war, vielleicht, der Anfang. Aber sicher ist, daß es so weiterging, im Heiligen Land wie auch später hier im Westen; und hier besonders, nachdem das Christentum zur Staatsreligion geworden war. Es ist eine erschreckende Geschichte von religiösen Verfolgungen, Verfolgungen um der Rechtgläubigkeit willen. Später – vor allem im 17. und 18. Jahrhundert – kamen dann noch andere ideologische Glaubensgründe dazu, um die Verfolgung, die Grausamkeit und den Terror zu rechtfertigen: Nationalität, Rasse oder Klasse; politische oder religiöse Häresie oder Ketzerei.

In der Idee der Rechtgläubigkeit und des Ketzertums sind die kleinlichsten Laster versteckt; jene Laster, für die wir Intellektuellen besonders anfällig sind: Arroganz, Rechthaberei, Besserwissen, intellektuelle Eitelkeit. Das sind kleinliche Laster – nicht große Laster wie die Grausamkeit. Aber auch die Grausamkeit ist unter uns Intellektuellen keineswegs unbekannt. Wir haben auf diesem Gebiet der Grausamkeit einiges geleistet. Man denke nur an die Nazi-Ärzte, die die Alten und Kranken umbrachten, schon Jahre vor Auschwitz und der sogenannten »Endlösung« der Judenfrage.

Immer wieder waren es und sind es wir Intellektuellen, die aus Feigheit, aus Einbildung, aus Ehrgeiz die schlimmsten Dinge gemacht haben. Wir, die wir eine besondere Verpflichtung denen gegenüber haben, die nicht studieren konnten, sind die Verräter am Geist, wie uns der große französische Aufklärer Julien Benda genannt hat. Wir erfanden und propagierten den Nationalismus, wie Benda zeigte, wir machen alle die blöden Moden mit. Wir wollen auffallen, und wir reden in einer unverständlichen, aber überaus eindrucksvollen, gelehrten, kunstvollen Sprache, die wir von unseren hegelianischen Lehrern haben und die alle Hegelianer verbindet. Das ist die Sprachverschmutzung, die Verschmutzung der deutschen Sprache, in der wir miteinander wetteifern. Es ist die Sprachverschmutzung, die es geradezu unmöglich macht, mit uns Intellektuellen vernünftig zu reden und uns nachzuweisen, daß wir sehr oft Unsinn reden und im Trüben fischen.

Das Unheil, das wir in der Vergangenheit angerichtet haben, ist schrecklich. Sind wir seither – seit wir frei sind, alles zu sagen und zu schreiben – vielleicht verantwortlicher geworden?

Ich habe einst über Platons Utopie geschrieben, daß die, die den Himmel auf Erden errichten wollten, immer nur eine Hölle errichtet haben. Aber viele der Intellektuellen waren von der Hölle Hitlers zutiefst begeistert. Der berühmte Schweizer Seelenforscher, Carl Gustav Jung, entdeckte in der Hölle Hitlers den neuen Aufschwung der deutschen Seele. Dabei brauchte sich Jung gar nicht so sehr zu fürchten, da er ja in der Schweiz wohnte. Nach Hitlers Tod vergaß er, was er geschrieben hatte, und schrieb von dem radikal Bösen in der Natur der deutschen Seele.

Winston Churchill und Franklin Delano Roosevelt gründeten mit ihrer Atlantic Charta eine neue Welt, für die die Voraussetzung geschaffen worden war von den jungen Kampffliegern, die sich in der entscheidenden Luftschlacht um Großbritannien von 1940 und 1941, den so gut wie sicheren Tod vor Augen, ohne Rücksicht auf sich selbst für uns geopfert hatten. Statt in der Hölle Hitlers lebt Westeuropa seit dem Sieg über Hitler im Himmel des europäischen Friedens, in der gerechtesten und besten Welt, von der wir geschichtlich Kenntnis haben. Und hätte Stalin mitgemacht, so hätten wir heute durch die Vereinten Nationen nicht nur den europäischen und nordatlantischen Frieden, sondern den Weltfrieden, und der amerikanische Marshall-Plan wäre zum Weltplan geworden.

Aber sobald der neue Wohlstand geschaffen war und im Westen alles gut ging, da begann das große Geschrei und Geschimpfe der Intellektuellen auf unsere böse Zeit, auf unsere Gesellschaft, auf unsere Zivilisation, auf unsere Umwelt. Es begannen die furchtbaren Übertreibungen über die Zerstörungen und die Verschmutzungen, die wir angeblich aus Gewinnsucht angerichtet haben, um die Überreste einer einst so schönen Welt so schnell wie nur möglich ganz zu vernichten. Wahr ist, daß alles Leben immer gefährdet ist. Wir alle, so vermute ich, werden wohl sterben, früher oder später. Gefahr gab es immer, immer seit dem Ursprung des Lebens, auch für die Umwelt.

Wir sind, dank der Naturwissenschaft und der Technologie und der Industrie, zum ersten Mal seit der Erschaffung unseres Sonnensystems in der Lage, etwas für die Umwelt zu tun, und alle Naturwissenschaftler und Techniker bemühen sich darum. Aber sie werden beschuldigt, die Natur zu zerstören. Inzwischen wurden schon längst der wunderschöne Zürchersee und auch der ungeheure Lake Michigan, an dem Chicago liegt, in aller Ruhe gerettet. Das Leben in diesen Seen wurde gerettet durch die Zusammenarbeit der Wissenschaft, der Technologie und der Industrie. Es war wohl die erste derartige Leistung in der Geschichte dieses Sonnensystems seit der Erschaffung des Lebens.

Die Welt ist nicht leicht zu regieren. Jede Tierart, jede Pflanzenart, jede Bakterienart beeinflußt die Umwelt aller anderen Arten. Vielleicht ist unser Einfluß größer. Aber es ist immer möglich, daß ein neuer Virus, eine neue Virusepidemie, aber auch eine neue bakterielle Epidemie die Menschheit in kurzer Zeit vernichtet.

Die Natur ist nicht leicht unter Kontrolle zu halten. Eine Demokratie ist keine einfache Sache. Wie ich schon erzählte, sagte Churchill, daß die Demokratie die schlechteste aller Regierungsformen sei, mit der alleinigen Ausnahme aller anderen. Was Churchill nicht deutlich sagte, möchte ich hinzufügen: Für die Regierung ist die Demokratie die bei weitem unbequemste und schwierigste Regierungsform, denn die Regierungen sind ja dauernd mit ihrer Absetzung bedroht. Sie müssen sich vor uns allen verantworten. Sie müssen sich vor uns ein wenig fürchten. Das ist ganz gut, aber es macht ihre Arbeit schwierig. Wir sind die Jury, die Geschworenen, aber unsere Gefahr ist, von der jeweils allgemein geglaubten Irreligion verführt zu werden. Hegels sogenannter Zeitgeist, der eben immer gefährlich ist, modische Ideologien, die fast immer abgründig dumm sind und immer und immer das Falsche für wahr halten, wenn die Wahrheit auch noch so klar vor unseren Augen liegt – alles das verführt uns als Geschworene und als Jury.

Hitler konnte, ebenso wie ich, von begeisterten Lehrern lernen, was sie aus tiefster Seele glaubten: Am deutschen Wesen wird die Welt genesen und »Deutschland, Deutschland über alles, über alles in der Welt«. Und Adolf glaubte das, zusammen mit vielen anderen armen Jungen, mit Millionen von anderen tapferen jungen Menschen, die in den zwei deutschen Kriegen, um die Hegemonie Europas zu gewinnen, zugrunde gingen und die noch mehr Millionen von armen jungen Menschen, von tapferen Feinden, mit in den Tod nahmen, Feinde, die ebenso ehrlich für die Freiheit und den Frieden kämpften wie die jungen Deutschen für die Größe und Vormachtstellung Deutschlands, für den Kaiser, den obersten Kriegsherrn und für den Führer.

Heute können und müssen wir die Wahrheit sehen. Die deutsche Ideologie war eine Illusion, wie ein großer und tapferer deutscher Historiker gezeigt hat. (Ich spreche von Professor Fritz Fischer.) Noch deutlicher: Sie war eine Lüge. Die westliche Ideologie, trotz aller Verspottung und trotz ihrem oft lügenhaften Mißbrauch, war die Wahrheit. Der Westen kämpfte für den Frieden, und er erreichte ihn in Europa, das seit dem Anfang aller Menschheitsgeschichte von Kriegen zerrüttet war, und er erreichte ihn fast überall, wo die Westeuropäer wirklichen Einfluß haben.

Aber die unverantwortlichen Intellektuellen konnten in unserer westeuropäischen Welt nur Böses sehen. Sie gründeten die neue Religion, die da lehrt, daß unsere Welt ungerecht und zum Untergang verdammt ist. Sie lehrten dies seit Oswald Spenglers Buch, *Der Untergang des Abendlandes*, weil sie gern originell sein wollten und Dinge sagen mochten, die zum Augenschein im Widerspruch stehen. Und es gelang ihnen, nicht nur den Augenschein, sondern die objektive Wahrheit zu verdrehen.

Aber ich will die Intellektuellen nicht länger anklagen. Ich will sie auffordern, endlich ihre Verantwortung für die Menschheit und für die Wahrheit einzusehen. Unsere Freiheit erlaubt es ihnen, alles zu sagen und auch auf die freie Welt zu schimpfen, die freie Welt als böse hinzustellen.

Das ist ihr gutes Recht. Aber es ist die Unwahrheit, und es ist unmoralisch, die Unwahrheit zu verkünden, auch wenn man das Recht dazu hat. Und es ist nicht nur unmoralisch, sondern verantwortungslos, das Große, das Churchill und Roosevelt, die Kriegshelden und der Marshall-Plan erreichten, dadurch zu gefährden, daß sie es herabsetzen und das Gute als das Böse hinstellen.

Ich möchte daran erinnern, daß jetzt auch die Russen unsere Welt, unseren Frieden anzuerkennen beginnen und daß damit – vielleicht – ein weit größerer Frieden zum Bereich des nicht mehr ganz Unmöglichen und Utopischen gerechnet werden kann. Es ist unsere Pflicht, alles aufzubieten, nicht weiter durch Verfälschung der Wahrheit von Himmel und Hölle diese Möglichkeiten zu verringern.

Ich komme nun zum letzten Teil.

Ich fasse zunächst noch einmal zusammen. Wir im Westen leben im Himmel, natürlich im ersten Himmel und noch nicht im siebenten Himmel. Unser Himmel ist sehr verbesserungsfähig. Wir dürfen unsere Welt nicht länger beschimpfen und schlechtmachen. Sie ist bei weitem die beste, die es je auf Erden, und besonders in Europa, gegeben hat. Die Wahrheit ist, wir sind reformfreudig. Nirgends so wie in den Vereinigten Staaten. Wir sind Menschen guten Willens und aufopferungsvoll. Das haben die Soldaten auf beiden Seiten der Front bewiesen. Die wichtigsten Bedingungen sind damit geschaffen, um den Frieden auf Erden zu verwirklichen. Aber eine notwendige Bedingung ist, *daß die Russen mitmachen! Wenn* sie mitmachen, dann kann – vielleicht – Churchills und Roosevelts Traum verwirklicht werden, nicht nur in Europa, sondern auf der ganzen Welt.

Aber zum ersten Mal seit dem Zweiten Weltkrieg sieht es aus, als ob die Russen mitmachen wollten! Sacharow, der große und tapfere Alleingeher, sagt, daß wir dem viel zu mächtigen Diktator Gorbatschow nicht trauen sollen. Sacharow sagt auch, daß die Sowjetunion vielleicht kurz vor ihrer Auflösung steht. Aber wir können diese Auflösung nicht wollen. Sie würde mit unermeßlichen Leiden in der Sowjetunion verbunden sein; und mit großen Gefahren für den Frieden. Sie würde vielleicht zu einer Militärdiktatur führen – zu einer Diktatur der größten (wenn vielleicht auch nicht der besten) Armee, Flotte und Luftwaffe, die diese Erde je gesehen hat. Und das würde die Hoffnung auf den Frieden zerstören.

George Soros, der Rußland gut kennt, wenn auch wohl nicht so gut wie Sacharow, analysiert alle diese Gefahren in einem wichtigen Artikel in der *New York Review of Books*. Aber er glaubt, daß Rußland ehrlich die Zusammenarbeit mit dem Westen sucht. Die Russen wissen besser als wir, wo der Himmel ist und wo die Hölle.

Um diese Zusammenarbeit möglich zu machen, müssen wir vor allem uns selbst zugestehen, was wir erreicht haben und womit wir bewiesen haben, daß es in Freiheit erreicht werden kann. Nur dann können wir uns fragen, wie wir es erreicht haben, und so den Russen, wenn sie bereit sind, ihre Armee abzubauen, unsere Hilfe anbieten. Und zwar *mit allen Vorsichtsmaßnahmen.*

Diese Möglichkeiten stehen vor uns. Sie verlangen von uns Intellektuellen, daß wir endlich die objektive Wahrheit sehen und nicht, wie in der Vergangenheit, den Himmel und die Hölle immer wieder miteinander verwechseln.

Wir müssen wissen, daß wir nichts wissen – oder fast nichts. Und daß Gorbatschow wohl in derselben Lage ist. Um dem

Frieden auch nur einen Schritt näher zu kommen, müssen wir den Ideologien entsagen, insbesondere auch der für den Frieden so gefährlichen Ideologie von der einseitigen Abrüstung. Wir müssen kritisch tastend, ähnlich wie es die Käfer tun, *in aller Bescheidenheit* die objektive Wahrheit suchen. Wir dürfen nicht länger die allwissenden Propheten zu spielen versuchen. Aber das heißt: *Wir müssen uns ändern.*

12. Alles Leben ist Problemlösen

I

Ich bin fast so alt wie das Automobil. Zwar nicht so alt wie seine Erfindung im Jahre 1886, aber ich war immerhin ein Jahr alt, bevor sich Kaiser Wilhelm II., an den ich mich gut erinnere, sein erstes Auto anschaffte.

Meine erste Autofahrt zum Schloß Altenberg bei Greifenstein an der Donau war in einem Mercedes, der dem Schloßherrn gehörte, einem Freund meines Vaters. Bis dahin waren wir immer in einer Kutsche mit vier Pferden abgeholt worden, aber diesmal, so wurde mir gesagt, mit einem Mercedes, dem besten deutschen Automobil und dem ersten dieses Modells, das in Österreich eingeführt worden war. Es muß etwa 1907 oder 1908 gewesen sein.

Mein erstes Auto kaufte ich, gebraucht, 1936 in London. Ich fuhr gleich damit nach Cambridge, und als ich ausstieg, auf der rechten Seite natürlich, bemerkte ich, daß das Hinterrad mit seiner Achse ein ganzes Stück vom Wagen herausstand. In meiner Erinnerung sieht es aus, als ob etwa 30 cm der Achse sichtbar gewesen wären, aber das Erstaunen hat wohl meine Erinnerung beeinflußt! Es war ein Sportwagen der Marke »Standard«, die schon lange verschwunden ist – offenbar zu Recht!

Diese Erfahrungen sind einige der unwiederbringlichen Vorteile eines hohen Alters. Ein anderer ist, daß ich im Gegensatz zu meinen jüngeren Zeitgenossen unsere Welt und die Men-

---

Vortrag, gehalten in Bad Homburg, 1991.

schen für wunderbar halte. Obwohl ich natürlich weiß, daß es auch viel Schlechtes gibt, so weiß ich doch, daß unsere Welt die beste ist, die es je in der Geschichte gegeben hat. Wenn ich so etwas sage, halten mich die Zuhörer gewöhnlich für altersverblödet. Das mag wohl zutreffen, aber ich bin bereit, in der kommenden Diskussion meine These gegen jedermann zu verteidigen und auch die weitere These, daß das allgemeine Gejammer über die böse Welt, in der wir leben – man kann das als die herrschende Religion unserer Zeit bezeichnen –, zu allen Tatsachen im Widerspruch steht. Dabei ist meine Hauptthese, daß es uns nicht nur wirtschaftlich besser geht, sondern daß wir auch moralisch besser sind. Nur eines bin ich bereit zuzugeben: daß wir dümmer sind als je zuvor und unkritisch dem gegenüber, was zu glauben gerade modern ist. Aber das wird nie gerne gehört und sicher auch nicht geglaubt.

Vielleicht liegt der Grund in den fürchterlichen Fehlern, die wir als Erzieher machen, und da die Erziehung zur Technik gerechnet werden kann, sind diese Fehler technologische Fehler. Und das Schlimmste ist, daß wir aus diesen Fehlern nichts lernen. Und hier komme ich zur Sache.

Die Fehlerkorrektur ist die wichtigste Methode der Technologie und des Lernens überhaupt. In der biologischen Evolution scheint sie die einzige Methode des Fortschritts zu sein. Man spricht mit Recht von der Methode, von Versuch und Irrtum, aber man unterschätzt dabei die Wichtigkeit des Irrtums oder des Fehlers – des fehlerhaften Versuches.

Die biologische Entwicklung ist voller Fehler, und die Fehlerkorrekturen kommen langsam. So dürfen wir uns für unsere vielen Fehler wohl damit entschuldigen, daß wir mit ihnen nur die geliebte grüne Natur nachahmen. Und auch, daß wir in unseren Fehlerkorrekturen gewöhnlich etwas schneller sind, als es die grüne Natur ist. Denn einige von uns versuchen, bewußt aus unseren Fehlern zu lernen. Das tun zum Beispiel alle

Wissenschaftler und Technologen und Techniker, oder wenn sie es nicht tun, so sollten sie es tun; denn genau darin liegt ihre berufliche Kompetenz.

Das Leben, das heißt die Organismen, machen die erstaunlichsten Erfindungen, von den Einzellern angefangen. Die neuen Erfindungen, die Mutationen, sind wohl öfter schlechte, irrtümliche Versuche als gute Versuche und werden ausgeschieden. Wir können viele unserer Ideen als verfehlt erkennen, bevor wir sie auch nur ernsthaft kritisieren, und andere werden durch die Kritik ausgeschieden, bevor sie zum Produktionsprozeß kommen. In der bewußten Kritik, in der Selbstkritik und in der freundlichen und feindlichen Kritik durch unsere Kollegen und auch durch Außenstehende scheinen wir der Natur vielleicht etwas überlegen zu sein. In der Methode des Versuchs und Irrtums, im kritisch auswählenden Experiment war bisher die Natur uns weit überlegen. Und viele ihrer Erfindungen, zum Beispiel die Umwandlung von Sonnenenergie in chemische Energie, und zwar in eine Form, die leicht gespeichert werden kann, haben wir uns bisher vergeblich bemüht, nachzumachen. Aber es wird uns wohl in absehbarer Zeit gelingen.

Alles Leben ist Problemlösen. Alle Organismen sind Erfinder und Techniker, gute oder weniger gute, erfolgreich oder weniger erfolgreich im Lösen von technischen Problemen. So ist es bei den Tieren, zum Beispiel den Spinnen. Die menschliche Technik löst menschliche Probleme, etwa Kanalisierung, Wasser- oder Nahrungsmittelbeschaffung und Speicherung, wie es zum Beispiel schon die Bienen tun.

Deshalb ist die Gegnerschaft gegen die Technik, wie wir sie häufig bei den Grünen finden, Unsinn, denn sie ist ja Gegnerschaft gegen das Leben – was leider die Grünen nicht bemerkt haben. Aber Kritik der Technik ist natürlich nicht Unsinn, sondern dringend notwendig. Dazu ist in unterschiedlicher Weise jedermann befähigt und willkommen. Und da die Kritik zur Berufskompetenz des Technikers gehört, so ist sie etwas, womit besonders die Techniker selbst dauernd beschäftigt sind.

Dennoch sind es manchmal Außenseiter, die die Probleme zuerst sehen. Das kommt vielleicht daher, daß ein Erfinder mit Recht danach strebt, daß seine Erfindung angewendet wird. In seinem Eifer übersieht er vielleicht, daß die Anwendung seiner Erfindung auch unerwünschte Folgen haben kann. So kam es, daß gewisse chemische Erfindungen sehr erfolgreich gegen Moskitos und andere Insekten eingesetzt wurden mit dem höchst unerwünschten Resultat, daß die Singvögel verhungerten, wie es die amerikanische Naturforscherin Rachel Carson berichtete (in ihrem ausgezeichneten Buch *Silent Spring*; deutsch: *Der stumme Frühling*). Dieses Buch löste einen sehr verständlichen Sturm von Entrüstung aus, zunächst in Amerika und dann auch in Deutschland, wo es zu einer gegen die Technik und die Wissenschaft (und gegen Amerika) gerichteten politischen Bewegung kam und zur Gründung einer politischen Partei der Grünen.

Daß man auf zu wenig beachtete Fehler, die wir gemacht haben, hinweist, ist wichtig. Daß man diese Fehler übertreibt, ist verständlich und vielleicht sogar notwendig, um gehört zu werden. Daß man die Wissenschaft und die Technik als Ganzes angreift, obwohl man ja nur durch sie die notwendigen Fehlerkorrekturen durchführen kann, war nicht nur dumm, sondern sensationshungrig und völlig verantwortungslos.

Daß einige es aus Sensationshunger so weit trieben, zu behaupten, wir seien nahe am Abgrund und würden vielleicht einen Diktator brauchen, um uns zu erretten, das kann, mit Hitler noch ziemlich frisch in unserem Gedächtnis, nur als toll bezeichnet werden.

Es ist vollkommen richtig, daß gewisse Probleme, zum Beispiel Probleme der Luftverschmutzung, eine spezielle Gesetzgebung verlangen können. Es gibt ideologische Anbeter des sogenannten »freien Marktes«, dem wir natürlich sehr viel verdanken, die glauben, daß solche Gesetzgebungen, die die Freiheit des freien Marktes beschränken, gefährliche Schritte auf dem Weg in die Knechtschaft sind.

Das ist aber wiederum ideologischer Unsinn. Schon in meinem vor 49 Jahren auf englisch fertiggestellten Buch *Die offene Gesellschaft und ihre Feinde* habe ich gezeigt, daß ein freier Markt nur innerhalb einer vom Staate geschaffenen und garantierten Rechtsordnung existieren kann. Zu dieser gehört zum Beispiel, daß bewaffnete Parteiarmeen verboten sind, was eine Beschränkung des freien Waffenhandels einschließt – also offenbar eine Beschränkung des freien Marktes und der persönlichen Freiheit. Aber es ist klar, daß diese Beschränkung durch den Staat jenen Beschränkungen durch Bandenführer vorzuziehen ist, die mit Sicherheit dort erwartet werden kann, wo die staatliche Beschränkung fehlt.

Ähnlich wie wir daher den Waffenmarkt zugunsten der allgemeinen Freiheit des Staatsbürgers beschränken, müssen wir das Halten von wilden Tieren und von Kampfhunden beschränken etc. Die Grenzen jeder Freiheit sind immer problematisch und eine Frage der Erfahrung. Offenbar muß die Gesetzgebung die Abgabe von Giftgasen im Produktionsprozeß verbieten, und offenbar ist die Grenze zwischen Giftgasen und milderen Formen der Luftverschmutzung, wie sie Kraftwagen erzeugen, unbestimmt und problematisch: Sie hängt unter anderem von der Verkehrsdichte ab.

Wir müssen also das ideologische Prinzip des freien Marktes auf jeden Fall durch ein anderes ersetzen: durch das Prinzip, die Freiheit nur dort zu beschränken, wo es aus dringenden Gründen notwendig ist. Und das heißt, daß die Ansichten in vielen Fällen nicht übereinstimmen werden, wo die Grenze des Notwendigen zu ziehen ist.

Das ist eine Situation, die überall auftritt, wo immer Freiheit eine Rolle spielt. Sie ist daher keineswegs etwas, was erst mit Umweltproblemen oder Großindustrieproblemen auftritt oder für sie besonders charakteristisch ist.

In der Tat, alle unsere Handlungen haben unbeabsichtigte Konsequenzen. Manche von diesen gehören zu denen, die vielleicht vorhersehbar waren, falls man mehr Mühe oder Kosten darauf verwendet hätte, die Folgen vorherzusehen. Andere aber sind unvorhersehbar.

Ein Beispiel ist, daß Otto Hahn und Fritz Straßmann, als sie jenes Experiment durchführten, das, wie sich später herausstellte, zur Uranspaltung führte, unmöglich die Konsequenzen dieses Experiments vorhersehen konnten. Sie erwarteten nichts derartiges, und es kam ihnen auch nicht die Idee, das beobachtete und für sie unverständliche Resultat so zu interpretieren.

Die Interpretation war eine völlig neue Idee, die Hahns entlassene Mitarbeiterin, Lise Meitner, und ihr Neffe, mein Freund Otto Robert Frisch, in einer Diskussion entwickelten auf einer gemeinsamen Skitour in Schweden. Und diese völlig neue Idee wäre ihnen wohl kaum in den Sinn gekommen, wäre der Experimentalist Frisch nicht kurz vorher Mitarbeiter des Theoretikers Niels Bohr geworden, der ihm von seiner neuen Tropfentheorie des Atomkerns erzählte, die den Zerfall eines übergroßen Tropfens verständlich machte.

Das Wissen um diese neue intuitive und bloß metaphorische Hilfsidee spielte eine Rolle in der richtigen Interpretation des Experiments von Hahn und Straßmann, eine Interpretation, die für die beiden völlig unzugänglich war – wie ja auch der Ausgang des Experiments für sie völlig unerwartet war.

Hier schließe ich den ersten Teil meiner Ausführungen – die Verteidigung gegen die Angriffe auf die Technik – mit der Bemerkung, daß wir ja alle Fehler machen, aber daß alles das, was die Grünen der Technik vorwerfen, fast gänzlich auf die Bevölkerungsexplosion zurückzuführen ist. Von diesem großen Problem sprechen aber die Grünen zu wenig – offenbar deshalb, weil es ihren Angriff auf die Technik zunichte machen könnte, wenn sie dieses Problem ernsthaft zu untersuchen bereit wären.

II

Der zweite Teil ist nicht der Abwehr von Vorwürfen gewidmet, sondern er ist ein Lob der Technik als Kulturfaktor.

Zu diesem Zweck möchte ich zwei Klassen von Erfindungen unterscheiden: Erfindungen, die dem Wachstum einer existierenden Industrie helfen. Hier ist das beste Beispiel James Watts Dampfmaschine, deren Anwendung viele Industrien zu Großindustrien machte. Wir können solche Erfindungen zu den verbesserten Produktionsmitteln rechnen.

Zu einer zweiten Klasse gehören die ganz großen kulturellen Erfindungen, die mit der Erfindung der menschlichen Sprache beginnen, wie die verschiedenen Schriften, das geschriebene Buch, die Erfindung des ersten Büchermarktes in Athen (etwa 500 vor Christus), der Buchdruck, die Kopiermaschine, die Schreibmaschine, der Computer etc. Es ist verblüffend und wenig bekannt, daß die erste Kopiermaschine von demselben James Watt stammt, der die Dampfmaschine erfunden hat.

Sie beruht auf einer sehr einfachen Idee: Vielleicht erinnern Sie sich noch aus Ihrer Jugend an das sogenannte Löschpapier oder Löschblatt, das durch Experimente mit schnelltrocknenden Tinten überflüssig geworden ist. Watts Idee war im wesentlichen die Kombination einer wiederanfeuchtbaren Tinte mit einem Löschpapier, das sie aufsaugt. Und um nicht auf die Spiegelschrift angewiesen zu sein, wie sie auf einem Löschblatt erscheint, verwendete er ein speziell bereitetes dünnes Löschpapier, das fähig war, die Tinte durchzusaugen, so daß sie auf der anderen Seite des Papiers lesbar war.

Das Datum des Patents, das die Verfertigung der beiden Papiere und die Zusammensetzung der Tinte einschließt, ist 1780! Diese Erfindung, die älteste bisher bekanntgewordene Kopiermaschine, wurde vergessen, soweit sie damals überhaupt bekannt wurde. Sie arbeitet noch heute. Obwohl nur ganz wenige Abzüge möglich sind, wäre sie zum Beispiel für Schriftsteller von größtem Wert gewesen. Da ich vom Lärm der damaligen Schreibmaschine zu sehr gestört wurde, um mir das Maschinenschreiben anzugewöhnen, und da ich Manuskripte oft verliere, so weiß ich von der Notwendigkeit einer Kopiermaschine für den Schriftsteller ein Lied zu singen. Hier haben wir ein Beispiel einer unbeachteten Erfindung von größter potentieller Bedeutung – einer kulturellen Bedeutung, die der des Buchdruckes vergleichbar ist.

Eine andere Erfindung, die lange fast rein kulturell wichtig war, ist die Fotografie. Sie erfüllte für lange Zeit fast ausschließlich das persönliche Bedürfnis nach einem Porträt. Das entspricht nicht nur dem persönlichen Wunsch zu überleben – man denke an die ägyptischen Mumien –, sondern auch dem Bedürfnis der Familie und aller Freunde, sich möglichst lebhaft erinnern zu können.

Aber kulturell wichtiger als alles das wurde das persönliche Bedürfnis, das die ungeheure Verkehrsrevolution hervorbrachte: die George Stephenson-Revolution und die noch wichtigere Henry Ford-Revolution. (Ich weiß, daß nicht er der Erfinder war, aber es war Ford, der zunächst Amerika revolutionierte und dann die Welt.)

Die ersten Eisenbahnen waren, man könnte sagen, motorisierte Postkutschen für Personen mit ihrem Gepäck – nicht Güterwagen, sondern Personenwagen kamen zuerst. Sie entsprachen einem persönlichen Bedürfnis zu reisen – hauptsächlich, seine Angehörigen und Freunde zu sehen. Und dasselbe gilt für den Kraftwagen, zum Beispiel auch für das revolutionäre Modell T, das die ganzen Vereinigten Staaten revolutionierte, das dem amerikanischen Menschen eine neue Lebensweise nicht nur ermöglichte oder anbot, sondern geradezu schenkte. Die Revolution war eine geistige Revolution. Sie führte zu einem neuen Weitblick und zu einer neuen Geisteshaltung, revolutionärer, als man es von einer Veränderung der Lebensweise hätte erwarten können. Es war, in der Tat, eine allgemeine Befreiung von unbewußten Banden. Der Roman dieser halb bewußten Befreiung heißt *Free Air* von Sinclair Lewis.

Moralisch vielleicht noch wichtiger war die große Befreiung der Haussklaven, auch Dienstmädchen genannt, die zum großen Teil durch die Motorisierung des Haushalts ermöglicht wurde. Die ungeheure Revolution und die Befreiung, die alle Frauen mit Ausnahme der allerreichsten dadurch in dieser Zeit erfahren haben, ist heute merkwürdigerweise fast vergessen, obwohl sie eine Befreiung aus herzzerreißender Sklaverei war. Wer ahnt heute, was es bedeutete, wenn alles Wasser getragen werden mußte, wenn für alle Heizung Kohle getragen werden mußte, wenn alle Wäsche mit der Hand gewaschen werden mußte, wenn es noch keine Petroleumlampen mit Dochten gab. Als dann das Gas eingeführt wurde – zunächst nur für elende Beleuchtung durch den Schmetterlingsbrenner, als dann der wunderbare Auer-Glühstrumpf kam – alles das war eine rein kulturelle Entwicklung.

Etwa 1913 begann die Menschenbefreiung oder genauer die Frauenbefreiung sehr langsam mit dem Gaskocher, und etwa 1922 wurde der Gasherd ein ernster Konkurrent des kohlegefeuerten Küchenherds. Sogar Zentralheizungen blieben lange noch mit Kohle oder Koks geheizt.

Die furchtbare Hausarbeit muß die Lebensdauer sehr verkürzt haben, von dem Arbeitsleid, das heute durch Lebensfreude ersetzt wird, ganz zu schweigen. Das verdanken die Frauen der Technik, auch die, die die Feindschaft gegenüber der Technik predigen.

13. Gegen den Zynismus in der Interpretation der Geschichte

Ich habe mich in meinem langen Leben niemals gelangweilt, außer bei Vorträgen, und ganz besonders bei Vorträgen in der Schule, die eine äußerst schmerzhafte Gehirnlähmung erzeugten. Insbesondere in den Fächern Geschichte und Geographie war die Wirkung der Vorträge fast tödlich.

Es ist deshalb vielleicht verzeihlich, wenn manche Lehrer der Geschichte den Versuch machen, ihren Unterricht durch eine Dosis von Zynismus zu würzen; und es ist verständlich, wenn auch sicher nicht verzeihlich, wenn sie dabei zu weit gehen und die zynische Geschichtsauffassung zur großen Mode machen.

Die zynische Geschichtsauffassung sagt, daß es – in der Geschichte, wie auch überhaupt – immer nur die Gier ist, die regiert: die Habsucht, die Geldgier, das Gold, das Öl, die Macht. So war es, sagt der Zyniker, und so wird es wohl immer sein: es ist so in der Despotie, und in der Demokratie ist es nicht viel anders – nur daß in der Demokratie die Heuchelei womöglich noch ärger ist. Ich halte diese Lehre nicht nur für falsch, sondern auch für unverantwortlich, gerade weil eine gewisse Plausibilität für sie zu sprechen scheint. Und ich halte es für eine dringende Aufgabe, sie zu bekämpfen. Denn es ist wichtig für uns, wie wir über uns und unsere Geschichte denken; es ist wichtig für unsere Entscheidungen, für unser Handeln. Das ist der Grund, weshalb ich dieses Thema gewählt habe.

Die zynische Geschichtsinterpretation ist unter den drei gro-

---

Vortrag, gehalten in der Universität Eichstätt, Mai 1991.

ßen Moden in der Geschichtsauffassung, die ich hier erwähnen will, die dritte. Heutzutage erscheint sie als die direkte Nachfolgerin der marxistischen Geschichtsinterpretation, und diese wiederum wurde zur großen Mode nach dem Zusammenbruch der nationalistischen oder rassistischen Geschichtsinterpretation.

In Deutschland wurde die nationalistische oder rassistische Geschichtsinterpretation zwischen den Napoleonischen Kriegen und dem Zusammenbruch des Hitlerreiches heimisch. Weil sie noch vor Hitler zur großen Mode wurde, hat sie eine geistige Atmosphäre geschaffen, eine Weltanschauung, ohne die Hitler nicht möglich gewesen wäre; und diese Weltanschauung haben wir zum Teil Napoleon und zum Teil Hegel zu verdanken. Nach dieser Auffassung war die Geschichte ein Kampf der Nationen oder Rassen um Dominanz. Der Kampf wurde als ein totaler Vernichtungskampf angesehen. Nach dieser Geschichtstheorie hätte die Niederlage des Hitlerreiches die endgültige Vernichtung des deutschen Volkes bedeuten müssen. Es ist bekannt, daß Hitler zum Schluß noch alles tat, um das Eintreffen dieser theoretisch vorhergesagten totalen Vernichtung des deutschen Volkes auch praktisch herbeizuführen. Trotz seiner Bemühungen ist die Vorhersage zum Glück nicht eingetroffen.

Eine ernstzunehmende Theorie wird durch das Nichteintreffen einer Vorhersage diskreditiert; und etwas Ähnliches geschah, in diesem Fall, mit der großen Mode der nationalistischen Geschichtsinterpretation; und das hat wohl dazu beigetragen, daß nach der Hegelschen und nationalistischen Geschichtsinterpretation die marxistische Geschichtsinterpretation zur großen Mode wurde; und zwar keineswegs nur im früheren Ostdeutschland. Da es der intellektuelle Zusammenbruch dieser marxistischen Geschichtsauffassung ist, der zum jüngsten Sieg der dritten, der zynischen Mode geführt hat, so muß ich zunächst etwas näher auf die marxistische Geschichtsauffassung eingehen. Das möchte ich auch schon deshalb, weil der Kampf gegen die marxistische Geschichtsinterpretation eine wichtige Rolle in meinem Leben gespielt hat.

Die marxistische Interpretation der Geschichte ist bekannt unter dem Namen »Die materialistische Geschichtsauffassung« oder »Der historische Materialismus« – zwei Namen, die beide auf Marx und Engels zurückgehen. Es ist eine Umdeutung der Hegelschen Geschichtsphilosophie: Die Geschichte wird da nicht mehr als eine Geschichte von Rassenkämpfen angesehen, sondern als eine Geschichte von Klassenkämpfen. Und sie hat ein einziges Ziel: Sie will einen Beweis dafür liefern – einen wissenschaftlichen Beweis –, daß der Sozialismus (oder der Kommunismus – auf Worte kommt es nicht an) mit historischer Notwendigkeit siegen *muß*.

Dieser angebliche Beweis findet sich zum erstenmal auf den letzten drei Seiten von Marx' Buch *Das Elend der Philosophie*, zuerst auf Französisch erschienen als *Misère de la Philosophie* (1847). Hier ist er:

Die Geschichte ist eine Geschichte von Klassenkämpfen. In unserer Zeit (Marx schreibt das Buch im Jahre 1847) handelt es sich um die Kämpfe zwischen der Bourgeoisie, den Ausbeutern, die seit der Französischen Revolution die herrschende Klasse sind, und dem Proletariat, der Klasse der Produzierenden, die ausgebeutet werden. Dieser Kampf kann nur mit dem Sieg der Produzierenden enden, denn wenn diese klassenbewußt werden und sich organisieren, können sie die Produktion zum Stehen bringen. »Alle Räder stehen still, wenn Dein starker Arm es will.« Das heißt, die Produzierenden halten die materielle Macht in Händen, obwohl sie sich dessen noch nicht bewußt sind. Außerdem sind sie die überwältigende Mehrheit. Es muß also zu ihrer Emanzipation kommen, zu ihrem Sieg in der sogenannten »sozialen Revolution«. Diese muß mit der Liquidierung der Bourgeoisie enden, einem Prozeß, der durch eine Diktatur des siegreichen Proletariats sichergestellt wird.

Damit kommt es zu einer Gesellschaft, die nur aus einer einzigen Klasse besteht, und die daher eine klassenlose Gesellschaft der Produzierenden ist. Da gibt es also keine herrschende Klasse mehr, und daher – sobald die Bourgeoisie liquidiert ist – keine Herrscher und keine Beherrschten. Und mit der klassenlosen Gesellschaft kommt es auch zum langersehnten Frieden auf Erden, da ja alle Kriege nur Klassenkriege sein können. –

Das ist, in Kürze, der als wissenschaftlich auftretende Beweis, daß es mit »geschichtlicher Notwendigkeit« zum Sozialismus kommen muß.

Marx selbst erhebt schon im Jahre 1847 einen Einwand auf der vorletzten Seite seines Buches *Das Elend der Philosophie*: Könnte es nicht nach dem Verschwinden der alten Klassengesellschaft zu einer neuen Klassenherrschaft kommen, die eine neue politische Macht ausübt? Auf diese Frage von offenbar entscheidender Bedeutung antwortet er mit einem einzigen Wort: »Nein«. Er nimmt vermutlich an, daß sich die Klasse der Produzierenden nicht spalten wird. Daß es, wie in der Französischen Revolution, zu einer Spaltung kommen wird zwischen einer neuen regierenden Klasse der napoleonischen Diktatoren, unterstützt von ihrer Bürokratie, ihrer Polizei und ihren Henkersknechten auf der einen Seite, und, auf der anderen Seite, *allen anderen Menschen* – das sieht Marx nicht voraus.

Der Anspruch des Marxismus auf wissenschaftliche Beweisbarkeit der Vorhersage, daß es zur sozialen Revolution kommen muß und daß das Kommen des Sozialismus unabwendbar ist – ganz wie eine Sonnenfinsternis mit Hilfe von Newtons Himmelsmechanik voraussagbar ist –, dieser Anspruch enthält eine furchtbare moralische Gefahr. Das habe ich an mir selbst erlebt, im Winter 1918–1919, am Ende des Ersten Weltkrieges, als ich 16½ Jahre alt war. Wenn ein junger Mensch auf den Beweis von der historischen Notwendigkeit des Sozialismus hereinfällt und daran glaubt, dann fühlt er eine tiefe moralische Verpflichtung mitzuhelfen; sogar auch dann, wenn er sieht, so wie ich, daß die Kommunisten oft lügen und moralisch verwerfliche Mittel anwenden. Denn wenn der Sozialismus kommen *muß*, dann ist es offenbar wirklich *verbrecherisch*, gegen das Kommen des Sozialismus anzukämpfen; ja, es ist die Pflicht eines jeden, das Kommen des Sozialismus zu fördern, damit alles, was kommen muß, auf so wenig Widerstand stößt wie möglich. Als ein einzelner ist man nicht stark genug, man muß also mit der Bewegung, mit der Partei gehen und sie loyal unterstützen; auch dann, wenn das bedeutet, daß man Dinge unterstützt oder zumindest hinunterschluckt, vor denen man sich moralisch ekelt. Es ist ein Mechanismus, der zur persönlichen Verderbnis führen muß. Man schluckt mehr und mehr intellektuelle Finessen, Ausreden und Lügen; und wenn man eine gewisse Schwelle überschritten hat, ist man – vermutlich – zu allem bereit. Das ist der Weg zum politischen Terrorismus, zum Verbrechen.

Ich selbst bin diesem Mechanismus nach etwa acht Wochen entkommen. Kurz vor meinem 17. Geburtstag habe ich den Marxismus für immer aufgegeben und verurteilt. Unter dem Eindruck des Todes einiger junger Genossen, die bei einer Demonstration von der Polizei erschossen wurden, fragte ich mich: »*Weißt* du denn, daß dieser angeblich wissenschaftliche Beweis wirklich stimmt? Hast du ihn wirklich kritisch überprüft? Kannst du es verantworten, andere junge Menschen darin zu bestärken, daß sie ihr Leben aufs Spiel setzen?«

Ich fand, daß ein klares »Nein« die einzig ehrliche Antwort auf diese Fragen war. Ich hatte den marxistischen Beweis nicht wirklich kritisch überprüft. Ich hatte mich zum Teil auf die Zustimmung der anderen verlassen, die sich ihrerseits auf andere verließen, und unter diesen auch auf mich: eine auf Gegenseitigkeit beruhende Versicherung, in der alle Partner bankrott sind, nämlich intellektuell bankrott, und in der sich alle Partner – wohl unbewußt – gegenseitig immer wieder zur

Verlogenheit verführen; ein Zustand, den ich an mir selbst erkannte und der offenbar am krassesten die Parteiführer erfaßt hatte.

Alles hängt, so fand ich, am marxistischen Beweis vom Kommen der klassenlosen Gesellschaft. Aber dieser Beweis bricht genau dort zusammen, wo schon Marx die Möglichkeit eines Gegenarguments gesehen und verneint hatte. Offenbar sind es die Parteiführer, die mit Hilfe der Partei den Beginn der »Neuen Klasse« bilden und so die Hoffnung von Marx vernichten; jene herrschende »Neue Klasse«, die ihre zukünftigen Untertanen belügt und ihnen mißtraut, aber ihr Vertrauen verlangt. Schon vor ihrem Sieg und vor der Diktatur waren die Führer der Partei die Herrscher, die jeden, der eine unangenehme Frage stellt, aus der Partei hinauswarfen. (Umbringen konnten sie solche Leute noch nicht.) Das war ihre Art, Rede und Antwort zu stehen. Das war die Quelle der Parteidisziplin.

Ich hatte das große und unverdiente Glück, das alles zur rechten Zeit zu sehen. An meinem 17. Geburtstag wandte ich dem Marxismus für immer den Rücken zu. Was wäre wohl aus mir geworden, wenn ich länger mitgemacht hätte? Sogar ein mutiger und entschlossener Dissident, ein Mann wie Sacharow, war lange genug dem marxistischen Beweis verfallen, um zuerst Stalin (durch seinen Henker Berija) und später Chruschtschow die fürchterlichsten Waffen zur Massenvernichtung in die Hände zu drücken, die jemals erfunden wurden: Sogar in ihrer schwächeren Variante überstieg die Stärke der Sacharow-Superbombe »die Bombe von Hiroshima um mehrere tausendmal«.*

Ich selbst traf später bedeutende Naturwissenschaftler, die an den Marxschen Beweis glaubten und zur Kommunistischen

* Ich zitiere aus Sacharows Buch *Mein Leben*. Piper, München/Zürich 1991, S. 251.

Partei gehörten. Ich bin stolz, daß ich einen der größten von ihnen zum Austritt bewegen konnte. Es war der große Biologe J. B. S. Haldane.

Sacharow entschuldigte anläßlich des Todes von Stalin dessen Verbrechen als humanistische Taten, weil es bei der (wie er dachte) vom menschlichen Standpunkt entscheidend wichtigen sozialen Revolution unvermeidlich auch zu solchen Dingen kommen mußte. Aber mir wurde zum Glück schon sehr frühzeitig klar, daß man nur sich selbst für seine Ideale opfern durfte, aber keinen anderen.

Obwohl das Ziel und der Zweck des Marxschen Beweises war, das notwendige Kommen des Sozialismus und des Friedens auf Erden sicherzustellen, gibt es in der marxistischen Geschichtsauffassung auch andere Züge, die man wohl als vulgär-marxistisch bezeichnen kann. Um diese kurz zusammenzufassen: Alle Menschen außer denen, die für den Sozialismus kämpfen, haben nur ihren Eigennutz im Auge und sonst nichts. Falls sie das nicht zugeben, sind sie eben Schwindler und Heuchler. Ja, sie sind Verbrecher großen Stils. Denn wenn sie versuchen, das Kommen des Sozialismus aufzuhalten, dann tragen sie die Schuld an allen den Menschenopfern, die der Revolution gebracht werden müssen. Es ist ja der Widerstand gegen die unaufhaltsame Revolution, der dazu führt, daß die Revolution gezwungen ist, gewalttätig vorzugehen. Es ist die Habgier dieser Verbrecher, die die Revolutionäre zwingt, Blut zu vergießen.

Ich komme nun zur dritten großen Mode in der Geschichtsinterpretation.

Es ist klar, daß man, wenn man aus der marxistischen Theorie das Kommen des Sozialismus wegläßt, direkt zur zynischen Geschichtsinterpretation kommt. Eine neue Idee ist dazu nicht nötig. Höchstens die pessimistische Idee, daß es immer so war und wohl immer so sein wird: Auch in einer Gesellschaft des eklatanten Überflusses spielen Hunger, Vertreibungen, Krieg und Elend noch immer die Hauptrolle, da Machtgier, Goldgier, Ölgier und unsaubere Rüstungsindustrien die soziale Welt beherrschen.

Der Marxismus, und daher auch der Zynismus, lehren, daß das alles natürlich am schlimmsten ist im reichsten aller Länder, in den Vereinigten Staaten von Amerika. Und so kommt es in den anderen Ländern, insbesondere in den nächstreichen Ländern, zum Anti-Amerikanismus.

Damit beschließe ich meine knappe Skizze der gegenwärtig so hochmodernen zynischen Geschichtsauffassung und ihrer beiden einflußreichen und gefährlichen Vorgänger. Und ich komme jetzt, mit einer scharfen Kehrtwendung, zu einer Erklärung einiger meiner eigenen Ansichten.

Wie scharf diese Kehrtwendung ist, werden Sie aus meinem nächsten Satz sehen, den ich gewissermaßen als Titel vor die zweite Hälfte meiner Ausführungen stellen könnte. Dieser Titel ist: *Ich bin ein Optimist.*

Ich bin ein Optimist, der nichts über die Zukunft weiß und der daher keine Voraussagen macht. Ich behaupte, daß wir einen ganz scharfen Schnitt machen müssen zwischen der Gegenwart, die wir beurteilen können und sollen, und der Zukunft, die weit offen ist und von uns beeinflußt werden kann. Wir haben deshalb die moralische Pflicht, der Zukunft ganz anders gegenüberzustehen, als wenn sie etwa eine Verlängerung der Vergangenheit und der Gegenwart wäre. Die offene Zukunft enthält unabsehbare und moralisch gänzlich verschiedene Möglichkeiten. Deshalb darf unsere Grundeinstellung nicht von der Frage beherrscht sein »Was wird kommen?«, sondern von der Frage »Was sollen wir tun: Tun, um womöglich die Welt ein wenig besser zu machen? Und zwar auch dann, wenn wir wissen, daß, wenn wir wirklich etwas zu verbessern imstande waren, spätere Generationen vielleicht alles wieder verschlechtern können?«

Die zweite Hälfte meines Vortrages hat also wieder zwei

Hälften: *Erstens, mein Optimismus hinsichtlich der Gegenwart. Zweitens, mein Aktivismus hinsichtlich der Zukunft.*

Um es gleich zu sagen: Es war mein erster Besuch in den Vereinigten Staaten im Jahre 1950, der mich wieder zum Optimisten machte. Seitdem war ich 20- oder vielleicht 25mal in Amerika, und mein Eindruck hat sich immer mehr vertieft. Jener erste Besuch riß mich für immer aus einer Depression heraus, die entstanden war durch den alles überwältigenden Einfluß des Marxismus im Nachkriegseuropa. Mein Buch *Die offene Gesellschaft und ihre Feinde*, das ich 1938 nach Hitlers Einmarsch in Österreich begonnen hatte, war endlich 1945 erschienen; aber trotz guter Besprechungen und guter Verbreitung schien es unfähig, den marxistischen Siegeszug zu beeinflussen.

Ich muß die Hauptpunkte meines Optimismus sofort näher erklären.

1. Ich wiederhole noch einmal: Mein Optimismus bezieht sich ausschließlich auf die Gegenwart und nicht auf die Zukunft. Ich glaube nicht, daß es so etwas gibt wie ein Gesetz des Fortschritts. Es gibt das nicht einmal in der Wissenschaft; auch nicht in der Technik. Der Fortschritt kann nicht einmal als wahrscheinlich bezeichnet werden.
2. Ich behaupte, daß wir im Westen gegenwärtig in der besten sozialen Welt leben, die es je gegeben hat – und zwar trotz des Hochverrats der meisten Intellektuellen, die eine neue Religion verkünden, eine pessimistische Religion, dergemäß wir in einer moralischen Hölle leben und an physischer und moralischer Verschmutzung zugrunde gehen.
3. Ich behaupte, daß diese pessimistische Religion nicht nur eine krasse Lüge ist, sondern daß es nie vorher eine Gesellschaft gegeben hat, die so reformfreudig war wie unsere – um gleich einen der wichtigsten Punkte vorwegzunehmen.
4. Diese Reformfreudigkeit ist das Resultat einer neuen ethischen Opferbereitschaft, einer Bereitschaft, die sich schon in

> den beiden Weltkriegen zeigte, und zwar auf beiden Seiten. Im Siebenjährigen Krieg mußte Friedrich II. seine Leute noch zwingen, dem Tod ins Antlitz zu schauen. Bekannt ist sein Ausruf: »Ihr Kerle, wollt Ihr ewig leben?« Es hat sich gezeigt, daß ein Appell an ethische Werte genügt: Pflicht, Vaterland in Deutschland, Vaterland, Freiheit und Friede im Westen; und auf beiden Seiten Kameradschaft.

Wie ich schon angedeutet habe, glaube ich sogar aus eigener Erfahrung daran, daß die Kraft des Kommunismus in seinem ethischen Appell liegt; ähnlich steht es mit der Friedensbewegung. Ja, ich glaube auch, daß manche Terroristen ursprünglich einem ethischen Appell folgten, der sie jedoch in jene innere Verlogenheit verstrickte, die ich früher erwähnt habe.

Bertrand Russell, mit dem ich mich durch viele Jahre sehr verbunden fühlte, bis er, im Alter, in die Hände eines kommunistischen Sekretärs fiel, schreibt, daß das Problem unserer Zeit darin liegt, daß wir uns intellektuell zu schnell entwickelt haben und moralisch zu langsam und, als wir die Kernphysik entdeckten, nicht zur rechten Zeit die nötigen moralischen Prinzipien verwirklichten. Mit anderen Worten: Nach Russell sind wir zu gescheit, aber moralisch sind wir zu schlecht. Russells Ansicht wird von vielen geteilt, auch von vielen Zynikern. Ich glaube das genaue Gegenteil. Ich glaube, daß wir zu gut sind und zu dumm. Wir werden zu leicht von Theorien beeindruckt, die direkt oder indirekt an unsere Moral appellieren, und wir stehen diesen Theorien nicht hinreichend kritisch gegenüber; wir sind ihnen intellektuell nicht gewachsen und werden ihre gutwilligen und opferbereiten Opfer.

Ich möchte die positive Seite meines Optimismus folgendermaßen zusammenfassen: Wir leben in einer wunderschönen Welt, und wir haben hier in der westlichen Welt das beste soziale System geschaffen, das es bisher gegeben hat. Und wir sind dauernd bemüht, es zu verbessern, es zu reformieren, was alles eher als einfach ist. Viele Reformen, die sich uns als hoffnungsvoll anbieten, stellen sich leider als verfehlt heraus. Denn es ist eine der wichtigsten Einsichten, daß die Folgen unserer sozialpolitischen Handlungen oft ganz andere sind, als wir beabsichtigt haben und voraussehen konnten. Trotzdem haben wir viel mehr erreicht, als viele von uns erhofft haben (zum Beispiel ich selbst).

Ich fasse zusammen: Die gegenwärtig dominierende Ideologie, nach der wir in einer moralisch bösen Welt leben, ist eine eklatante Lüge. Ihre Verbreitung entmutigt viele junge Menschen und macht sie unglücklich – in einem Alter, in dem sie, ohne durch Hoffnung unterstützt zu werden, vielleicht gar nicht leben können. Wie ich bereits kurz formulierte: Ich bin kein Optimist hinsichtlich der Zukunft. Denn die Zukunft ist offen. Es gibt kein historisches Gesetz des Fortschritts. Was morgen sein wird, wissen wir nicht. Es gibt Milliarden von Möglichkeiten, gute und schlechte, die niemand voraussehen kann. Ich verwerfe die prophetische Zielsetzung der drei Geschichtsinterpretationen, und ich behaupte, daß wir, aus moralischen Gründen, *nichts* an ihre Stelle setzen dürfen. Es ist verfehlt, auch nur den Versuch zu machen, aus der Geschichte zu extrapolieren – etwa indem wir aus den gegenwärtigen Tendenzen schließen, was morgen geschehen wird. Daß die Geschichte ein Strom ist, dessen Weiterfluß wenigstens teilweise voraussehbar sein soll, ist ein Versuch, aus einem Bild, einer Metapher, eine Theorie zu machen.

Das einzig richtige Verhalten ist, die Vergangenheit ganz anders anzusehen als die Zukunft. Die Tatsachen der Vergangenheit sollen wir historisch und moralisch beurteilen, um zu lernen, was möglich und was ethisch richtig ist. Und wir sollen überhaupt gar nicht versuchen, aus der Vergangenheit Richtungen und Tendenzen für die Voraussage der Zukunft zu sehen. Denn die Zukunft ist offen. Alles kann geschehen. In diesem Augenblick gibt es Tausende von Sacharows Superbomben in der Sowjetunion, und es gibt sicher auch viele

Größenwahnsinnige, die sie gerne verwenden möchten. Die Menschheit *kann* morgen ausgelöscht sein. Aber es gibt auch große Hoffnungen: Es gibt unzählige Möglichkeiten für eine Zukunft, die noch weit besser ist als die Gegenwart.

Leider ist diese Einstellung zur Zukunft anscheinend nicht leicht zu verstehen, und es gibt viele Intellektuelle, die diesen Schnitt zwischen Vergangenheit und Gegenwart einerseits und der Zukunft andererseits einfach nicht mitmachen können; Intellektuelle, die vom Marxismus gelernt haben zu verlangen, daß ein gescheiter Mann imstande sein muß, einen Wegweiser in die Zukunft aufzustellen. Nicht selten wird mir nahegelegt, daß mein Optimismus zumindest ein *versteckter* Richtungsindikator sein muß, da es keine Optimisten in bezug auf die Gegenwart geben kann, der nicht auch in bezug auf die Zukunft ein Optimist ist.

Aber ich behaupte: *Alles, was uns mein Optimismus in bezug auf die Gegenwart für die Zukunft geben kann, ist Hoffnung*. Hoffnung und Ansporn kann er uns geben; denn da wir es erreicht haben, manche Dinge besser zu machen, so ist ein ähnlicher Erfolg in der Zukunft nicht unmöglich. Es gibt zum Beispiel seit der Erlösung der Dienstmädchen in den 20er Jahren im Westen so gut wie keine Sklaverei. Zumindest in diesem Sinn ist der Westen frei, und wir können stolz darauf sein.

Was die Zukunft betrifft, so sollen wir also nicht versuchen zu prophezeien, sondern nur versuchen, moralisch richtig und verantwortlich zu handeln. Das macht es aber zur Pflicht, daß wir lernen, die Gegenwart richtig zu sehen und nicht durch die farbige Brille einer Ideologie. Wir können aus ihr lernen, aus der *Wirklichkeit* lernen, was zu erreichen *möglich* ist. Wenn wir die Wirklichkeit durch die Brille einer jener drei ideologischen Geschichtsauffassungen sehen, so verletzen wir die Pflicht zu lernen.

Die Zukunft ist offen, und wir sind verantwortlich dafür, unser Bestes zu tun, um die Zukunft noch besser zu machen, als es die Gegenwart ist. Aber diese Verantwortung setzt Freiheit voraus. Unter einer Despotie sind wir Sklaven; und *Sklaven sind nicht voll verantwortlich für das, was sie tun.* Damit komme ich jetzt zu meiner letzten Hauptthese. Sie lautet:

Die politische Freiheit – *Freiheit von Despotie* – ist der wichtigste aller politischen Werte. Und wir müssen immer bereit sein, für die politische Freiheit zu kämpfen. Die Freiheit kann immer verloren werden. Wir dürfen nie die Hände in den Schoß legen im Bewußtsein, daß sie gesichert ist.

Ich behaupte, daß unter einer Despotie alle Menschen in Gefahr sind, die Menschheit zu verraten und damit selbst ihre Menschlichkeit zu verlieren, dehumanisiert zu werden. Sogar Menschen wie Andrej Sacharow (der durch sein späteres bewunderungswürdiges Verhalten bewiesen hat, daß er Mut hatte zum Widerstand gegen die Despotie), sogar ein solcher Mensch konnte sich, als er jünger war, wie ein sadistischer Verbrecher verhalten. Sacharow hat nicht nur, wie ich schon angedeutet habe, erfolgreich daran gearbeitet, dem schlimmsten Henker Stalins, dem Sadisten Berija, die fürchterlichsten Mittel zur Massenvernichtung in die blutbesudelten Hände zu drücken, sondern er entwickelte einen noch fürchterlicheren Verwendungsplan zum Gebrauch für die russische Flotte. Ein hoher Offizier lehnte diesen Plan ab, weil er seiner Kampfesmoral widersprach. Sacharow erzählt, daß er sich schämte. Das alles geschah, weil er von jener verruchten und verrückten marxistischen Ideologie verblendet war und weil er deshalb an die Mission des großen Humanisten Stalin glaubte – denn dafür hielt er ihn. So wurde Sacharow in der Atmosphäre dieser Despotie, zeitweise, zu einer geradezu wahnwitzigen Bestie; zeitweise, aber doch lange genug, um das größte denkbare Unheil vorzubereiten; und um über jedem lebenden Organismus ein Schwert des Damokles aufzuhängen.

Die Despotie beraubt uns unserer Menschlichkeit, denn sie beraubt uns unserer menschlichen Verantwortung. Wer unter einer Despotie seinem Gewissen folgen will, der sieht sich Unmöglichkeiten gegenüber: unlösbaren Konflikten, wie zum Beispiel einem Widerspruch zwischen den Pflichten gegenüber seinen Nächsten und der Pflicht, den Verfolgten beizustehen; und jedenfalls der Pflicht, nicht in der Verfolgung mitzutun. Er muß den großen Mut haben, nicht vor sich selbst seine wahren Pflichten mit der falschen sogenannten Pflicht seinen vorgesetzten Despoten gegenüber zu verwechseln, jener Pflicht, die Sacharow dem Chruschtschow zu erfüllen versprochen hatte und auf die er sich berief – ganz ähnlich wie die deutschen Kriegsverbrecher.

Wie die Despotie die menschliche Pflicht und die menschliche Verantwortung zerstört, zusammen mit den Menschen, die sie zu erfüllen versuchen, das sehen wir an dem unvergeßlichen Beispiel der Weißen Rose, jenem Freundeskreis von Münchner Studenten und einem ihrer Lehrer, die im Winter 1942/43 durch Flugblätter zum Widerstand gegen Hitlers Krieg aufriefen. Die Geschwister Hans und Sophie Scholl wurden zusammen mit Christoph Probst am 22. Februar 1943 hingerichtet; Alexander Schmorell und Professor Kurt Huber am 13. Juli 1943; Willi Graf am 12. Oktober 1943. Hans Scholl war 24 Jahre alt, Sophie 21; und die anderen Studenten waren im selben Alter. Einige der Mitkämpfer leben noch heute.

Helden, die uns Vorbilder sein können, sind in unserer Generation selten geworden. Diese Menschen waren Helden: Sie gingen in einen für sie fast hoffnungslosen Kampf, in der Hoffnung, daß andere den Kampf aufnehmen würden. Und sie sind Vorbilder: Sie kämpften für Freiheit und Verantwortlichkeit und für ihr und unser Menschentum. Die ungeheuerliche und unmenschliche Gewalt der Despotie brachte sie zum Schweigen. Wir dürfen sie nicht vergessen. Und wir müssen für sie sprechen und handeln.

Die politische Freiheit ist eine Voraussetzung unserer persönlichen Verantwortlichkeit, unserer Menschlichkeit: Jeder

Versuch, einen Schritt zu einer besseren Welt zu machen, zu einer besseren Zukunft, muß von dem *Grundwert der Freiheit* geleitet sein.

Ich finde es tragisch, daß Europa fast immer nur dem mißlungenen Beispiel der Französischen Revolution (mißlungen jedenfalls bis zu de Gaulles Etablierung der Fünften Republik) Beachtung geschenkt hat, während das großartige Beispiel der Amerikanischen Revolution – zumindest im Schulunterricht – kaum zur Kenntnis genommen und fast immer mißverstanden wird. Denn Amerika hat den Beweis geliefert, daß die Idee der persönlichen Freiheit, wie sie zuerst Solon von Athen zu verwirklichen suchte und wie sie Immanuel Kant durchdachte, kein utopischer Traum ist. Das amerikanische Beispiel hat gezeigt, daß eine Regierungsform der Freiheit nicht nur möglich ist, sondern die größten Schwierigkeiten erfolgreich überwinden kann; eine Regierungsform, die vor allem darauf gegründet ist, *die Despotie zu vermeiden* – nicht zuletzt auch die Despotie der Majorität des Volkes – durch eine Teilung und Verteilung der Macht und durch gegenseitige Kontrolle der geteilten Mächte. Es ist eine Idee, die alle anderen Demokratien inspiriert hat; auch das Grundgesetz der Demokratie Deutschlands.

Aber Amerika ist einen schweren Weg gegangen. Es geht diesen Weg seit der Revolution von 1763, und trotz seiner großen Erfolge ist er noch nicht zu Ende. Der Kampf für die Freiheit geht weiter.

Die große Idee der persönlichen Freiheit aller Menschen, die die Amerikanische Revolution inspirierte, stand im schärfsten Gegensatz zur amerikanischen Institution der Sklaverei, ererbt aus der vorrevolutionären Zeit, insbesondere auch von den Spaniern, und im Gebiet der Südstaaten tief verankert seit mehr als 100 Jahren. Die Vereinigten Staaten zerbrachen darüber in zwei Hälften, als die Südstaaten einen Präventivkrieg gegen die Nordstaaten begannen. Es war wohl der fürchterlichste Krieg, den es bis dahin gegeben hatte, und es war ein Bürgerkrieg, in dem Freunde und Familienmitglieder einander gegenüberstanden. Es schien vielen, daß Amerikas Weg zur Freiheit sich als ebenso erfolglos erweisen würde wie der Frankreichs. Aber unter den schwersten Opfern auf beiden Seiten (600000 Tote, eines der Opfer war Präsident Abraham Lincoln) wurde der zunächst erfolgreiche Angriff der Südstaaten abgeschlagen und endlich überwältigt. Die Sklaven waren befreit, aber ein unerhört schwieriges Problem blieb ungelöst, nämlich die Integration der Nachkommen der ehemaligen Negersklaven, die Überwindung einer grausamen sozialen Institution, die Hunderte von Jahren alt war und die wegen des Unterschiedes der Hautfarbe nicht so leicht vergessen werden konnte.

Ich habe noch nie ein deutsches historisches Werk gesehen, in dem diese Situation auch nur einigermaßen richtig beschrieben und bewertet wird.

Es zählt zu den größten Eindrücken meines Lebens, daß ich zwischen den Jahren 1950 und 1989 miterleben durfte, wie sich die verschiedenen Regierungen in den Vereinigten Staaten bemühten, den ehemaligen Sklaven zu helfen, gleichwertige Bürger zu werden. Ich will nur eine Episode erwähnen. Ich war im Jahre 1956 in der Universität von Atlanta, im Zentrum der ehemaligen Südstaaten, zu Gast. Die Universität hatte damals nur schwarze Studenten; und die weißen Professoren waren in der Minorität. Ich fragte einmal den Präsidenten, einen bedeutenden Gelehrten (einen Schwarzen), wie und wann es zur Gründung dieser wunderschönen, großen und glücklichen Institution gekommen sei: Zu meiner Verwunderung hörte ich, daß diese Schwarzenuniversität, im Zentrum der Südstaaten, sechs Jahre nach dem Bürgerkrieg gegründet worden war, und zwar durch den Zusammenschluß von mehreren Negro Colleges – ich glaube, es waren acht –, die alle von verschiedenen christlichen Kirchen gegründet worden waren und in denen weiße und schwarze Geistliche und Lehrer zusammenarbeiteten.

Ich will es Ihnen überlassen, über diese Geschichte nachzudenken und sie mit den Worten von *Meyers Enzyklopädischem Lexikon* zu vergleichen, das über das Ende des Bürgerkrieges schreibt: »Die Sklaverei hingegen, der Anlaß des Krieges, erfuhr nur eine Scheinlösung.« Mir jedenfalls scheint das Wort »Scheinlösung« ganz verfehlt zu sein, wie vieles andere in dem betreffenden Artikel; und ich frage mich, welche echte Lösung der Autor wohl vorgeschlagen hätte. Mich jedenfalls hat die Geschichte der Universität von Atlanta stark beeindruckt, und auch viele andere Bemühungen, die ich miterlebt habe.

Ich war in vielen Ländern, aber nirgendwo habe ich eine so freie Luft geatmet wie in den Vereinigten Staaten von Amerika. Und nirgendwo habe ich so viel Idealismus gefunden, gepaart mit Toleranz und dem Wunsch, zu helfen und zu lernen; und einen so tätigen und praktischen Idealismus, und eine so große Hilfsbereitschaft. Ich war auch später in amerikanischen Universitäten, in denen die Integration der Schwarzen ein voller Erfolg war, so daß die Hautfarbe überhaupt keine Rolle mehr zu spielen schien.

Ich sage das alles im vollen Bewußtsein, daß es vielleicht nicht gern gehört wird. Als ich vor drei Jahren auf einem Kongreß in Hannover in einem Vortrag Amerika verteidigte, weil es in anderen Vorträgen angegriffen worden war, kam es zu Tumulten und Protestgeschrei, und ich wurde von einem Pfeiforchester begleitet. Ich begrüßte das als Anzeichen dafür, daß meine Zuhörer sich nicht langweilten. Und ich war glücklich, denn ich konnte mir einbilden – oder einreden –, für Freiheit und Toleranz eine Lanze zu brechen.

14. »Kriege führen für den Frieden«

Spiegel: Herr Popper, mit dem Zusammenbruch des Sowjetkommunismus erfüllt sich eine Prophezeiung, die Sie bereits vor einem halben Jahrhundert abgegeben hatten. Ist das der Triumph des kritischen Rationalismus über die Feinde der offenen Gesellschaft?

Popper: Ich habe keine solche Prophezeiung gemacht, weil ich der Ansicht bin, man soll keine Prophezeiungen machen. Ich halte die Einstellung für vollkommen verfehlt, die einen Intellektuellen danach einschätzt, ob er gute Prophezeiungen macht.

Die Geschichtsphilosophie in Deutschland, zumindest seit Hegel, glaubte immer, irgendwie prophetisch sein zu müssen. Ich halte das für falsch. Man lernt aus der Geschichte, aber heute und jetzt endet die Geschichte. Gegenüber der Zukunft müssen wir eine ganz andere Einstellung haben als die, den Versuch zu machen, aus der Geschichte zu extrapolieren und sozusagen die Geschichtsbahnen weiter in die Zukunft zu verfolgen.

Spiegel: Gut, wenn das schon keine Prophezeiung war, so haben Sie doch zumindest den Sieg der liberalen Demokratie über die Despotien erwartet.

Popper: Unsere Einstellung der Zukunft gegenüber muß sein: Wir sind jetzt verantwortlich für das, was in der Zukunft

---

SPIEGEL-Interview vom April 1992 (Heft 13). Der Abdruck erfolgt mit freundlicher Genehmigung des SPIEGEL-Verlags.

geschieht. Uns ist die Vergangenheit gegeben. Mit der können wir jetzt weiter nichts machen, obzwar wir auch für die Vergangenheit in einem anderen Sinn verantwortlich sind: nämlich zur Verantwortung gezogen zu werden für das, was wir gemacht haben. Für die Zukunft aber sind wir schon jetzt moralisch verantwortlich, und wir müssen ohne ideologische Brille das Beste tun – auch dann, wenn die Aussichten dafür nicht allzu günstig sind. Das Beste ist in ganz entscheidendem Sinn das am wenigsten Gewaltsame, das, was das Leiden, unnötiges Leiden, verringert.

Spiegel: Nun lamentierten aber schon zu Zeiten Lenins linke Kommunisten, was sich da in Rußland als Staatsideologie mit der Diktatur einer Partei etablierte, habe mit den ursprünglichen Theorien von Karl Marx, der auf die Revolution der Proletarier im industrialisierten Westen gesetzt hatte, wenig gemein.

Popper: Dazu ist folgendes zu sagen: Der kommunistische Wahnsinn besteht im wesentlichen darin, und das findet sich schon in Marx, daß die sogenannte kapitalistische Welt als teuflisch angesehen wird. Das, was Marx Kapitalismus genannt hat, hat es nie auf der Welt gegeben, auch nie etwas Ähnliches.

Spiegel: Pardon, also den Manchester-Liberalismus mit seinen elenden Arbeitsbedingungen gab es nun wirklich.

Popper: Sicher war die damalige Zeit furchtbar schwer für die Arbeiter, aber auch für andere Leute. Marx hat sich vor allem für die Arbeiter interessiert. Nur: Rein geschichtlich gesehen, ging es denen seitdem dauernd besser, während Marx behauptete, es gehe dauernd bergab und müsse dauernd bergab gehen.

Spiegel: Sie meinen seine Theorie von der absoluten Verelendung?

Popper: Ja, und weil die Verelendungstheorie sich nicht erfüllte, hat man die Verelendung dann auf die Kolonien übertragen, was man heute Dritte Welt nennt...

Spiegel: ... also die sogenannte Imperialismus-Theorie.

Popper: Eine typische Intellektuellen-Formel und natürlich barer Unsinn. Denn Industrialisierung kann nicht Verelendung sein, das ist so klar wie nur etwas. Auch den Kolonien ging es dann zunehmend besser.

Was also war der sogenannte Kapitalismus? Es war Industrialisierung und Massenproduktion. Massenherstellung bedeutet, daß sehr viel produziert wird und daher sehr viele etwas bekommen. Denn viele Produkte brauchen einen großen Markt und daher viele Abnehmer. Marx hat den Kapitalismus mit der Hölle verglichen. Die hat es sowenig auf der Erdoberfläche gegeben wie die Dantesche Hölle. *Lasciate ogni speranza* – laßt alle Hoffnung fahren, das ist eine Idee der Danteschen Hölle, die Marx bewußt dem Kapitalismus zugeschrieben hat. Wenn der Kapitalismus mit Notwendigkeit zur Verelendung führt, dann ist der Umsturz der einzig mögliche Ausweg: die soziale Revolution.

Ich stehe unserer heutigen Gesellschaft sehr kritisch gegenüber. Da ließe sich viel verbessern. Aber unsere liberale Gesellschaftsordnung ist die beste und gerechteste, die es bisher je auf Erden gab. Sie entstand aus *der*, die Marx kannte, durch Evolution.

Spiegel: Bleibt überhaupt etwas übrig vom ethischen Appell der Marxschen Kapitalismus-Kritik im Anprangern sozialer Ungerechtigkeit? Schließlich hat sich die Kluft zwischen Arm und Reich weltweit nicht gerade verringert.

Popper: Den ethischen Appell hat es seit dem Mittelalter in verschiedenen Formen gegeben. Unter christlichen Denkern wie auch unter denen der Aufklärung war der ethische Appell die Hauptsache. Und die Gegner dieses ethischen Appells waren im wesentlichen die Romantiker.

Spiegel: Bei den Aufklärern denken Sie wohl vorwiegend an Kants Appell, die weltweite Verbreitung einer gerechten bürgerlichen Verfassung sei die höchste Aufgabe der Menschengattung, und der Chef-Romantiker ist für Sie dann Hegel?

Popper: Ganz richtig. Das ist so ungefähr die romantische Gegeneinstellung gewesen: Ohne Krieg und ohne Gewalt geht's nicht – das ist Hegels Anwendung seiner historischen Erfahrung. Doch wenn man die Idee durchführt, diese kriegerischen Erfahrungen der Vergangenheit auf unsere Zukunft anzuwenden, dann gibt es wirklich keine Hoffnung mehr: Unsere Waffen sind vernichtend geworden. An die Stelle des Stahlbades und des Blutbades, das unseren romantischen Vorvätern noch so erfrischend erschien, ist das allvernichtende atomare Strahlenbad getreten.

Spiegel: Was hat denn den Zusammenbruch in Osteuropa verursacht – ökonomische Auszehrung durch den Rüstungswettlauf, intellektuelle Austrocknung, Zweifel an der eigenen Mission?

Popper: Da kam vieles zusammen: daß etwa die Ungarn die Grenzen öffneten für die flüchtenden Ostdeutschen; daß das sowjetische Politbüro Gorbatschow beauftragt hatte, einen Reformanlauf zu machen. Nur hat die Wirtschaftsreform überhaupt nichts genutzt. Die Wirtschaft kann man nicht von oben reformieren. Dazu kam die intellektuelle Ödnis. Vom Marxismus war nur noch leeres Gerede übriggeblieben und eine einzige inhaltsreiche Formel: »Liquidiert den Kapitalismus!« – den nicht existierenden teuflischen Kapitalismus. Das hat Chruschtschow in die Tat umzusetzen versucht.

Spiegel: Sie meinen das Pokern mit dem Aufstellen sowjetischer Atomraketen 1962 im Kuba des Fidel Castro?

Popper: Chruschtschow hatte einen vernichtenden Überfall auf die USA geplant. Er wich erst zurück, als die Amerikaner bereit waren anzugreifen. Der Atomphysiker Andrej Sacharow hat in seinem Buch *Mein Leben* geschrieben, daß sogar »bei künstlich verminderter Stärke« sein superstarkes Produkt, wie er es nannte, die Stärke der Bombe von Hiroshima um mehrere tausendmal überstieg. Von diesen Sprengladungen waren 36 schon nach Kuba gekommen. Wenn man »mehrere« bloß durch drei ersetzt, so sind das 108 000 Hiroshima-Bomben. Das muß man sich einmal vorzustellen versuchen. In seiner Abschiedsrede sagte Gorbatschow, daß es von diesen Bomben rund 30 000 gibt.

Die Kuba-Krise offenbarte, wozu der Marxismus in seiner Zielsetzung fähig war: die gewaltsame Zerstörung des Kapitalismus mit Kernwaffen zu versuchen. Das darf man nie vergessen. Nicht nur Amerika wäre bei diesem Angriff zugrunde gegangen, die ganze Welt wäre im atomaren Strahlenbad zugrunde gegangen – obwohl das einige grauenhafte Jahre gedauert hätte.

Spiegel: Was verdankt die Welt dem Perestroika-Reformer Gorbatschow, der jetzt von seinen eigenen Reformen gefressen wurde?

Popper: Sehr viel. Gorbatschow fing an, Amerika anders anzusehen als die sowjetischen Machthaber vor ihm. Er ist dort öfter hingefahren, hat sich gern feiern lassen. Dann hat er diese interessante und unmarxistische Formel aufgestellt: Ich will Rußland einen normalen Staat werden lassen. Das war eine Annäherung an unsere Idee des Rechtsstaates. Gorbatschow wollte Rußland normalisieren: Diese völlig neue Idee verdanken wir ihm. Und daß Rußland bis dahin kein normaler Staat war, kann man am klarsten aus der Selbstbiographie von Sacharow* ersehen.

Spiegel: Der Zusammenbruch des Sowjetkommunismus und das Ende der Bipolarität haben die Welt nicht sicherer gemacht. Weltweit müssen wir uns mit der Rückkehr der nationalistischen Dämonen, mit vagabundierenden Atomwaffen

---

* vgl. Fußnote auf S. 270.

und Armutswanderungen auseinandersetzen. Sind das die neuen Feinde der liberalen Demokratien?

Popper: Unser erstes Ziel heute muß der Friede sein. Der ist sehr schwer zu erreichen in einer Welt wie der unseren, wo Leute wie Saddam Hussein und ähnliche Diktatoren existieren. Wir dürfen hier nicht davor zurückschrecken, für den Frieden Krieg zu führen. Das ist unter den gegenwärtigen Umständen unvermeidbar. Es ist traurig, aber wir müssen es tun, wenn wir unsere Welt retten wollen. Die Entschlossenheit ist hier von entscheidender Bedeutung.

Spiegel: Krieg führen, um die Weiterverbreitung von Massenvernichtungswaffen zu stoppen?

Popper: Es gibt derzeit nichts Wichtigeres, als die Verbreitung dieser Wahnsinnsbomben zu verhindern, die schon am schwarzen Markt gehandelt werden. Die Staaten der zivilisierten Welt, die nicht verrückt geworden sind, müssen hier zusammenarbeiten. Denn noch einmal: Eine einzige Sacharow-Bombe entspricht der Stärke von mehreren tausend Hiroshima-Bomben. Das heißt, daß in jedem dichtbesiedelten Staat die Detonation einer einzigen Bombe Millionen Opfer fordern würde, ganz abgesehen von den Strahlenopfern, die im Laufe vieler Jahre an den Folgen zugrunde gehen würden. An diese Dinge darf man sich nicht gewöhnen. Hier muß gehandelt werden.

Spiegel: Die Amerikaner sollten also erneut gegen Saddam vorgehen, wenn es Anzeichen gibt, daß er sich die Bombe verschafft?

Popper: Nicht nur gegen Saddam. Es muß eine Art Einsatztruppe der zivilisierten Welt für solche Fälle geben. Im überholten Sinne pazifistisch vorzugehen wäre Unsinn. Wir müssen für den Frieden Kriege führen. Und selbstverständlich in der am wenigsten grausamen Form. Die Verwendung der Bombe muß, da es sich um Gewalt handelt, mit Gewalt verhindert werden.

Spiegel: Da reden Sie beinahe schon wie die Strategen des Pentagon, die sich eine neue Weltordnung im Zeichen der Pax americana wünschen, die zugleich auch die Wirtschaftskonkurrenz aus Japan und Europa in Schach hält.

Popper: Ich halte es für verbrecherisch, so zu reden: Die Notwendigkeit, den Kernkrieg zu verhindern, darf man nicht mit Wirtschaftsfragen zusammenbringen. Wir sollten uns bemühen, in dieser Pax americana so aktiv mitzuarbeiten, daß es eine Pax civilitatis wird. Das ist einfach die Notwendigkeit der gegenwärtigen Situation. Es geht hier nicht um Kleinigkeiten, sondern um das Überleben der Menschheit.

Spiegel: Bei massiver Hilfe des Westens wäre es nicht zum Moskauer August-Putsch und seinem anschließenden Fall gekommen, hat Gorbatschow soeben bei seinem Deutschland-Besuch geklagt. Muß der Westen mehr für Boris Jelzin tun, um das Versacken Rußlands in einer noch schlimmeren Despotie zu verhindern?

Popper: Ich glaube, wir müssen helfen. Doch Gorbatschow hat kein Recht, sich zu beklagen. Wir verdanken ihm viel; aber er hat weiter gerüstet. Für unsere Hilfe muß es eine Bedingung sein, daß die Russen mit uns, den zivilisierten Staaten, zusammenarbeiten, um diese fürchterlichen Waffen wirklich unter Kontrolle zu bringen. Nur: Da muß das russische Militär mitspielen.

Spiegel: Nach Ihrer Überzeugung leben wir in der besten und gerechtesten Gesellschaft, die es je gab. Zur Beseitigung des Massenhungers in der Dritten Welt oder der Umweltzerstörung hat diese liberale Demokratie gleichwohl keine überzeugenden Lösungen anzubieten.

Popper: Wir sind mehr als fähig, die ganze Welt zu füttern. Das ökonomische Problem ist gelöst: von der Technik her, nicht von den Ökonomen.

Spiegel: Aber Sie werden doch kaum bestreiten können, daß es in weiten Teilen der Dritten Welt Massenelend gibt?

Popper: Nein. Aber das ist hauptsächlich auf politische Dummheit der Führer in den verschiedenen Hunger-Staaten zurückzuführen. Wir haben diese Staaten zu schnell und zu primitiv befreit. Es sind noch keine Rechtsstaaten. Dasselbe würde geschehen, wenn man einen Kindergarten sich selbst überließe.

Spiegel: Sind Wirtschaftskonflikte heute die Fortsetzung des Krieges mit anderen Mitteln? Europa und die USA fürchten, daß sie den Chip-Krieg gegen die Japaner verlieren.

Popper: Alle diese Probleme sind nicht ernst zu nehmen und sollten nicht so besprochen werden. Diese Art zu reden ist das, was ich die zynische Geschichtsauffassung nenne – die Intellektuellen wollen gescheit sein, statt zu helfen. Die Japaner sind wirklich zivilisiert. Mit ihnen kann man reden. Aber es gibt immer wieder nur die Dummheit, bei uns und auch in Japan natürlich.

Spiegel: Dummheit – meinen Sie in diesem Fall wirtschaftliche Eroberungsstrategien?

Popper: Ja. Japan hat große Probleme, es ist übervölkert. Aber darüber kann man später reden. Leider sind es immer wieder die Journalisten, die diese Sachen falsch verstanden haben und eine Sensation wollen. Wir haben schon genug Sensationen.

Spiegel: Das Ganze ist doch nicht bloß eine Erfindung der Journalisten. Die derzeitige Kampagne in den USA »Kauft keine japanischen Waren« zeugt von einem tiefergehenden Gefühl der Konfrontation.

Popper: Diese Konfrontation ist Unsinn. Das Ganze ist nicht wichtig. Japan ist im Augenblick überhaupt nicht imperialistisch. Zwar hat es die Industrie und die Möglichkeiten, jederzeit Massenvernichtungswaffen herzustellen. Doch die Japaner wissen, was das bedeuten würde.

Meiner Meinung nach ist die theoretische Nationalökonomie irgendwie intellektuell zum Stillstand gekommen, steckengeblieben in den gegenwärtigen Problemen. Aber die Probleme sind alle lösbar. Kein Millionär ist bisher an Reichtum gestorben. Und wir sind, verglichen mit der Welt der Vorkriegszeit, in Deutschland jetzt alle Millionäre.

Spiegel: Ganz offenbar trägt aber die exzessive Nutzung des Reichtums an Ressourcen auch zur Verpestung unseres Planeten bei. Stichwort: Ozonloch.

Popper: Man kennt doch diese Dinge noch nicht. Die Ozonlöcher können seit Millionen Jahren existiert haben. Möglicherweise haben die keine Beziehung zu irgend etwas Modernem.

Spiegel: Namhafte Wissenschaftler sehen das anders. Sie glauben sehr wohl an einen Zusammenhang zwischen der Zunahme von Chlorkonzentrationen und der Zerstörung der Ozonschicht.

Popper: Namhafte Wissenschaftler haben nicht immer recht. Ich behaupte nicht, daß sie unrecht haben – nur daß wir oft weniger wissen, als wir glauben.

Spiegel: Da sind wir bei Themen, zu denen Sie sich gern mit den Grünen anlegen, die Sie bisweilen recht ruppig attackieren. Warum eigentlich?

Popper: Wegen ihrer wirklich verrückten Feindlichkeit gegen Naturwissenschaft und Technik. Es gibt einen antirationalistischen Kern in den Grünen. Das führt genau zum Gegenteil dessen, was sie angeblich wollen. Außerdem wollen sie selbt Macht haben und sind ebenso Heuchler, wie sie es von ihren Gegnern behaupten.

Den Umweltkatastrophen liegt die Bevölkerungsexplosion zugrunde, die wir ethisch lösen müssen. Es dürfen wirklich nur noch gewollte Kinder auf die Welt kommen.

Spiegel: Wie wollen Sie das erreichen, durch staatliche Vorschriften wie in China?

Popper: Nicht durch staatliche Vorschriften, sondern durch Erziehung. Ungewollte Kinder sind gefährdet, und zwar moralisch. Die Leute, die sie nicht wollen, sollen die Mittel haben, sie nicht zu bekommen. Die Mittel existieren jetzt, ich meine die Abtreibungspille.

Spiegel: Da haben Sie die katholische Kirche und den Papst gegen sich.

Popper: Die Kirche und der Papst werden nachgeben, besonders dann, wenn man mit wirklich überzeugenden ethischen Gründen kommt. Ich denke an solche Gründe wie Vergewaltigung, an die Geburt von Kindern, die mit Aids infiziert sind oder die in Hungerländern praktisch ohne Lebenschance zur Welt kommen. Es ist ein Verbrechen, solchen Kindern nicht dadurch zu helfen, daß man verhindert, daß sie geboren werden. Hier muß und wird die Kirche nachgeben, das ist nur eine Frage der Zeit.

Spiegel: Herr Popper, wir würden jetzt gern auf einige Fragen zu sprechen kommen, die Deutschland betreffen. Zu den Veränderungen der Machtbalance in Europa gehört auch ein wiedervereinigtes, stärkeres Deutschland. Gibt es für die Nachbarn Anlaß zur Sorge?

Popper: Natürlich gibt es das. Die gegenwärtige Situation in Deutschland – politisch und moralisch – ist aber viel besser, als man hoffen konnte. Das spricht für die fundamentale Vernunft der Menschen. Aber man weiß nicht, was die Zukunft bringt. Es gibt eine Paradoxie im Wohlergehen der Menschheit: Das Wohlergehen der Menschheit beruht auf einer wirklichen Wachsamkeit gegen eine Menge Gefahren, aber das Wohlergehen vernichtet auch die Wachsamkeit. Die Freiheit wird leicht zu etwas Selbstverständlichem. Das bedeutet dann, daß man eben wieder einem Diktator zum Opfer fällt. In Österreich hat sich das schon mehr oder weniger angedeutet.

Spiegel: Das kann man doch wohl kaum sagen. Sie denken da vermutlich an den FPÖ-Rechtsausleger Jörg Haider?

Popper: Ja, dort sind die jungen Leute begeistert über den Haider. Es hängt mit der Dummheit ihrer Erziehung zusammen. Haiders Ideal ist der Hitler. Er würde gern tun, was Hitler getan hat.

Spiegel: Das sagt er nun allerdings wirklich nicht.

Popper: Er sagt es deutlich genug, daß man es heraushören kann. Für die, die hören wollen, sagt er's.

Spiegel: Deutschland hat innerhalb von 60 Jahren zwei totalitäre Systeme erlebt. Gegenwärtig geht es um die Bewältigung des SED- und Stasi-Unrechtsstaates. Wie läßt sich politische Schuld messen, können wir im Westen moralische Richter sein?

Popper: Wir können sicher moralische Richter sein über die Führergruppe der einstigen DDR, über die eigentlich Verantwortlichen. Daß man versucht, den Honecker vor Gericht zu stellen, halte ich für sehr wichtig.

Spiegel: Sie plädieren also nicht für eine breitgefächerte Vergangenheitsbewältigung im Fegefeuer öffentlicher Anprangerungen, sondern für die Behandlung exemplarischer Fälle?

Popper: Es ist von größter Wichtigkeit, daß wir mit einem Minimum an Rache und ähnlichen Abscheulichkeiten wie die, die begangen wurden, auskommen.

Spiegel: Und ohne Bigotterie.

Popper: Auch ohne Bigotterie. Das Gericht muß mit größter Vorsicht vorgehen. Der Prozeß wird sich auf die Verbrechen der vormaligen Führer beschränken müssen, auf höchstens 150 Mann. So weit sollte man gehen, aber mehr kann man einfach nicht machen – unter anderem, weil die Dinge sonst damit trivialisiert würden.

Spiegel: Und die Mitläufer wollen Sie aussparen, weil Menschen nun einmal keine Helden sind und sich in einer totalitären Gesellschaft arrangieren, um ein weitgehend normales Leben führen zu können?

Popper: Das ist richtig. Den Mitläufern kann und soll man nicht zuviel antun. Zum großen Teil haben sie Angst gehabt: Das ist ja die Methode des Terrorismus, Angst einzujagen. Allerdings: Irgendwo fängt das Heldentum für jeden an, nämlich dort, wo man gezwungen wird, aktiv Gemeinheiten und Übel zu begehen. Da muß man dann eben doch ein Held sein und Widerstand leisten.

Spiegel: Der neokonservative Philosoph Francis Fukuyama, derzeit in Amerika in Mode, sieht mit dem Ende ideologischer Konflikte und der weltweiten Verbreitung liberaler Demokratie schon »das Ende der Geschichte« gekommen. Mit dem Sieg der Demokratie sei gleichsam der Endpunkt der ideologischen Evolution der Menschheit erreicht.

Popper: Das sind so Phrasen, dumme Phrasen. Es gibt keine philosophischen Wunder. Übrigens hat auch Marx gesagt, daß mit der »sozialen Revolution« das Ende der Geschichte erreicht werde, da ja die Geschichte nur eine Geschichte der Klassenkämpfe sei.

Spiegel: Bei Fukuyama schimmert jemand durch, den Sie nicht sonderlich schätzen: Hegel mit seiner Theorie vom historischen Prozeß, der in einer Abfolge von Widersprüchen schließlich sein Ziel erreicht mit der Realisierung der Freiheit auf Erden.

Popper: Natürlich. Hegel würde Ja dazu sagen, denn er sah in der Geschichte eine Geschichte der Macht. Das war sie auch zum großen Teil. Unsere Geschichtsbücher waren nie Werke, in denen die geistige Entwicklung der Menschheit als Hauptthema angesehen wurde, sondern die Geschichte der Macht.

Selbstverständlich brauchen wir ein Ende der Geschichte, nämlich ein Ende der Machtgeschichte. Das ist notwendig geworden durch die Waffen. Es war immer notwendig moralisch, aber jetzt ist es durch den Überschuß der Waffen lebensnotwendig geworden.

Spiegel: Sie selbst haben schon vor Hiroshima geschrieben, eines Tages werde der Mensch von der Erdoberfläche verschwinden.

Popper: Warum nicht? Es gibt unabsehbare Gefahren. So

wie wir alle sterben, wird wahrscheinlich auch die Menschheit sterben, vielleicht werden wir eines Tages mit dem Sonnensystem zugrunde gehen. Aber über diese Dinge zu reden oder an diese Dinge auch nur zu denken hat keinen Sinn. Wahrscheinlicher ist, was ich lange vor Aids, wenn Sie wollen, vorausgesagt habe, daß irgendeine Mikrobe uns fressen wird. Das kann sehr schnell gehen. Jederzeit. Aber bis dahin können auch noch viele Jahrtausende vergehen.

Spiegel: Noch einmal: Es gibt also kein Gesetz des Fortschritts, keinen logischen Endpunkt?

Popper: Alles das gibt es nicht. Was es wirklich gibt, ist unsere riesige Verantwortung: Wir dürfen nicht grausam sein. Zum Beispiel zu erlauben, daß Aids-Kinder zur Welt kommen, ist einfach unfaßbar. Auch für die Kirchen muß als erste Einstellung zum Leben gelten: keine Grausamkeit.

Spiegel: Herr Popper, Sie sind jetzt fast 90 Jahre alt und haben sich stets als Optimisten von Grund auf bezeichnet. Aber dieses Gespräch hatte doch einige sehr pessimistische Noten – neue Erkenntnisse am Lebensabend?

Popper: Optimismus ist Pflicht. Man muß sich auf die Dinge konzentrieren, die gemacht werden sollen und für die man verantwortlich ist. Was ich in diesem Gespräch gesagt habe, hat den Zweck, Sie und andere Leute dazu zu bringen, wachsam zu bleiben. Wir müssen dafür leben, daß es unseren Enkeln womöglich noch besser geht als uns – und nicht bloß wirtschaftlich.

Spiegel: Herr Popper, wir danken Ihnen für dieses Gespräch.

15. Gedanken über den Kollaps des Kommunismus: Ein Versuch, die Vergangenheit zu verstehen, um die Zukunft zu gestalten

Wie Sie vermutlich bereits aus dem Titel meines Vortrags geschlossen haben, bin ich ein Gegner des Marxismus. Thema meiner Ausführungen ist der Angriff des Marxismus auf unsere westliche Zivilisation. Den Beginn dieses Angriffs markiert Lenins und Trotzkis Revolution vom September 1917. Seinen Zusammenbruch haben wir alle, die wir hier versammelt sind, als Zeitzeugen miterlebt.

Vermutlich sind nur wenige von uns hier alt genug, um aus persönlicher Erfahrung zu wissen, wo alle unsere Probleme ihren Ausgang nahmen. Aber ich gehöre zu den noch Lebenden, die sich sehr genau an jenen 28. Juni 1914 erinnern, an den Tag, als Erzherzog Franz Ferdinand von Österreich in Sarajewo ermordet wurde. Noch heute höre ich die Stimme des Zeitungsjungen, der laut verkündete: »Der Täter ein Serbe!« Und ich erinnere mich noch lebhaft an den Ausbruch des Ersten Weltkriegs am 28. Juli 1914 (es war mein 12. Geburtstag). Ich erfuhr davon durch einen Brief meines Vaters, aber es stand auch auf dem großen Plakat mit einer Verlautbarung Kaiser

---

Vortrag, gehalten am 6. März 1992 in Sevilla im Rahmen der Expo '92. Aus dem Englischen von Inge Leipold.

Franz Josephs »An meine Völker«. Ich erinnere mich an jenen Tag im Jahre 1916, als mir klar wurde, daß Österreich und Deutschland den von ihnen angezettelten Krieg verlieren würden; ich erinnere mich an die Tage im März 1917, als es in Rußland zu einer demokratischen Revolution kam; ich erinnere mich an Lenins Putsch gegen die Kerenski-Regierung und den Ausbruch des Bürgerkriegs in Rußland; an den Friedensvertrag von Brest-Litowsk, der im März 1918 zwischen Deutschland und dem Rußland Lenins und Trotzkis geschlossen wurde; an den Zusammenbruch des deutschen und des österreichischen Reiches im Oktober 1918, der den Krieg beendete. Diese Ereignisse zählen zu den bedeutsamsten, an die ich mich erinnern kann und die, wie mir jetzt klar ist, die gesamte Menschheit an den Rand der vollständigen Vernichtung trieben.

In einem kurzen Vortrag muß ich notwendigerweise radikal vereinfachen: Ich muß mein Bild von der Geschichte mit breitem Pinsel und grellen Farben malen.

Vor dem Ersten Weltkrieg hätte die Industrialisierung in Westeuropa, Deutschland und Nordamerika ohne weiteres zum Sieg einer wahrhaft liberalen Gesellschaft führen können. In der Tat, diese Länder kannten beides: Freiheit und enormen wirtschaftlichen Aufschwung; offene Grenzen, die Abschaffung von Reisepässen, eine Abnahme der Kriminalität und Gewalttätigkeit, einen wachsenden Bildungsstandard sowie steigende Löhne und Wohlstand. Und dank des technologischen Fortschritts sogar eine gewisse Erleichterung der nach wie vor unerträglich schweren manuellen Arbeit. Der Erste Weltkrieg, von Deutschland und Österreich ausgelöst, machte all das zunichte und zeigte, daß auf die alten Regierungsformen, die die Anzettelung eines Krieges zugelassen hatten, kein Verlaß mehr war. Dem gleichen Problem sehen wir uns noch heute gegenüber.

Die Niederlage der drei geschlagenen Mächte am Ende des

Ersten Weltkrieges – Deutschland, Österreich und die Türkei – war von außen her erkämpft worden. Aber es kam auch im Inneren, namentlich in Österreich, zu blutigen Erhebungen, nicht zuletzt unter dem Einfluß der Russischen Revolution. Zwei der Siegermächte, Frankreich und Italien, wurden ebenfalls in ihren Grundfesten erschüttert. Lediglich Großbritannien und die Vereinigten Staaten verfolgten weiterhin ihren vor dem Krieg eingeschlagenen Kurs einer liberalen Reform, allerdings auch erst nach der Niederschlagung eines Generalstreiks in England, der den, teils von Rußland beeinflußten, Versuch darstellte, eine Revolution auszulösen.

Das Vorbild der beiden englischsprachigen Länder hatte zweifelsohne eine stabilisierende Wirkung, ungeachtet des großen Börsenkrachs und der Weltwirtschaftskrise: Das England des Jahres 1935 war, trotz Arbeitslosigkeit und trotz der Bedrohung durch Hitler, die zufriedenste Industrienation Europas, die ich in meinem ganzen Leben gesehen habe: Jeder einzelne Arbeiter, jeder Busschaffner und jeder Taxifahrer, jeder Polizist war ein vollendeter Gentleman. Aber der Sieg des Marxismus in Rußland und die enormen Summen, die die Kommunisten für Propagandazwecke und für die Organisierung der Weltrevolution aufwandten, hatten überall im Westen zu einer radikalen politischen Polarisierung zwischen der Linken und der Rechten geführt. Diese Polarisierung bereitete den Weg zum Faschismus – zuerst in Italien unter Mussolini, dessen Politik schon bald von faschistischen Bewegungen in anderen europäischen Ländern kopiert wurde, vor allem in Deutschland und Österreich – und in bestimmten Regionen zum Bürgerkrieg, einem sehr einseitigen Bürgerkrieg, da er vor allem seitens der Terroristen auf der Rechten geführt wurde.

Es entwickelte sich also folgende Situation: Der Osten, insbesondere die Sowjetunion, stand unter der diktatorischen Herrschaft eines skrupellosen Marxismus, der auf eine mächtige Ideologie und ein unerschöpfliches Arsenal an Lügen gründete. Der Westen war ständig durch potentielle (aber selten reale) Gewalt seitens starker linker Kräfte bedroht, die dem Einfluß marxistischer Parteien, der Propaganda und der Faszination, die Rußlands Macht ausübte, sowie der Hoffnung auf eine sozialistische Gesellschaft unterlagen. Dies forderte auf der Rechten reale Gegengewalt heraus und stärkte so die Faschisten. Deutschland, Österreich und der Südteil Europas erlagen angesichts der verschärften Polarisierung zwischen Links und Rechts dem Faschismus. In dem schrecklichen Bürgerkrieg in Spanien, der für die Sowjets und Nazideutschland nicht zuletzt ein Experiment in moderner Kriegführung darstellte, erlebte diese Polarisierung ihren Höhepunkt.

Selbst in Frankreich und Großbritannien entstanden faschistische Parteien. Dennoch behauptete sich hier und in den kleineren nördlichen Ländern die Demokratie.

In dieser Situation vor Hitlers Krieg gegen den Westen erklärten nahezu alle Intellektuellen, die Demokratie sei lediglich eine Übergangsphase in der Menschheitsgeschichte, und prophezeiten ihr nahes Ende. Zufällig begann mein Buch, *Die offene Gesellschaft und ihre Feinde*, mit einem Angriff auf eben diese Leute und die verderbliche Mode historischer Vorhersagen.

Dann brach Hitler den Zweiten Weltkrieg vom Zaun – und verlor ihn, dank eines Mannes: Winston Churchill. Ihm war die Festigung der Koalition zwischen den westlichen Demokratien und Rußland zu verdanken, die letztendlich Hitler und seine Verbündeten niederrang. Eine Folge war jedoch, daß nach dem Krieg die linken Kräfte in der Links-Rechts-Polarisierung stärker wurden denn je. Zwar war, dank der Niederlage Hitlers und Mussolinis, der Faschismus überall besiegt worden, aber jetzt setzte der noch bedrohlichere Kalte Krieg zwischen Ost und West ein. Dabei war der Osten unter der eisernen Faust der kommunistischen Diktatur fester zusammengeschweißt als je zuvor, während die westlichen Demokratien nach wie vor innerlich gespalten und durch die von den Sowjets angestachelte und unterstützte Linke unterwandert waren, die auch im Mittleren Osten und genaugenommen in der ganzen Welt gegen die sogenannten kapitalistischen Länder des Westens agitierte.

Trotz alledem trugen die freien Demokratien, die offenen Gesellschaften des Westens, den Sieg davon. Nicht sie brachen aufgrund ihrer immensen, von ihnen immer offen diskutierten inneren Spannungen zusammen. Vielmehr scheiterte die hochgradig in sich geschlossene und vollkommen geeinte kommunistische Diktatur Ostdeutschlands und riß das mächtige vereinte Sowjetreich mit in den Untergang.

Meine Damen und Herren, versuchen Sie bitte, sich klarzumachen, welche ungeheuren Spannungen die Demokratien überstanden haben. Ich versichere Ihnen, es war die größte Belastung, der je irgendeine politische Mächtegruppierung standhalten mußte. Und bei dieser Mächtegruppierung handelte es sich um einen sehr lockeren Verbund demokratischer Nationen. Jede einzelne von ihnen war innerlich zerrissen und wurde von übermächtigen äußeren Kräften bedroht – ja sogar angegriffen –, welche die internen Spannungen verschärften. Jede einzelne hatte große, ganz spezifische eigene Probleme zu lösen, die nicht einmal die engsten Verbündeten verstanden. Jede einzelne war »ein Haus, mit sich selbst uneins« (siehe Markus 3,25), das durch ungeheure Kräfte von außen her bedroht wurde. Aber diese Häuser, diese freien Gesellschaften, hielten stand; es waren offene Gesellschaften.

Doch das geschlossene, versiegelte und mit Hilfe eiserner Ketten zusammengehaltene Haus brach in sich zusammen und zerfiel in seine Einzelteile.

Die offenen Gesellschaften haben also gesiegt, und das Sowjetreich hat verloren. Glücklicherweise geschah dies, ohne daß von östlicher oder westlicher Seite auch nur ein einziger Schuß fiel – zumindest bislang. Unglücklicherweise kam (und kommt) es zu Blutvergießen innerhalb der Staaten unserer früheren Feinde. Und obwohl wir selber mitten in einer wirtschaftlichen Krise stecken, die wir, zumindest teilweise, ihnen zu verdanken haben, helfen wir ihnen jetzt in ihrem Elend, das der Marxismus über sie gebracht hat.

Meine Theorie für diese großen und bedeutsamen Ereignisse, deren Zeugen wir ab 1989 wurden und deren Ende noch lange nicht abzusehen ist, meine Theorie der Krankheit, die zum Tod des Marxismus führte, läßt sich in der Formel zusammenfassen:

Der Marxismus ist am Marxismus gestorben.

Oder, genauer gesagt: Die marxistische Macht ist an der Unfruchtbarkeit der marxistischen Theorie gestorben. Mag sein, daß die marxistische Theorie, die marxistische Ideologie, recht klug war; aber sie lief den Tatsachen der Geschichte und des gesellschaftlichen Lebens zuwider: Es handelte sich um eine höchst irrige und eine höchst anmaßende Theorie. Und ihre vielen Fehler, ihre zahlreichen theoretischen Irrtümer übertünchte man mit zahllosen kleinen und auch großen Lügen. Von brutaler Machtausübung und Gewalt unterstütztes Lügen war schon bald zur gängigen geistigen Währung der mit diktatorischer Macht herrschenden kommunistischen Klasse in Rußland und der ehrgeizigen Klasse emporstrebender Diktatoren außerhalb Rußlands geworden. Dieses Universum von Lügen zog sich zu einem intellektuellen Schwarzen Loch zusammen. Wie Sie wissen, verfügt ein Schwarzes Loch über die unbegrenzte Kraft, alles zu verschlingen, zu zerstören, in nichts aufzulösen. Der Unterschied zwischen Wahrheit und Lüge verwischte sich. Die geistige Leere verschlang am Ende sich selber. Folglich ist der Marxismus am Marxismus gestorben, und zwar, genaugenommen, schon vor langer Zeit. Dennoch werden, so fürchte ich, Millionen von Marxisten im Osten wie im Westen daran festhalten. So wie sie dies bislang immer getan haben, was auch immer in der realen

Welt geschehen sein mochte: Fakten kann man ignorieren oder wegerklären.

Damit bin ich am Ende des einführenden Teils meines Vortrags angelangt – einem breit angelegten, sehr grob skizzierten historischen Überblick. Der nun folgende Teil gliedert sich in zwei Teile. Der erste bietet eine kurze Darstellung und Kritik des Marxismus; der zweite stellt einen Versuch dar zu zeigen, wie man die neue Situation zur Verbesserung unseres Lebens mittels einer *politischen Reform* – einer Reform unserer Demokratien – nutzen könnte. Damit meine ich nicht so sehr eine Veränderung unserer Institutionen, sondern eher eine Veränderung unserer Einstellung.

Möglicherweise ist jedoch der einführende Teil meines Vortrags etwas arg abstrakt geraten; deshalb scheint es mir sinnvoll, eine Art autobiographischer Notiz einzufügen, statt im gleichen abgehobenen Stil fortzufahren, der Sie womöglich ermüdet, noch ehe ich zu meiner kurzen Darlegung der marxistischen Theorie und ihrer kritischen Widerlegung komme. Ich werde daher versuchen, meinen Vortrag etwas lebendiger zu gestalten, indem ich eine Geschichte aus meiner frühen Jugend erzähle: Wie ich zum Marxisten wurde – oder sehr nahe daran war –, und wie es kam, daß ich mich für den Rest meines Lebens in einen Gegner des Marxismus verwandelte; dies geschah kurz vor meinem 17. Geburtstag, am 28. Juli 1919.

Meine Eltern waren überzeugte Pazifisten, schon vor dem Ersten Weltkrieg; mein Vater war ein Liberaler, ein sehr gebildeter, von Immanuel Kant, Wilhelm von Humboldt und John Stuart Mill beeinflußter Rechtsanwalt. Während des Krieges kam mir, ich war vierzehn oder fünfzehn, zum erstenmal eine interessante Idee zum Problem der politischen Freiheit. Ich spazierte in Wien am Gutenberg-Denkmal vorbei und dachte voller Hoffnung über Frieden und Demokratie nach, als mir plötzlich klar wurde, daß eine Demokratie nie wirklich stabil sein kann. Denn genau in dem Augenblick, da sie sich stabilisiert, beginnt man, sie als etwas Selbstverständliches zu betrachten, und damit gerät die Freiheit in Gefahr. Die Menschen werden sich nicht mehr darum bemühen und sie hegen und pflegen, da sie sich nicht vorstellen können, was ein Verlust der Freiheit bedeuten würde: vielleicht Terrorismus, vielleicht sogar Krieg.

Trotz dieser blitzartigen Einsicht zog mich die kommunistische Partei an, da sie für sich beanspruchte, die Partei des Friedens zu sein, damals, zur Zeit des Friedensvertrags von Brest-Litowsk, im März 1918. In jenen Tagen vor dem Ende des Ersten Weltkriegs wurde zwar viel von Frieden geredet, aber niemand außer den Kommunisten war bereit, politische Opfer dafür zu bringen; und eben dies stellte Trotzki in Brest-Litowsk in Aussicht, und das war seine Botschaft an den Rest der Welt. Ich hörte die Botschaft sehr wohl, obwohl ich den Bolschewisten nicht traute, über deren Fanatismus und gewohnheitsmäßiges Lügen mir ein russischer Freund viel berichtet hatte. Aber nun nahm mich ihr Bekenntnis zum Pazifismus für sie ein.

Nach dem Zusammenbruch des deutschen und des österreichischen Reiches zog ich es – aus verschiedenen Gründen – vor, nicht mehr zur Schule zu gehen, sondern mich auf die Aufnahmeprüfung für die Universität selbst vorzubereiten. Und nicht lang danach beschloß ich auszuprobieren, was es mit der kommunistischen Partei auf sich hatte. Es muß ungefähr im April 1919 gewesen sein, als ich zur Parteizentrale ging und meine Dienste als Laufbursche anbot. Mittlerweile kannte ich mich ein wenig in marxistischer Theorie aus, und obwohl ich noch zu jung war, um Mitglied zu werden, nahmen die obersten Funktionäre höchstpersönlich mich mit offenen Armen auf und setzten mich für alle möglichen Dienstleistungen ein. Oft war ich, und das war schon etwas merkwürdig, bei ihren nicht ganz so geheimen Sitzungen dabei und erfuhr ungeheuer viel über ihre Art zu denken. Nur mit knapper Not entging ich der *marxistischen ideologischen Mausefalle* (wie ich sie viel später bezeichnete). Ich war hochmotiviert von dem, was ich für meine moralische Pflicht hielt; und genau das wäre mir beinahe zum Verhängnis geworden.

Ich möchte nun diese ideologische Falle beschreiben und anschließend schildern, wie ich ihr entkam: Ausschlaggebend dafür waren der moralische Schock, den mir ein grauenhaftes Erlebnis versetzte, und eine ungeheure moralische Abscheu.

Marxistische Theorie, oder marxistische Ideologie, hat mehrere Aspekte, aber der bei weitem wichtigste ist folgender: *Es handelt sich um eine Geschichtstheorie*, die angeblich in der Lage ist, mit absoluter und wissenschaftlicher Gewißheit (wenn auch nur in groben Zügen) die Zukunft der Menschheit vorherzusagen. Genauer gesagt, sie behauptet, sie könne soziale Revolutionen genauso vorhersagen, wie die Newtonsche Astronomie eine Sonnen- oder Mondfinsternis vorhersagen kann. Marx gründete seine Theorie auf folgende fundamentale Einsicht: »*Die Geschichte aller bisherigen Gesellschaften ist die Geschichte von Klassenkämpfen.*«

Zum ersten Mal verkündete Marx 1847, am Ende seines Buches *Das Elend der Philosophie*, daß der Klassenkampf in einer sozialen Revolution gipfeln muß, die zur Errichtung einer klassenlosen oder kommunistischen Gesellschaft führt. Seine Beweisführung war sehr kurz: Da die arbeitende Klasse (das »Proletariat«) die einzige nach wie vor unterdrückte Klasse ist, zudem die einzige produzierende Klasse darstellt und darüber hinaus die Klasse ist, der die große Mehrheit angehört, muß sie notwendigerweise den Sieg davontragen. Ihr revolutionärer Sieg muß jedoch zur Abschaffung aller anderen Klassen und folglich zu einer Gesellschaft führen, in der es nur noch *eine* Klasse gibt. Eine Einklassengesellschaft ist aber eine klassenlose Gesellschaft – eine Gesellschaft, in der es weder eine herrschende noch eine unterdrückte Klasse gibt. Es handelt sich daher um eine kommunistische Gesellschaft, wie Marx und Engels ein Jahr später in ihrem *Kommunistischen Manifest* erklärten.

Und da die Geschichte eine Geschichte der Klassenkämpfe ist, wird dies das Ende der Geschichte bedeuten. Es wird keine Kriege, keine Kämpfe, keine Gewalt, keine Unterdrückung mehr geben; die Macht des Staates wird sich in nichts auflösen. Oder, in religiöse Begriffe gefaßt: Es wird der Himmel auf Erden sein.

Im Gegensatz dazu war die damals existierende Gesellschaft, von Marx als »kapitalistische« bezeichnet, laut seiner Lehre eine Gesellschaft, in der die Kapitalisten die totale Herrschaft innehatten – genaugenommen also eine Klassendiktatur. In seinem monumentalen Werk *Das Kapital* – drei Bände mit insgesamt 1748 Seiten – zeigte Marx, daß die Anzahl der Kapitalisten, aufgrund des Gesetzes der *Konzentration des Kapitals*, stetig abnehmen, die der Arbeiter hingegen zunehmen muß. Aufgrund eines ähnlichen Gesetzes, nämlich der *zunehmenden Verelendung*, wird es den Arbeitern immer schlechter gehen. Sie werden immer ärmer, die Kapitalisten hingegen immer reicher. Das unerträgliche Elend der Arbeiter wird aus ihnen radikale Revolutionäre machen, die sich ihrer revolutionären Klasseninteressen bewußt sind. Die Arbeiter aller Länder werden sich vereinen und die soziale Revolution zum Sieg führen. Der Kapitalismus mitsamt seinen Kapitalisten wird zerstört, *liquidiert* werden, und es wird Friede sein auf Erden.

Mittlerweile hat Marx' Vorhersage zum weiteren Verlauf der Geschichte jegliche Glaubwürdigkeit verloren, und die westlichen Marxisten vertreten diese Ansicht nicht mehr, obwohl sie nach wie vor mit Erfolg die Theorie verkünden, daß wir in einer unmenschlichen, moralisch verkommenen »kapitalistischen« Welt leben. In den Hungerjahren des Ersten Weltkriegs und der noch schlimmeren Zeit danach war der Marxismus allerdings nach wie vor glaubwürdig, und noch lange Zeit danach bekannten sich herausragende Physiker und Biologen zu ihm. Einstein war zwar kein Marxist, da er sich dessen bewußt war, daß Theorien, seine eigenen eingeschlossen, normalerweise alles andere als hinreichend sind. Aber mit Sicherheit sympathisierte er mit dem Marxismus, ja, er bewunderte ihn sogar. Und etliche führende britische Wissenschaftler, darunter J. B. S. Haldane und J. D. Bernal, waren Parteimitglieder. Was sie an der marxistischen Theorie reizte, war die Tatsache, daß sie den Anspruch erhob, eine historische Wissenschaft zu sein. Kurz vor Stalins Tod erklärte Bernal, Stalin sei der größte lebende Wissenschaftler und einer der größten Wissenschaftler aller Zeiten überhaupt. Nur ein Beispiel, um zu zeigen, wie ernst dieser Anspruch auf den Status als Wissenschaft gemeint war: Es gibt ein Buch von Alexander Weißberg, einem mittlerweile verstorbenen Wiener Physiker, den ich recht gut kannte. 1931 ging er nach Rußland, aus Begeisterung für Stalin, der ihn 1936, im Verlauf der großen Säuberung, einsperren ließ. Er wurde zu wiederholten Malen gefoltert und unter schrecklichen Bedingungen gefangengehalten, bis zum Hitler-Stalin-Pakt im Jahre 1939, als Stalin ihn und viele andere Kommunisten aus Deutschland und Österreich an Hitler verschacherte – mit Sicherheit der niederträchtigste Handel aller Zeiten. Zusammen mit all den anderen wurde er in Hitlers Konzentrationslager gesteckt, floh etliche Male und wurde jedesmal wieder eingefangen, bis er schließlich 1945 von den russischen Truppen befreit wurde. In diesem äußerst interessanten Buch, in dem Weißberg von seinen Erlebnissen in den Kerkern Stalins berichtet, deutet er jedoch am Ende an, daß er nach wie vor an die Marxsche Geschichtstheorie glaube. 1946 begegnete ich ihm in London; ich dachte, mittlerweile sei er kuriert. Weit gefehlt. Als sein Buch 1951 in Deutschland erschien und ich ihn einige Jahre später zum letzten Mal sah, glaubte er immer noch an die marxistische Geschichtstheorie, obwohl er einräumte, daß sie etlicher Korrekturen bedürfe. Selbstverständlich versuchte ich ihn zu bekehren, aber ich bezweifle, daß mir gelang, was Stalins Gefängnisse nicht geschafft hatten.

Ich möchte noch drei weitere überzeugte Anhänger des Marxismus nennen, die zugleich große Wissenschaftler waren. Zunächst das berühmte Naturwissenschaftler-Ehepaar Joliot-Curie. Irène, die Tochter Madame Curies, und ihr Mann, Frédéric Joliot, die 1935 gemeinsam den Nobelpreis für Chemie erhielten, waren beide Mitglieder der Résistance und der französischen Atomenergiekommission. Beide waren sie aber auch bis zu ihrem Tod aktive Mitglieder der kommunistischen Partei.

Und dann Andrej Sacharow, der Vater der russischen Wasserstoffbombe. Ich war und bin ein großer Bewunderer Sacharows, des großen Dissidenten. An seinem 60. Geburtstag hielt ich in New York eine Rede, in der ich für ihn eintrat und an die russische Regierung appellierte, ihn freizulassen. Aus seinen Lebenserinnerungen (*Mein Leben*) erfuhr ich jedoch zu meinem Erstaunen, wie fest er noch im Alter von 40 Jahren von der offiziellen kommunistischen Doktrin überzeugt gewesen war. Als Stalin gestorben war, hatte Sacharow, so berichtete er, Tränen über den Tod dieses großen Menschenfreundes vergossen; er hatte geglaubt, die Revolution müsse notwendigerweise kommen, und die Grausamkeiten, die dieser große Menschenfreund begangen hatte, seien notwendig gewesen. Dies war, zumindest 1961, als er 40 war, seine feste Überzeugung gewesen. Später sollte seine Denkweise sich grundlegend ändern.

Nun, unter marxistischer Falle verstehe ich nicht allein die angeblich wissenschaftliche Theorie, die in der marxistischen historischen Prophezeiung gipfelt. Ich meine damit vielmehr die moralischen Ketten, mit denen ein Mensch, der dieser Prophezeiung glaubt, sich an die Partei gefesselt sieht. An diese moralischen Fesseln, die, zusammen mit der Prophezeiung, die Falle bilden, erinnere ich mich lebhaft.

Ich war von Anfang an irgendwie skeptisch, was das Paradies betraf, das auf die Revolution folgen sollte. Natürlich, mir mißfiel die damalige Gesellschaft in Österreich, geprägt von

Hunger, Armut, Arbeitslosigkeit und galoppierender Inflation sowie von Währungsspekulanten, die es schafften, davon zu profitieren. Mich beunruhigte jedoch die offenkundige Absicht der Partei, in ihren Anhängern meinem Gefühl nach mörderische Instinkte gegen den »Klassenfeind« zu wecken. Man erklärte mir aber, dies sei notwendig und auf jeden Fall nicht ganz so ernst gemeint; bei einer Revolution zähle einzig der Sieg, da unter den Bedingungen des Kapitalismus jeden Tag mehr Arbeiter getötet würden als im Verlauf der ganzen Revolution. Widerwillig fand ich mich damit ab, wurde jedoch das Gefühl nicht los, dafür einen hohen Preis zu bezahlen, was meine moralische Glaubwürdigkeit betraf. Und dann die Lügen der Parteioberen. Eindeutig sagten sie an einem Tag dies und am nächsten gerade das Gegenteil und am Tag darauf wieder etwas ganz anderes. Beispielsweise leugneten sie erst den Roten Terror, um kurz darauf zu bekräftigen, daß er notwendig sei. Als ich protestierte, bekam ich zu hören, diese Widersprüche seien notwendig und dürften nicht kritisiert werden, da die Einigkeit der Partei für den Erfolg der Revolution von ausschlaggebender Bedeutung sei. Es könne ja sein, daß Fehler gemacht würden, aber man dürfe sie nicht anprangern: Die Loyalität der Parteilinie gegenüber habe absolut zu sein. Denn nur Parteidisziplin könne den Sieg schneller herbeiführen. Und wiewohl ich auch dies widerwillig akzeptierte, hatte ich doch das Gefühl, der Partei so etwas wie meine persönliche Integrität zu opfern.

Und dann kam es zur Katastrophe: Eines Tages im Juni 1919 schossen Polizisten auf eine von der Partei unterstützte Demonstration jugendlicher unbewaffneter Kameraden, und es gab einige Tote (acht, wenn ich mich recht entsinne). Ich war empört über das Vorgehen der Polizei, aber auch über mich selber. Denn ich hatte nicht nur an der Demonstration teilgenommen – ich hatte auch gebilligt, daß sie von der Partei unterstützt wurde. Vielleicht hatte ich sogar andere ermutigt. Möglicherweise waren einige von ihnen unter den Toten. Wofür waren sie gestorben? Ich fühlte mich für sie verantwortlich, und der Schluß, zu dem ich kam, war folgender: Ich hatte zwar das Recht, mein eigenes Leben für meine Ideale aufs Spiel zu setzen. Mit Sicherheit hatte ich jedoch nicht das Recht, andere zu ermutigen, ihr Leben für meine Ideale und noch viel weniger für eine Theorie wie den Marxismus zu riskieren, dessen Wahrheit man *möglicherweise* bezweifeln konnte.

Hatte ich mich wirklich ernsthaft und kritisch mit der marxistischen Theorie auseinandergesetzt? Zutiefst deprimiert mußte ich mir eingestehen, daß die Antwort »nein« lautete.

Als ich jedoch in die Parteizentrale kam, traf ich dort auf eine ganz andere Einstellung: Die Revolution verlange solche Opfer; sie seien unvermeidlich. Zudem bedeute dies einen Fortschritt, denn es mache die Arbeiter noch wütender auf die Polizei und sorge dafür, daß sie sich des Klassenfeindes bewußt würden...

Ich ging nie wieder dorthin: Ich war der marxistischen Falle entkommen.

Allerdings begann ich jetzt, mich äußerst kritisch mit dem Marxismus zu befassen.

Aus verschiedenen Gründen – vor allem, weil ich den Faschismus in keiner Weise unterstützen wollte – veröffentlichte ich die Ergebnisse erst 26 Jahre später in meinem Buch *Die offene Gesellschaft und ihre Feinde*. In der Zwischenzeit hatte ich einige andere Resultate vorgelegt: Ich hatte ein Kriterium entwickelt, anhand dessen man entscheiden konnte, ob einer Theorie der Status Wissenschaft zukommt oder nicht – einer Wissenschaft wie beispielsweise der Newtonschen Astronomie.

Es würde den Rahmen dieses Vortrags sprengen, wollte ich die vielen Punkte aufzählen, in denen Marx' Theorie der Geschichte falsch ist. Mein Buch über die offene Gesellschaft bietet eine eingehende Analyse und Kritik der marxistischen Prophezeiung. An dieser Stelle möchte ich nur das Offenkundigste hervorheben: Den »Kapitalismus« im Sinne von Marx gibt es nicht mehr. Die Gesellschaft, die Marx kannte, hat große, ja großartige Revolutionen durchgemacht. Die einst unerträglich schwere und aufreibende manuelle Arbeit, die Millionen Männer und noch mehr Frauen verrichten mußten, ist in unseren westlichen Gesellschaften verschwunden. Ich habe sie noch mit eigenen Augen gesehen; und keiner, der sie nicht selber miterlebt hat, kann sich eine Vorstellung davon machen, was für eine radikale Veränderung stattgefunden hat: in der Tat eine Revolution, die wir dem vielgeschmähten Fortschritt der Technologie verdanken.

Aufs Ganze gesehen ist das Gegenteil von dem eingetreten, was Marx vorhergesagt hatte. Den Arbeitern geht es nicht mehr so schlecht, und viele sind ganz zufrieden mit ihrem Leben in den westlichen Demokratien. Natürlich betreibt die Linke – sowohl die rote als auch die grüne – nach wie vor Propaganda und bestärkt den Glauben an die Unmenschlichkeit unserer Welt, den Glauben daran, daß es uns schlecht geht, und damit leider das Gefühl, daß es uns tatsächlich schlecht geht. Denn unser Wohlbefinden hängt teilweise von dem ab, was wir denken. Vom Standpunkt des Historikers aus betrachtet ist jedoch unsere offene Gesellschaft die beste und gerechteste Gesellschaft, die es bislang auf dieser Erde gegeben hat.

Es handelt sich ganz offensichtlich nicht mehr um die Gesellschaft, die Marx einst als »kapitalistisch« bezeichnete; und es gibt keinen Grund, weshalb wir uns selber etwas vormachen sollten, indem wir sie als solche bezeichnen.

Ich kann jedoch noch weiter gehen:

Einen »Kapitalismus« in dem historischen Sinne, in dem Marx den Begriff verwandte, hat es auf dieser Welt *nie* gegeben: Es hat nie eine Gesellschaft mit einer innewohnenden Tendenz im Sinne von Marx' *Gesetz der zunehmenden Verelendung* oder einer heimlichen Diktatur der Kapitalisten existiert. All dies war und ist schiere Selbsttäuschung. Zugegeben, das Leben zu Beginn der Industrialisierung war furchtbar hart. Industrialisierung bedeutete jedoch auch wachsende Produktivität und bald Massenproduktion. Offensichtlich fand die Massenproduktion schließlich ihren Weg auch zu den Massen. Marx' historische Darstellung mitsamt ihrer Prophezeiung ist nicht nur falsch – sie ist unmöglich: Man kann nicht etwas massenhaft produzieren, das laut seiner Lehre für die immer weniger werdenden reichen Kapitalisten bestimmt ist.

Es steht also fest: Marx' Kapitalismus ist ein unmögliches geistiges Konstrukt, ein Wahngebilde.

Um dieses Wahngebilde zu zerstören, häufte jedoch die Sowjetunion ein bislang noch nicht dagewesenes Waffenarsenal, einschließlich Kernwaffen, an, in einer Größenordnung, die umgerechnet etwa 50 Millionen oder noch mehr Hiroshima-Bomben entspricht. All das, um eine imaginäre Hölle wegen ihrer angeblichen Unmenschlichkeit zu vernichten. Zwar war die Realität ganz gewiß nicht himmlich – aber dem Himmel weit näher als die kommunistische Realität.

Ich bin also zum zweiten Mal zum selben Schluß gekommen – von einer anderen Seite her: von der logischen Analyse und Kritik der marxistischen Ideologie.

Nie wieder dürfen wir zulassen, daß solche Ideologien uns in ihren Bann ziehen.

Ich wende mich nun dem letzten Teil meines Vortrags zu. Was können wir aus der Vergangenheit für die Zukunft lernen? Und was können wir unseren Politikern empfehlen?

Als erstes müssen wir uns von der unsinnigen Denkgewohnheit befreien, ein kluger Mensch könne vorhersagen, was geschehen *wird*. Anscheinend glaubt nahezu jeder, Klugheit erweise sich daran, daß man wahre Prophezeiungen macht. Und nahezu jeder glaubt, ein rationales Programm für die Zukunft müsse von einer wahren Voraussage ausgehen.

Und jedermann betrachtet die Menschheitsgeschichte als

mächtigen Strom, der sich vor unseren Augen dahinwälzt. Wir sehen, wie er aus der Vergangenheit daherströmt; und wenn wir richtig hinsehen, müssen wir in der Lage sein, zumindest die allgemeine Richtung seines zukünftigen Verlaufs vorherzusagen.

Vielen Leuten scheint dies offenbar einzuleuchten. Aber es ist grundfalsch – es ist sogar moralisch falsch. An die Stelle dieser Auffassung müßte eine grundverschiedene Betrachtungsweise der Geschichte treten. Ich schlage folgende vor:

Die Geschichte endet mit dem heutigen Tag. Wir können aus ihr lernen; die Zukunft ist jedoch nie eine Verlängerung der Vergangenheit, auch keine Extrapolation. Die Zukunft existiert noch nicht; und eben darin liegt unsere große Verantwortung: daß wir die Zukunft beeinflussen, daß wir alles tun können, um sie zu einer besseren zu machen.

Zu diesem Zweck müssen wir all das nutzen, was wir aus der Vergangenheit gelernt haben; und etwas sehr Wichtiges, das wir gelernt haben sollten, ist: bescheiden zu sein.

Was schlage ich also vor zu tun?

Wie wir gesehen haben, war die Vergangenheit durch eine Polarisierung zwischen Links und Rechts belastet, die weitgehend das Ergebnis des Glaubens an eine nichtexistierende kapitalistische Hölle war, die es um der Menschheit willen zu zerstören galt, selbst wenn dabei die Menschheit zugrunde ging. Fast wäre es soweit gekommen; aber jetzt dürfen wir hoffen, daß diese aberwitzige Wahnvorstellung keinen Einfluß mehr ausüben wird (obwohl ich befürchte, daß es noch sehr lange dauern wird, ehe sie wirklich ganz verschwindet).

Ich schlage vor, daß wir eine große Anstrengung machen, nicht nur nach außen, sondern auch nach innen abzurüsten. Das heißt, wir sollten versuchen, ohne eine Links-Rechts-Polarisierung Politik zu betreiben.

Ich glaube, dies zu erreichen ist sehr schwierig. Trotzdem bin ich sicher, daß es machbar ist.

Aber hat es nicht immer linke und rechte Parteien gegeben? Mag sein, aber vor Lenin gab es nicht diese irrwitzige Polarisierung, diesen Haß und Fanatismus, gestützt auf jene »wissenschaftliche« Gewißheit. Winston Churchill konnte im Parlament von einem Lager ins andere wechseln. Das löste einen Sturm der Empörung aus und hinterließ bei vielen sogar nachhaltige persönliche Verbitterung, möglicherweise auch das Gefühl, verraten worden zu sein. All dies spielte sich jedoch auf einer Ebene ab, die sich von der derzeitigen Links-Rechts-Polarisierung unterscheidet. Hingegen liefen selbst gute Kommunisten stets Gefahr, des Verrats an der Partei bezichtigt und – wenn sie zufällig in der Sowjetunion lebten – deswegen eingesperrt und hingerichtet zu werden. Man könnte den Unterschied vielleicht am besten wie folgt beschreiben:

Für den Normalbürger sind Dinge wie Spionieren und, am allerschlimmsten, das Ausspionieren von Freunden, nach wie vor etwas Schreckliches, Unvorstellbares. Manch guter Kommunist wurde jedoch eben aufgrund solcher Bezichtigungen des Verrats beschuldigt, zumindest zur Zeit Stalins. Das heißt, wenn überhaupt Anklage erhoben wurde. Dies vermittelt eine Vorstellung davon, welche Atmosphäre die Links-Rechts-Polarisierung in ihrer extremen Form schuf. In einer offenen Gesellschaft ist es mit Sicherheit möglich, sich von derlei zu lösen.

Was sollen wir an die Stelle der Links-Rechts-Polarisierung setzen? Oder, vielleicht noch besser: Welches Programm können wir der Links-Rechts-Polarisierung entgegensetzen, in der Hoffnung, daß es diese beseitigt?

Ich schlage vor, eine der Parteien – und zwar, wie ich hoffe, eine der großen Parteien – erklärt:

Wir können jetzt die ideologische Kriegsmaschinerie verschrotten, und wir können ein mehr oder weniger allgemeingültiges humanitäres Programm übernehmen, das in etwa dem folgenden entspricht. (Beachten Sie, daß es, selbst wenn wir in unseren Programmen voll und ganz übereinstimmen, dennoch mindestens zwei Parteien geben sollte, damit die Opposition die Ehrlichkeit und administrative Befähigung der Mehrheitspartei kontrollieren kann.) Wir schlagen folgendes Programm vor und sind bereit, es zur Diskussion zu stellen und zu verbessern:

1. *Mehr Freiheit, kontrolliert durch Verantwortlichkeit.* Wir hoffen, so etwas wie ein Höchstmaß an persönlicher Freiheit zu erlangen; dies ist jedoch nur in einer zivilisierten Gesellschaft möglich – das heißt, in einer Gesellschaft, die einem Leben der Gewaltlosigkeit verpflichtet ist. In der Tat ist dies das herausragende Kennzeichen einer zivilisierten Gesellschaft: daß sie fortwährend nach einer friedlichen, gewaltlosen Lösung ihrer Probleme sucht.

2. *Weltfrieden.* Da nun einmal Atombomben und nukleare Sprengköpfe erfunden worden sind, sollten alle zivilisierten Gesellschaften zusammenarbeiten, um den Frieden zu bewahren und genauestens über eine Weiterverbreitung von Atom- und Wasserstoffbomben zu wachen. Dies ist in der Tat unsere oberste Pflicht, denn ansonsten wird die Zivilisation und kurz darauf auch die Menschheit verschwinden. (Man wird diese einfache Wahrheit als westlichen ideologischen Imperialismus bezeichnen; das ist zwar sehr geschickt, aber völlig irrelevant.)

3. *Bekämpfung der Armut.* Dank der Technologie ist die Welt – zumindest potentiell – reich genug, um die Armut abzuschaffen. Und auch reich genug, um die Arbeitslosigkeit auf ein erträgliches Mindestmaß zu reduzieren. Volkswirtschaftler mußten die Erfahrung machen, daß dies sehr schwierig ist – und das ist es zweifelsohne auch. Ziemlich plötzlich (etwa 1965) kamen sie davon ab, dies als ihr vordringliches Ziel zu betrachten, wie dies früher der Fall gewesen war: Das Problem scheint aus der Mode gekommen zu sein. Viele Nationalökonomen tun so, als gebe es einen Beweis, daß dieses Problem unlösbar ist. Es gibt jedoch, ganz im Gegenteil, mehr als einen Beweis dafür, daß das Problem sehr wohl lösbar ist, auch wenn

es sich als sehr schwierig erweisen könnte, gewisse Eingriffe in die freie Marktwirtschaft zu vermeiden. Aber wir mischen uns ständig in die freie Marktwirtschaft ein, vermutlich weit mehr als nötig. Die Lösung dieses Problems ist dringlich, und es ist empörend, daß es unmodern geworden ist. Falls die Wirtschaftsfachleute nicht mit besseren Methoden aufwarten können, müssen wir ganz schlicht und einfach zu öffentlichen Arbeitsmaßnahmen greifen. Dazu zählen insbesondere privatisierte öffentliche Aufgaben, etwa der Straßenbau, der Bau von Schulen, die Lehrerausbildung und so weiter. In Perioden wachsender Arbeitslosigkeit müßte man diese Maßnahmen zum Zweck einer antizyklischen Politik intensivieren.

4. *Bekämpfung der Bevölkerungsexplosion.* Mit der Erfindung der Abtreibungspille, die andere Methoden der Geburtenkontrolle ergänzt, hat die biochemische Technologie einen Stand erreicht, auf dem Aufklärung über Bevölkerungskontrolle weltweit realisiert werden könnte. Die These, daß dies einer westlichen imperialistischen Politik entspräche, könnten die offenen Gesellschaften dadurch entkräften, daß sie selber ebenfalls für eine Senkung ihrer (ohnehin schon rückläufigen) Geburtenrate sorgen.

Dieser Punkt ist von größter Dringlichkeit und sollte auf der Tagesordnung aller Parteien mit einem humanistischen Programm ganz obenan stehen. Denn alle unsere sogenannten Umweltprobleme lassen sich letztlich auf die Bevölkerungsexplosion zurückführen; ein Augenblick des Nachdenkens dürfte genügen, um jedermann davon zu überzeugen. Beispielsweise mag es zwar durchaus zutreffen, daß unser Energieverbrauch pro Person steigt und eingeschränkt werden sollte. Wenn dies jedoch der Fall ist, dann ist es nur um so dringlicher, die Ursachen der Bevölkerungsexplosion zu bekämpfen, die ganz offensichtlich mit Armut und Analphabetismus in Zusammenhang stehen. Zudem müssen wir, aus Gründen der Menschlichkeit, darauf hinarbeiten, daß nur erwünschte Kinder geboren werden, denn es ist grausam und führt allzuoft zu psychischer wie auch physischer Gewalt, wenn man ein unerwünschtes Kind in die Welt setzt.

5. Erziehung zur Gewaltlosigkeit. Ich bin zu der Überzeugung gelangt (obwohl ich mich natürlich irren könnte), daß die Gewalttätigkeit in letzter Zeit zugenommen hat. In jedem Fall ist dies eine Hypothese, die man überprüfen kann. Meiner Ansicht nach sollte untersucht werden, ob wir unsere Kinder zur Duldung von Gewalt erziehen oder nicht. Falls ja, dann ist Handeln dringend geboten: Denn eine Einstellung, die sich mit Gewalt abfindet, würde unsere Zivilisation eindeutig bedrohen. Aber kümmern wir uns, aufs Ganze gesehen, wirklich in ausreichendem Maße um unsere Kinder, geben wir ihnen die Zuwendung, die sie brauchen? Dies ist ein Punkt von allergrößter Bedeutung, denn unsere Kinder sind, in jungem Alter, fast vollständig in unserer Hand, und unsere Verantwortung für sie kann gar nicht überschätzt werden.

Es leuchtet ein, daß diese Frage eng mit einigen der vorhergehenden zusammenhängt, etwa mit der Bevölkerungsexplosion. Ich glaube, wir sollten versuchen, unseren Kindern wenn schon nicht die Tugend der Gewaltlosigkeit, so doch zumindest die Wahrheit beizubringen, daß Grausamkeit das größte aller Übel ist. Ich sage nicht: »unnötige Grausamkeit«, denn nicht nur ist Grausamkeit nie nötig, sie ist auch nie erlaubt. Dies schließt auch seelische Grausamkeit mit ein, derer wir uns oft aus Gedankenlosigkeit, das heißt Dummheit, Trägheit oder Selbstsüchtigkeit schuldig machen.

Es ist, so fürchte ich, aus der Mode gekommen, von derlei erzieherischen Problemen zu sprechen, da es jetzt modern ist, das zu tun, was einem gefällt, selbst wenn es, entsprechend den Maßstäben einer überkommenen Moral, verwerflich ist, und da zugegebenermaßen Moral oft sehr viel mit Scheinheiligkeit zu tun hat. Darauf erwidere ich: Kant hat uns gesagt: »Habe Mut, dich deines eigenen Verstandes zu bedienen!« Vielleicht etwas bescheidener möchte ich sagen: Haben Sie den Mut, sich über Moden hinwegzusetzen, und werden Sie mit jedem Tag ein wenig verantwortungsbewußter. Das ist wohl der beste Beitrag, den Sie für die Freiheit leisten können.

6. Mein sechster und letzter Punkt ist: *Beherrschung und Einschränkung der Bürokratie.* Wiewohl es dazu viel zu sagen gäbe, habe ich nicht vor, dies an dieser Stelle zu tun.

16. Von der Notwendigkeit des Friedens

Ich danke Ihnen allen, und besonders auch dem Kuratorium der Deutschen Gesellschaft für die Vereinten Nationen, für die große Ehrung, die mir heute hier zuteil wurde. Daß diese große Ehrung mit dem Namen Otto Hahn verbunden ist, hat mich aufs tiefste berührt.

Otto Hahn gehörte schon 20 Jahre vor seiner Entdeckung der Uranspaltung zu meinen Helden, zu jenen großen Forschern der Strahlenchemie und der Atomtheorie, die neue radioaktive Elemente entdeckten, neue Atome und neue Formen der Strahlung. Aber sie erfanden auch neue Theorien, neue wichtige hypothetische Naturgesetze, die gewisse physikalische Beziehungen beschreiben und erklären; Beziehungen, die zwischen verschiedenen Strahlungen bestehen und zwischen den Umwandlungen der strahlenden Atome.

Schon im Jahre 1918, als ich 16 Jahre alt war, zählte Otto Hahn zu den ganz Großen, wie Pierre und Marie Curie, Ernest Rutherford, William Ramsay und die Theoretiker Max Planck, Albert Einstein und Niels Bohr. Von diesen großen Forschern, den Atomphysikern und Radiochemikern, habe ich zuerst im Physikalischen Institut in der Boltzmanngasse in Wien gehört, und zwar von meinem lang verstorbenen Freund Franz Urbach, der im Institut für Radiumforschung in Wien unter Stefan Meyer arbeitete. Wenige Jahre später las ich mehr

---

Danksagung anläßlich der Verleihung der Otto-Hahn-Friedensmedaille am 17. Dezember 1993 in Berlin.

über Otto Hahn in einem Lehrbuch mit dem Titel *Atomtheorie*, das von meinem Lehrer Arthur Haas stammte, einem bedeutenden, wenn auch heute fast vergessenen Atomforscher. Das Buch erschien in erster Auflage 1924; die zweite Auflage aus dem Jahre 1929 besitze ich noch. Ich habe mein völlig zerlesenes Exemplar gefunden. Meine Erinnerung war nicht unrichtig: Dort wird im gleichen Satz (auf S. 183) von der Entdeckung des Radiums und Poloniums durch das Ehepaar Curie berichtet und von der Entdeckung des Protactiniums durch Otto Hahn und Lise Meitner.

So ist der Name Otto Hahn mit meinen ältesten Erinnerungen aus der heroischen Zeit der großen Atomentdeckungen verknüpft. Aus derselben Periode zwischen den beiden Weltkriegen stammen auch persönliche Erinnerungen an Ernest Rutherford, Niels Bohr, Otto Robert Frisch und Lise Meitner. Aber Otto Hahn habe ich nie getroffen.

Nach dem Ende des Zweiten Weltkrieges erzählte mir Frisch über Hahns Verzweiflung, als er von der Zerstörung von Hiroshima hörte. Hahn habe sich zunächst mitverantwortlich gefühlt, als diese erschreckende Nachricht ihn und die anderen deutschen Atomforscher erreichte, die damals in England interniert waren. Hahn war auf das tiefste getroffen. Später erzählte mir Frisch auch von Hahns Aufklärungsarbeit über die Atomwaffen; über seine Argumente gegen die Atombewaffnung Deutschlands und für die absolute Notwendigkeit des Friedens.

Ich habe Otto Hahn seit meiner frühen Jugend bewundert, den Forscher und den Menschen. Nachdem ich ihn seit 75 Jahren bewundert habe, wird mir jetzt diese große Ehrung zuteil, die mit seinem Namen verknüpft ist: die Otto-Hahn-Friedensmedaille. Aber es ist nicht nur der Name Otto Hahn, der viel für mich bedeutet. Während meines ganzen Lebens, besonders seit dem Ausbruch des Ersten Weltkrieges – ein Tag, an den ich mich sehr gut erinnere –, hat mich das Problem der

Sicherung des Friedens als eine persönliche Verantwortung begleitet.

Ich bitte Sie alle, die mit der Verleihung der Friedensmedaille verbunden sind, meinen Dank entgegenzunehmen. Und ebenso möchte ich auch allen danken, die hierhergekommen sind, um damit ihre Entscheidung für die unbedingte Notwendigkeit des Friedens zu bezeugen und für die Notwendigkeit, die Vereinten Nationen zu stärken.

Ich habe schon von dem Pantheon der Forscher gesprochen, besonders von den Atomphysikern und den Radiochemikern, wie Otto Hahn, von denen ich zuerst 1918 im Physikalischen Institut in Wien hörte. Aber schon lange vorher ereignete sich etwas, das eine frühe Grundlage geschaffen hat für meine Bewunderung für die Forscher und das später auch zu meiner Begeisterung für den Völkerbund beitrug, den Vorläufer der Vereinten Nationen. Zu Weihnachten 1908 erhielt meine ältere Schwester Dora ein Buch, das mich ungeheuer interessierte und das sie mir ein Jahr später schenkte, weil sie mein brennendes Interesse nicht ganz teilte. Es war ein Buch des Norwegers Fridtjof Nansen, der nach dem Ersten Weltkrieg den Völkerbund mitbegründete und der bis zu seinem Tod im Jahre 1930 die wichtigste und aktivste Persönlichkeit im Völkerbund war. Das Buch, das mich als Siebenjährigen so fesselte, trug den Titel *In Nacht und Eis. Die norwegische Polarexpedition 1893–1896*. Es war also ein Buch über eine mehr als dreijährige Expedition, die, vor nunmehr 100 Jahren, auf dem Schiff »Fram« begann – ein Schiff, das Nansen hatte bauen lassen, um vom Eise gehoben statt zerdrückt zu werden. Fast 35 Monate lang war das Schiff vom Polareis eingeschlossen und trieb, Nansens Plänen entsprechend, quer über das Polarbecken, von den Neusibirischen Inseln bis nach Spitzbergen.

Kein Buch hat meine Kindheit so beeinflußt wie dieses. Es entflammte mein Interesse an Entdeckungen, und nicht nur an Entdeckungsreisen, sondern auch an theoretischen Entdekkungen. Es ist Nansens Buch, durch das mir die Bedeutung von kühnen Theorien, von gewagten, ja sogar von zu gewagten Hypothesen schon als Kind klar wurde; denn die Pläne für Nansens Expedition waren auf theoretischen Überlegungen aufgebaut und auf kühnen Ideen. Wie Nansen berichtet, wurden seine Ideen scharf kritisiert, vor allem von den Fachleuten, von seinen Vorgängern in der Polarforschung. Diese Fachleute attackierten Nansens brillante Pläne als phantastisch und selbstmörderisch und prophezeiten, daß die »Fram«, ebenso wie frühere Schiffe, im Eis zerdrückt werden würde. Aber Nansen verteidigte seine Pläne in scharfsinniger Weise. Seine Reise durch drei lange Polarwinter wurde zu einer experimentellen Prüfung seiner gewagten, aber gründlich durchdachten Theorien.

Die Ansicht, daß die Forschung, auch die wissenschaftliche und die theoretische Forschung, darin besteht, kühne Hypothesen aufzustellen, um sie experimentell zu überprüfen, wurde mir also schon in meiner Kindheit klar. Es war Nansen, dem ich diese Einstellung verdanke. Es ist die vielleicht etwas romantische Einstellung, nach der die echte Wissenschaft aus Entdeckungsarbeit besteht und *nicht* aus für alle Zeiten gesicherten Resultaten. Danach besteht in ihrem wichtigsten Teil die echte Wissenschaft vor allem aus immer wieder zu erneuernden Entdeckungsarbeiten; also *nicht* aus sogenannten feststehenden Tatsachen, sondern aus unsicheren *Hypothesen*. Der Forscher muß deshalb manchmal auch Wagnisse eingehen, die seine intellektuelle Verantwortung auf die höchste Probe stellen.

Daß man ohne Hypothesen nicht experimentieren kann, das hat schon Charles Darwin betont. Aber Nansen geht noch weiter. Er sagt, daß sogar ganz wilde Hypothesen besser sind als keine, und er erwähnt als Beispiele die drei uralten nordischen Legenden oder Sagen: die drei Hypothesen von einer eisfreien Durchfahrt für Schiffe nach Japan und China: 1. im Norden von Asien, die Nordostpassage; 2. im Norden von Nordamerika, die Nordwestpassage; und 3. ein eisfreies Polarbecken, das den Weg direkt über den Nordpol öffnet. Über diese drei Theorien schreibt Nansen in der Einleitung zu seinem Buch: »So wild diese Theorien auch waren, so haben sie doch einen großen Beitrag zum Wohle der Menschheit geleistet. Denn sie haben viel dazu beigetragen, um unsere Kenntnis der Erde zu erweitern... Keine Arbeit im Dienste der Forschung ist nutzlos; auch dann nicht, wenn sie mit grundfalschen Annahmen beginnt.« *

Als ich in meiner Kindheit dieses Buch immer wieder mit dem größten Interesse las, hatte ich keine Ahnung, wie nachhaltig sein Einfluß auf mich sein würde. Ich sehe das erst jetzt und mit Erstaunen. Und es ist mir jetzt auch klar, daß ich dem Einfluß Nansens jene Neigung verdanke, die zu meinem Interesse an der Atomphysik führte – und zur Verehrung von Atomphysikern und von Radiochemikern, wie Otto Hahn.

Schon vor Monaten hatte ich beabsichtigt, in dieser Danksagung über meine beiden Helden Hahn und Nansen zu schreiben. Ich wußte aber überhaupt nicht, daß Hahn und Nansen befreundet waren. Vorigen Monat schickte mir Dietrich Hahn, der Enkel von Otto, ein Buch über seinen Großvater, ursprünglich verfaßt von Walter Gerlach und mit wichtigen Ergänzungen von Dietrich. Meine Assistentin öffnete das Buch ganz zufällig auf Seite 142 – und las mir vor: »In der Folgezeit entwickelt sich zwischen Hahn und Fridtjof Nansen eine rege wissenschaftliche Korrespondenz über geologische Fragen. Hahn bestätigt unter anderem Wegeners Theorie der Kontinentalverschiebung.«

Sie können sich mein Erstaunen nicht vorstellen! Ich hatte

---

* Ich übersetze nach Fridtjof Nansens *Furthest North* (Constable & Co., London 1897), Seite 7; das entspricht Seite 5 von Fridtjof Nansens *In Nacht und Eis* (F. A. Brockhaus, Leipzig 1898).

von alledem nichts gewußt, als ich zuerst meine Danksagung schrieb und von meinen beiden Helden, Otto Hahn und Fridtjof Nansen, erzählte, die beide für die Wissenschaft arbeiteten und für den Frieden.

Der Hinweis auf Alfred Wegener in dem Zitat aus Dietrich Hahns Buch war für mich gleichfalls hochinteressant, denn Wegener war auch einer der Forscherhelden aus meiner Kindheit, der, ähnlich wie Nansen, sein Leben für die Überprüfung seiner Theorien aufs Spiel setzte. Er starb 1930 (im gleichen Jahr wie Nansen), 50jährig, auf seiner dritten Grönlandexpedition im Zentrum des vergletscherten grönländischen Hochplateaus.

Ich wollte Nansen aus zwei Gründen in dieser Danksagung erwähnen: 1. weil er mein Interesse an der wissenschaftlichen Forschung entzündete; und 2. weil er als Hochkommissar des Internationalen Roten Kreuzes und des Völkerbundes nach 1918 so viel für den Frieden getan hat. Eine seiner größten Taten ist noch immer nicht ganz vergessen. Er schuf nach dem Ende des Ersten Weltkrieges den Nansen-Paß, eingeführt am 5. Juli 1922. Es war ein Reisedokument für staatenlose Flüchtlinge, das nach und nach von insgesamt 52 Staaten anerkannt wurde; zuerst für Flüchtlinge aus Rußland, aber bald für Flüchtlinge aus aller Welt.

Die andere Tat Nansens, die fast vergessen ist, war die in größtem Maßstab organisierte Hilfe für das damals hungernde Sowjetrußland. Es war die erste internationale Hilfsaktion dieser Art, und sie dauerte von 1921 bis 1923. Sie wurde durch ihn vom Völkerbund in Genf organisiert, dem Vorläufer der Vereinten Nationen. Nansen erhielt von Lenin nur unter größten Schwierigkeiten die Erlaubnis, Lebensmittel und Medikamente durch seine internationale Organisation bis zu den hungernden und kranken Menschen zu bringen und sie unter ihnen zu verteilen. Was Lenin fürchtete, war vermutlich vor allem Spionage und das Bekanntwerden der gräßlichen Zustände in der Sowjetunion. Am Ende dieser Aktion, im Jahre 1923, sagte Lenin selbst, daß die Nansenhilfe für Rußland drei Millionen Menschen das Leben gerettet hätte. Nach anderen Berichten (die ich nicht nachprüfen kann) waren es sieben Millionen Menschen.

Ich fand, zu meinem Bedauern, daß diese für die Vereinten Nationen exemplarisch-wichtige Intervention schnell in Vergessenheit geraten ist; und das ist der Grund, weshalb ich sie hier erwähne. Immer wenn ich während des Kalten Krieges jemanden traf, von dem ich glaubte, daß er über Nansens Rußlandhilfe etwas wissen sollte – insbesondere einen aktiven Diplomaten –, so fragte ich ihn danach. Keiner hatte je davon gehört. Es scheint mir richtig zu sein, an dieses Ereignis in der Vorgeschichte der Vereinten Nationen zu erinnern. Es ist unendlich wichtig für uns, aus der Geschichte zu lernen, und es ist auch wichtig für uns, aus den Verdrehungen und Vergeßlichkeiten der Geschichte zu lernen. Ich vermute, daß die Nansenhilfe so schnell vergessen wurde, weil die Erinnerung an sie sowohl den Russen unbequem war als auch den Links-Intellektuellen in den Ländern des Westens.

Ich kenne nicht die Briefe, die Hahn und Nansen nach dem Ersten Weltkrieg einander geschrieben haben. Aber vermutlich enthielten sie trotz ihres geophysikalischen Gegenstandes auch etwas über Nansens Tätigkeit für den Frieden. Nansen starb im Jahre 1930. Ob Hahn sich an ihn erinnerte, als er, nach 1945, nach dem Zweiten Weltkrieg, seine Arbeit für den Frieden und gegen die Atomwaffen begann? Ich vermute, nein. Hahns Grund für seine Friedensarbeit war wohl ganz einfach der, daß er mehr über die Atomwaffen wußte als andere Staatsbürger und es daher als seine Pflicht empfand, in dieser für die Menschheit so entscheidenden Frage zu sprechen. Er konnte aufklären, er mußte sein Wissen einsetzen.

Sein Wissen wofür? Für einen uralten Wunsch der Menschen. *Et in terra pax* – Und Friede auf Erden. So lesen wir es im Neuen Testament. So hören wir es an einer Stelle von Beethovens *Missa Solemnis*, in erschütternden Tönen. So wurde, nach dem Ersten Weltkrieg, der Völkerbund geschaffen, den schon Immanuel Kant gefordert hatte, der größte aller Philosophen, in seinem Buch *Zum ewigen Frieden* (1795). So wurden, nach dem Zweiten Weltkrieg, die Vereinten Nationen gegründet mit der großen Hoffnung, den Weltfrieden zu erschaffen. Und so schrieb Otto Hahn, eingedenk der Atomwaffen, kurz vor seinem Tod, von der »Notwendigkeit eines Weltfriedens«.

Der Friede ist notwendig. Er muß vielleicht noch lange erkämpft und verteidigt werden. Darauf müssen wir uns gefaßt machen. Auch darauf, daß wir und die Vereinten Nationen Fehler machen werden. Aber Optimismus ist Pflicht.

Diesen Satz, »Optimismus ist Pflicht«, möchte ich noch erklären, bevor ich schließe.

Die Zukunft ist offen. Sie ist nicht vorausbestimmt. Daher kann sie niemand voraussagen – außer durch Zufall. Die Möglichkeiten, die in der Zukunft liegen, gute sowohl wie schlimme, sind unabsehbar. Wenn ich sage »Optimismus ist Pflicht«, so schließt das nicht nur ein, daß die Zukunft offen ist, sondern auch, daß wir alle sie mitbestimmen durch das, was wir tun: Wir sind alle mitverantwortlich für das, was kommt.

So ist es unser aller Pflicht, statt etwas Schlimmes vorauszusagen, uns einzusetzen für jene Dinge, die die Zukunft besser machen können.

Namenregister

Sachregister